社会主义市场经济概论

INTRODUCTION TO THE SOCIALISTIC MARKET ECONOMY

侯彦青　郭路明◎编著

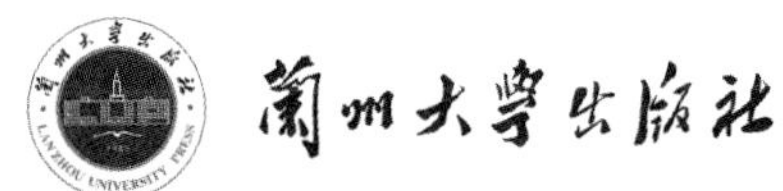

蘭州大學出版社

图书在版编目(CIP)数据

社会主义市场经济概论/侯彦青,郭路明编著. —兰州:兰州大学出版社,2012.3
ISBN 978-7-311-03868-7

Ⅰ.①社… Ⅱ.①侯… ②郭… Ⅲ.①中国经济—社会主义市场经济—概论 Ⅳ.①F123.9

中国版本图书馆 CIP 数据核字(2012)第 029736 号

策划编辑 陈红升
责任编辑 锁晓梅 王淑燕
封面设计 刘 杰

书 名 社会主义市场经济概论
作 者 侯彦青 郭路明 编著
出版发行 兰州大学出版社 (地址:兰州市天水南路 222 号 730000)
电 话 0931-8912613(总编办公室) 0931-8617156(营销中心)
0931-8914298(读者服务部)
网 址 http://www.onbook.com.cn
电子信箱 press@lzu.edu.cn
印 刷 兰州德辉印刷有限责任公司
开 本 710 mm×1020 mm 1/16
印 张 15.75
字 数 305 千
版 次 2012 年 3 月第 1 版
印 次 2012 年 3 月第 1 次印刷
书 号 ISBN 978-7-311-03868-7
定 价 35.00 元

前 言

市场经济是人类现代文明的基本形式，经过几百年的发展，它已成为世界各国资源配置的主流方式，并在西方发达国家达到成熟状态。

20世纪70年代末，中国的经济体制改革拉开了帷幕。1992年，党的十四大提出“我国经济体制改革的目标是建立社会主义市场经济体制”，这一目标的提出指明了我国经济体制改革的方向，把我国经济体制改革推进到了一个新阶段。社会主义市场经济体制改革的方向确立后，就需要确立与市场经济相适应的社会主义初级阶段的基本经济制度。1997年9月，党的十五大明确提出“公有制为主体、多种所有制经济共同发展是社会主义初级阶段的一项基本经济制度”，并进一步提出到2010年要建立比较完善的社会主义市场经济体制的目标要求。2002年10月，党的十六大正式提出社会主义市场经济理论，在社会主义条件下发展市场经济并进行市场取向的经济改革，这是中国共产党对马克思主义发展的历史性贡献。2003年，党的十六届三中全会作出了《关于完善社会主义市场经济体制的决定》，提出了完善社会主义市场经济体制的主要任务。2007年10月，党的十七大报告进一步强调，要“实现未来经济发展目标，关键要在加快转变经济发展方式、完善社会主义市场经济体制方面取得重大进展”，“要深化对社会主义市场经济规律的认识，从制度上更好发挥市场在资源配置中的基础性作用，形成有利于科学发展的宏观调控体系”。经过30多年的改革和发展，具有中国特色的社会主义市场经济理论逐渐形成，人们对社会主义市场经济的理论认识也不断深化。社会主义经济理论体系以社会主义市场经济运行为主线，在所有制结构、市场体系、收入分配、企业制度、对外经济关系、宏观调控、经济增长和经济发展等方面有了更多发展和创新，极大地丰富了马克思主义理论。

为满足社会主义市场经济理论教学和广大干部群众学习理论的需要，我们按照党的十六大报告、十六届三中全会通过的《中共中央关于完善社会主义市场经济体制若干问题的决定》和十七大报告的精神，以马克思主义、邓小平理论为指导，吸收近年来理论界关于社会主义市场经济理论的研究成果，结合自己的教学实践和探索，编写了这本《社会主义市场经济概论》教材。

本教材的主要特点：一是注重理论联系实际。教材以介绍主流观点为主，又兼顾学术前沿；既注重教材的理论深度，又注重联系我国经济发展的实际。二是注重理论的时效性。教材内容与中国市场经济体制改革的进程紧密结合，集中反映了社会主义市场经济发展的最新理论与实践。

本书在编写过程中，参阅了大量的文献与资料，也引用了部分专家学者的研究成果，在此深表谢意。由于作者水平有限，难免有疏漏、不当之处，敬请谅解与指正。

作者

二〇一一年十月

目录

第一章 导 论

伴随着我国经济体制改革与经济发展的实践，中国特色的社会主义市场经济理论逐渐产生、形成，并不断发展。但对于如何在社会主义条件下发展市场经济，我们的认识还只是初步的、探索性的。构建更加完善的中国特色社会主义市场经济理论，还需要我们作更加深入的研究和探索。本章作为导论，主要阐述社会主义市场经济理论的研究对象、研究方法和学习社会主义市场经济理论的重要意义。

第一节 社会主义市场经济理论的研究对象

社会主义市场经济理论以中国特色社会主义理论为背景，以马克思主义经济理论为指导，以社会主义经济发展实践为基础，以借鉴西方经济学合理因素为方法，是一门新兴的综合性经济科学。

一、社会主义市场经济理论的研究对象和任务

社会主义市场经济理论是研究社会主义条件下市场经济体制及其发展变化规律的科学。经济体制是指社会经济的组织形式和结构，它是一定社会一定时期生产关系的具体实现形式，是在社会经济活动中进行组织与管理的方法、形式和结构的总和。经济体制包括两个方面：一是生产资料所有制的实现形式和结构，以及由它所决定的分配形式和结构；二是社会经济运行的形式和结构，包括微观经济运行（企业）、宏观经济运行（政府调控）和运行的基础（市场），其内容有经济决策的形式和结构、经济调节的形式和结构、经济信息的形式和结构、经济管理的形式和结构、经济利益的形式和结构等。

经济体制不是固定不变的，而是随着生产力的发展而不断发展变化的。社会主义市场经济是在破除旧的高度集中的计划经济体制基础上建立起来的，要研究如何转变旧的经济体制，建立新的经济体制，就要探索社会主义市场经济发展变化的客观规律及其正常发展所需的条件。因此，社会主义市场经济理论的研究对象，就是探索和揭示社会主义市场经济体制建立、完善和发展的客观规律。

社会主义市场经济理论的研究对象包括四个层次：

第一,市场经济体制的一般理论,即市场经济体制的一般规定性及其发展变化的规律。这是任何市场经济国家都适用的基本理论,也是社会主义市场经济理论所要研究的基本内容。只有掌握这些基础理论,才能深入研究社会主义市场经济的理论。

第二,现代市场经济体制的一般理论,即现代市场经济体制的规定性及其发展变化的规律。市场经济的发展,可以分为两个大的阶段,即古典的自由放任的市场经济和现代的国家宏观调控下的市场经济。社会主义市场经济是现代市场经济,因此,社会主义市场经济理论不仅要研究市场经济体制的一般原理,还要研究现代市场经济的原理。

第三,社会主义市场经济体制的理论,即社会主义市场经济的特殊规定性及其发展变化的理论。社会主义市场经济体制是同社会主义基本制度结合在一起的。它有两个方面的研究任务:一个是研究社会主义经济制度采取何种形式才能与市场经济相结合,也就是说怎样才能使社会主义公有制适应市场经济;另一个是研究社会主义市场经济如何才能防止市场失灵和市场不足,使社会主义市场经济带来更好的经济效益和社会效益。

第四,中国特色的社会主义市场经济体制的理论,即中国特色的社会主义市场经济特定的规定性及其发展变化的规律。研究社会主义市场经济理论,不仅要研究各个社会主义国家市场经济体制发展的共同理论,还要研究中国特色的社会主义市场经济体制理论。在世界经济中,同是市场经济体制的国家,由于各国国情不同,经济体制的具体模式也不相同。同样,在实行社会主义市场经济体制的国家中,经济体制的具体模式也是有差异的。因此,如何从中国的实际出发,形成有中国特色的社会主义市场经济体制,也是本书研究的重要内容。

二、本书的内容结构

本书的结构是根据社会主义市场经济理论的研究对象和任务设计的。全书由十三章组成:

第一章是导论。这一章阐述社会主义市场经济理论的研究对象和任务,社会主义市场经济理论的研究方法以及研究、学习社会主义市场经济理论的意义。

第二章是市场经济概述。社会主义市场经济首先是市场经济。研究社会主义市场经济,必须要从分析市场经济开始。本章重点讲述市场经济的含义、一般特征、运行规律、基础机制和现代市场经济的运行模式。通过对市场经济的一般概念和原理的介绍,为以后各章的分析奠定理论基础。

第三章是社会主义市场经济及其建立。社会主义市场经济理论的提出是我国社会主义经济发展实践的产物,是马克思主义基本原理同社会主义建设实践相结合的结晶,是马克思社会主义经济理论的丰富与发展。本章首先考察社会主义市场经济理论的形成及其发展,然后分析社会主义市场经济作为市场经济同社会主义制度相结合的一种新型的现代市场经济所具有的特殊规定性。

第四章是社会主义市场经济中的所有制关系。生产资料所有制是社会生产关系或经济制度的基础。党的十五大把“公有制为主体、多种所有制经济共同发展”确立为我国社会主义初级阶段的一项基本经济制度。本章在分析社会主义市场经济条件下的所有制结构的基础上,探讨如何进一步壮大公有制和鼓励发展多种经济形式问题。

第五章是社会主义市场经济中的企业制度。企业是劳动分工和社会生产力发展到一定水平而产生的一种高效率的经济组织，企业制度是企业运行机制的外化。增强企业活力特别是增强国有大中型企业活力是整个经济体制改革的中心环节。本章在分析企业的内涵、特征、地位与作用的基础上,进一步阐述现代企业制度的内容、特征和组织形式。通过全面分析我国国有企业改革的演变历程,进一步明确国有企业改革的目标,把握国有企业的改革方向。

第六章是社会主义市场经济的市场体系。完善的市场体系,不仅是市场经济发展到一定阶段的产物,也是现代市场经济高效运行的必要条件。本章在分析市场及市场体系的含义、特征、作用、结构等的基础上,进一步探讨培育与发展社会主义市场体系问题。

第七章是社会主义市场经济的宏观调控。政府对市场进行宏观调控是现代市场经济的一个基本特征。我国要建立的社会主义市场经济体制,就是要使市场在社会主义国家宏观调控下对资源配置起基础性作用。本章主要阐述社会主义国家进行宏观调控的客观必然性,宏观调控的目标、内容,调控的方式和手段,其中侧重研究宏观间接调控体系的建设与完善。

第八章是社会主义市场经济中的个人收入分配制度。收入分配是经济理论中的重大问题。本章重点分析社会主义市场经济条件下的收入分配理论,了解现阶段以按劳分配为主、多种分配方式并存的收入分配制度所具有的长期性与客观性,了解效率与公平的关系,更深入地认识党的十七大报告中关于收入分配理论的论述。

第九章是社会主义市场经济中的社会保障制度。社会保障制度是市场经济有效运行的保险网和减震器。建立和完善社会保障制度对于社会主义市场经济体制的建立和完善具有十分重要的意义。本章在分析市场经济中社会保障制度一般规律性的基础上,介绍西方国家社会保障制度,阐述我国社会保障制度的历程和取向。

第十章是建设社会主义新农村。为破解“三农”问题,党的十六届五中全会提出了建设社会主义新农村的战略举措。本章着重分析建设社会主义新农村的时代背景,阐述新农村建设的目标要求、主要模式及对策建议。

第十一章是社会主义市场经济条件下的经济增长与经济发展。通过经济体制改革加快社会主义经济发展是我国面临的首要经济任务。我们追求的经济发展不是单一的物质财富的增加,而是一种科学的发展、可持续的发展。本章首先分析了经济增长和经济发展之间的内在关系,并在此基础上阐述了社会主义市场经济中的经济增长和经济发展问题。

第十二章是社会主义市场经济的国际化。市场经济是开放的经济,是与国际市场紧密联系的经济。促进国际间的经济合作是我们的长期方针。本章首先分析市场经济国际化的成因及表现,然后透视国际化背景下我国对外开放的意义、对外开放的进程与格局。

第十三章是社会主义市场经济的法制建设。市场经济是法制经济。本章通过对法制建设与市场经济关系的分析,通过对社会主义市场经济的立法原则和法律体系的基本结构的阐述,说明只有全面完善我国法制,才能保证社会主义市场经济的健康运行。

第二节 社会主义市场经济理论的研究方法

社会主义市场经济是在坚持社会主义基本经济制度基础上建立与发展的。因此,研究社会主义市场经济理论,必须以马克思主义基本原理为指导,以马克思主义方法论为基本的理论工具。主要研究方法有:

一、对立统一分析法

马克思主义经济学的基本方法是唯物辩证法,它运用对立统一规律来观察和分析社会经济现象,揭示社会经济的本质及其运动规律,也就是矛盾分析的方法。社会主义市场经济理论必须采用这种方法来认识和揭示矛盾,区分矛盾的性质和特点,分析主要矛盾和矛盾的主要方面,寻求解决矛盾的方法和途径。这种方法贯穿于社会主义市场经济理论的始终,它以分析旧体制中的矛盾为基点,通过改革解决矛盾,最终确立起社会主义市场经济的新体制,整个过程都是在分析矛盾和解决矛盾,因而这种方法是研究社会主义市场经济理论的基本方法。

二、抽象思维分析法

抽象法是科学研究的普遍方法,也是马克思主义经济学的主要方法。它包括研究方法和叙述方法两个方面。研究的方法是从具体着手,从实际出发,从感性认识到理性认识。它的思维过程是从具体到抽象,从现象到本质,从个别到一般。叙述的方法则不同,它是在研究的基础上,把研究的成果从理论上表述出来。它的思维过程是从抽象到具体,从本质到现象,从一般到个别。研究社会主义市场经济需要用这种方法，通过对经济活动的表层分析，概括出其内在的本质联系，然后以这种内在的本质联系，规范指导操作的经济范畴，表述指导经济活动的原理，使人们运用经济范畴和经济理论进行经济体制改革，发展市场经济。

三、历史逻辑分析法

历史方法和逻辑方法的统一也是马克思研究经济学的主要方法之一。历史的方法是按照历史的顺序，分析社会经济发展的进程；逻辑的方法是依照逻辑的顺序，推断出社会经济发展的进程。总的说来，两种进程的发展是一致的，但也有矛盾。当发生矛盾时，如果历史的进程偶然和逻辑不一致，历史的方法要服从逻辑的方法；如果历史的进程经常和逻辑不一致，就需要与时俱进，修改逻辑。社会主义市场经济理论也必须采用这种方法来进行研究，如社会主义市场经济的产生和发展及其概念的形成，企业制度的演变及现代企业制度的提出，各种市场的出现及其规范，国家宏观调控的变化及其间接调控体系的确立，收入分配方面的改变及其制度的形成等等，无一不是按照历史顺序和逻辑顺序的统一来阐述的。历史是现实的一面镜子，世界各国市场经济发展的历史，就是客观经济规律的现象表现，总结世界各国市场经济的发展经验，就可以概括出经济关系的本质联系。因此，必须把客观事物放在一定的历史发展过程中去分析，才能得出正确的结论。否则，撇开了历史条件，主观地加以判断，就会陷入误区。

四、定量定性分析法

研究任何经济活动都要从量和质两个方面来分析，要把两者结合起来。定量分析是在定性指导下进行的。如果研究以公有制为主体，首先就要明确公有制为主体指的是什么，若弄不清以公有制为主体的含义，有的按企业数量计算，有的按资产计算，有的按产值计算，有的按销售额计算，有的按就业人数计算，就必然造成混乱。定性不清，定量分析必然是混乱的、不准确的。另一方面，如果定量不准确，数据不可靠，也会导致定性分析的失误，得出错误的结论。研究经济虽然都是定量定性分析，但一般说基础理论研究侧重定性分析，应用理论研究侧重定量分析。市场经济理论把定量分析和定性分析结合起来，从量和质两个方面来分析市场经济体制。

五、比较鉴别分析法

比较法是对两个或两个以上的事物进行对比，以鉴别其共性和特性、优点和缺点的方法。它是人类最古老、最基本的一种思维方式，也是古今中外最常用的一种研究方法。马克思曾经指出：“极为相似的事情，但在不同的历史环境中出现就会引起完全不同的结果。如果把这些发展过程中的每一个部分分别加以研究，然后再把它们加以比较,我们就会很容易地找到理解这种现象的钥匙。"①市场经济理论的研究已有几百年的历史,西方发达国家和社会主义国家在建立市场经济体制的过程中,有各种各样的模式,有各种经验和教训,需要我们很好地加以总结。这就要采用比较法,有比较才能有鉴别,有鉴别才能做出正确的选择。

六、静态动态分析法

静态分析法是完全抽象掉时间因素和经济变动过程,在假定各种条件处于静止状态的情况下,分析经济现象及其条件的方法。动态分析法是考虑时间因素,把经济现象的变化当做一个连续过程,对原有情况过渡到新情况的实际变动过程进行分析的方法。一般地说,在微观经济运行中,占主导地位的是静态分析,在宏观经济运行中,动态分析则占有重要地位。社会主义市场经济理论的研究,既有微观经济分析,又有宏观经济分析,应当把两者结合起来。社会主义市场经济是不断发展变化的,对社会主义市场经济的认识也是不断深化的过程。在一定的条件下,对一种经济现象进行分析,揭示其经济关系的本质,这是静态分析法。但这种经济现象是发展变化的,当它发生一次变动,对变动前后的对比分析研究,就会得出较为深入的结论,这是比较静态分析法。随着经济现象不断变化,把它当做一个连续过程,对变化前后加以对比分析,这是动态分析法。这样,我们就可以对这种经济现象的本质取得更加深刻的认识,从而揭示出隐藏在经济现象背后的、人们看不见摸不着的内在经济规律。

第三节　学习社会主义市场经济学的意义

社会主义市场经济理论是中国共产党以及中国人民对马克思主义经济学说的伟大贡献与创新,是马克思主义经济学说中国化的具体形式。科学认识并把握这一理论具有如下几方面的重大意义:

一、普及社会主义市场经济的基本知识

自从党的十四大确立起我国经济体制改革的目标是建立社会主义市场经济体制之后,党中央一再强调要普及社会主义市场经济的基本理论和基本知识的学习。虽然科学、完整、系统的社会主义市场经济理论还有待于在实践中进行总结、分析、概括和提炼,但市场经济毕竟在资本主义社会已经存在了数百年,市场经济的一般理论也相对比较成熟。社会主义市场经济首先是市场经济,所以,市场经济

① 马克思,恩格斯.马克思恩格斯全集:第19卷[M].北京:人民出版社,1963:131.

的一般理论也同样适用于社会主义市场经济。特别是资本主义国家在发展市场经济中有许多成功的经验和合理的做法,反映了市场经济的一般规律,是人类文明的共同财富,这些都是我们应当努力学习和认真借鉴的。但是,社会主义市场经济毕竟是市场经济同社会主义基本制度相结合的产物,同资本主义市场经济相比,必然有着自身的特征。所以,我们必须把市场经济的一般原理同社会主义的根本制度结合起来,把市场经济的各种运行机制同社会主义本质所决定的总体运行目标结合起来,形成社会主义市场经济的基本知识和基本理论。学习社会主义市场经济的基本理论和基本知识,不是星星点点、一知半解地学,而是要全面地、系统地、深入地学,这就需要深入研究社会主义市场经济理论,把社会主义市场经济理论当做一门科学来把握。

二、坚持马克思主义,正确认识社会主义

马克思和恩格斯虽然没有使用市场经济这个概念,但他们对资本主义经济的分析涉及市场经济的所有基本问题。《资本论》是市场经济的百科全书。马克思在《资本论》中分析了市场经济的主要范畴,如商品、价值、货币、资本、劳动力、工资、积累、资本循环、资本周转、社会资本再生产、利润、利息、信用、股份制、地租等;阐述了市场经济的主要矛盾,如使用价值和价值、具体劳动和抽象劳动、私人劳动和社会劳动、商品和货币、生产和消费、供给和需求、资本和劳动等矛盾关系;揭示了市场经济的基本规律,如价值规律、货币流通规律、资本积累规律、平均利润规律、竞争规律、供求规律、分配规律等;分析了市场经济的运行过程,如生产、交换、分配、消费四个环节的经济运行关系及经济循环、经济增长、经济平衡相统一的运行关系。马克思主义经济学的这些适用于市场经济的基本原理必须坚持。

研究社会主义市场经济理论,不仅要坚持马克思主义经济学的基本原理,更重要的是坚持马克思主义经济理论的科学方法,例如唯物主义辩证法、抽象分析法、历史逻辑统一分析法等。坚持马克思主义经济理论的科学方法就是坚持正确的思想路线,即实事求是、解放思想、与时俱进、开拓创新。

在我国现阶段,坚持马克思主义必须正确认识社会主义。马克思主义论述的是科学社会主义,即发达的资本主义灭亡之后出现的更高级的共产主义社会形态,在这种社会形态里,无论低级阶段还是高级阶段,都不存在商品货币关系。列宁在新经济政策理论中提出,资本主义经济不发达国家无产阶级夺取政权以后要建成的社会主义必须允许商品货币关系存在,即通过国家资本主义道路走向社会主义。斯大林则直接提出社会主义社会存在商品货币关系。毛泽东在新民主主义经济思想中指出,新民主主义革命成功后要发展民族资本主义经济。邓小平提出建设有中国特色的社会主义,有中国特色的社会主义就是要建立市场经济体制。江泽民则指明我国经济体制改革的目标是建立社会主义市场经济体制。这些论述

是对马克思主义的继承和发展,体现了马克思主义理论与时俱进的特点。

正确认识社会主义必须在以下几个方面有新的认识:

第一,关于市场经济理论。走中国特色的社会主义道路,关键是在我国社会主义初级阶段要实行市场经济体制。但长期以来,人们把市场经济体制视为资本主义社会所特有,并由此引发了市场经济体制是姓“资”还是姓“社”的争论。直到党的十四大提出改革的目标是建立社会主义市场经济体制,才统一了对这个问题的认识。

第二,关于所有制理论。社会主义市场经济体制的建立首先要落实在企业制度的建设上。在市场经济体制层面上不再争论姓“资”姓“社”了,但在企业制度的层面上又开始争论姓“公”还是姓“私”。党的十五大提出了社会主义初级阶段的基本经济制度,明确了对公有制实现形式的认识。

第三,关于分配理论。所有制问题解决了,剩下就是分配问题了。在市场经济体制下,必须承认按生产要素分配的合理性。党的十五大报告提出按劳分配和按生产要素分配相结合;党的十六大报告提出通过确立劳动、资本、技术和管理等生产要素按贡献参与分配的原则;党的十七大报告又指出,要坚持和完善按劳分配为主体、多种分配方式并存的制度,健全劳动、资本、技术、管理等生产要素按贡献参与分配的制度,初次分配与再分配都要处理好效率与公平的关系,再分配更加重视公平。这都更进一步完善了社会主义初级阶段按劳分配为主体、多种分配方式并存的分配制度。对分配关系的新认识,说明我们对社会主义有了更加完整的新认识。

三、正确认识和借鉴西方经济学

西方国家的经济是市场经济,西方经济学对市场经济的研究有数百年的历史,其中有许多很有价值的科研成果,我们应当很好地学习。过去由于姓“资”姓“社”问题的困扰,我们不敢大胆地借鉴国外特别是西方国家的经验,对资本主义国家的东西一概加以排斥,甚至把没有社会属性的东西也都戴上姓“资”的帽子给予批判,这实际上是自我封闭,自己束缚手脚。改革开放以后,人们逐步突破了传统观念的思想牢笼,以邓小平提出的“三个有利于”为标准,勇敢地接纳国外先进的事物,开阔我们的视野。但在学习西方经验的过程中,也有另一种倾向,即认为马克思主义著作中没有市场经济理论,研究市场经济只能以西方经济学为指导,甚至把西方经济学奉若神明,简单地照抄照搬,否定马克思主义的指导地位。这种倾向是错误的。西方经济学与马克思主义经济学对市场经济的研究在方法和内容上都有很大差别,我们要看到这种差别,但不能简单地把他们对立起来。马克思主义科学性强,西方经济学实用性强。我们在研究和建立社会主义市场经济体制的过程中,一定要坚持以马克思主义为指导、西方经济学什么有用就用什么的原则。

四、制定和贯彻建立社会主义市场经济体制的方针和政策

社会主义市场经济理论全面地阐述了改革的理论，揭示了经济体制发展变化的规律，以及经济体制改革的目标、方向、性质、任务、必要性、框架、规划等一系列根本问题，这就为党在一定时期制定战略、政策和方针提供了理论依据。因此，只有认真研究社会主义市场经济理论，才能保证党在一定历史时期所制定的方针、政策的正确性。党的经济体制改革的方针、政策是调动广大群众积极参与改革的重要手段，也是我们突破旧体制、建立新体制的有力武器。为了牢固地树立政策观念，自觉地贯彻经济体制改革的方针、政策，必须认真研究和学习社会主义市场经济理论。

第二章 市场经济概述

社会主义市场经济是社会主义基本制度和市场经济相结合的产物，它首先是市场经济。因此，研究社会主义市场经济，必须要从分析市场经济开始。只有了解了市场经济的基本含义与一般特征，才能更加深刻地认识社会主义市场经济。本章通过对市场经济含义、一般特征、运行规律、基础机制和现代市场经济运行模式的考察，为以后各章的分析奠定理论基础。

第一节 市场经济的一般规定性

市场经济是生产社会化和商品经济发展到一定高度的产物，是与计划经济相对应的一种经济范畴。市场经济不反映社会基本制度，它既可以与资本主义制度相结合，也可以与社会主义制度相结合，两种情形下市场经济的一般规定性是不变的。

一、市场经济的含义

(一)对市场经济的不同认识

"市场经济"是西方经济学通用的一个概念，但在西方经济学中人们对市场经济的认识并不一致。一种观点是把市场经济当做社会制度范畴与私有制联系起来，认为市场经济就是资本主义经济。《简明不列颠百科全书》认为：资本主义亦称市场经济或自由企业经济。在这种制度下生产资料大多为私人所有，主要通过市场的作用指导生产和分配收入。《现代日本经济事典》认为，市场经济有三个基本原则：第一，私有财产神圣不可侵犯；第二，契约自由原则；第三，自我负责原则。这两种解释都把市场经济同私有制联系起来，把市场经济当做资本主义私有制的产物。这种观点在西方理论界，尤其是在自由主义经济学中占统治地位。另一种观点是把市场经济当做经济运行机制和资源配置方式。据美国格林沃尔主编的《现代经济词典》解释：市场经济是一种经济组织方式，在这种方式下，生产什么样的商品，采取什么样的方法生产，以及生产出来以后谁将得到它们的问题将依靠供求力量来解决。英国皮尔斯主编的《现代经济学词典》把市场经济定义为一种经济制度,在这种制度下,有关资源配置和生产的决策以价格为基础,而价格则是由生产者、工人和生产要素所有者之间的自愿交换而产生的。他还指出,市场经济通常也包括生产资料私人所有制,即资本主义经济。但在社会主义公有制条件下,市场经济在一定程度上也发挥作用。

第一种观点是一种传统的观点,影响我国时间最长。这种观点之所以长期以来被人们所接受,一方面来自于马克思主义经典作家关于社会主义不存在商品、货币关系的论述。按照马克思、恩格斯的观点,商品经济和私有制相联系,在未来社会中,一旦社会占有生产资料,商品生产和商品交换将被消除,社会生产的无政府状态将被自觉的、有计划的组织所取代。另一方面来自人们对世界经济发展现实的认识。众所周知,20 世纪 30 年代以前资本主义经济基本上是一种自由放任的市场经济,反对政府干预,反对计划。社会主义国家发展之初所采取的基本上是一种高度集中的计划经济体制,排斥市场和价值规律的作用。所以从现象上看资本主义就是市场经济,社会主义就是计划经济,两者是对立的。在 20 世纪二三十年代有关计划与市场的大辩论中,哈耶克曾尖锐地指出,或者是社会主义或者是市场经济,不可能有其他选择。这种把计划经济与市场经济对立起来的观点在一定程度上反映了资本主义国家早期和社会主义国家改革前的发展现实。

第二种观点现在已被国内大多数人所接受,但国内学术界对市场经济的认识并不一致。一种看法认为,市场经济是一种资源配置方式;另外一种看法认为,市场经济是一种经济形式或经济制度。还有一种看法认为,市场经济是商品经济的高级阶段。事实上这三种看法并不是对立的,它们只是从不同的角度揭示了市场经济的内在规定性。

(二)市场经济的实质

分析市场经济的实质可以从人类自身的生存谈起。人类要生存就必须进行消费,要消费就必须进行物质资料的生产,物质资料的生产是人类经济活动的基础。而任何生产都需要消耗资源,资源按其是否可以自由取得,分为自由资源和经济资源。自由资源是指可以无代价地自由取得的资源,如阳光、空气等。经济资源是指必须付出代价才能获得的资源,如夜晚获得的灯光、海底取得的氧气、内陆获取的海水等有特定使用价值的商品。自由资源与经济资源的划分并不是固定的。有一些资源曾经是自由资源,或在一些地区是自由资源,但随着时间和地点的转移,这些资源会变成经济资源。如在许多城市,水已经不是不付代价就可以取得的了,已变得比较稀缺,必须通过生产或努力才能取得可供使用或饮用的水。同样,随着工业污染的日趋严重,一些地区的人们要想呼吸新鲜空气必须付出成本。随着时间的推移,人类可以获取的自由资源越来越少了,绝大多数的资源都已变为稀缺的经济资源。经济资源可分为人力资源和非人力资源。人力资源是指各种形式的潜在劳动,如知识、技术专利、劳动技能等。非人力资源包括自然资源(如矿山、森林、河流、耕地、能源等)和存量资本(如生产工具、原材料、建筑物、工作台、道路、桥梁等)。也有人把经济资源的构成分为劳动、土地、资本、企业家才能。

资源总是有限的、稀缺的,资源的有限和稀缺是相对的,是相对于人类无限的需要而言的。人类的需要有两方面的性质:第一是多样性。吃、穿、用、行,琴、棋、书、画,花、鸟、鱼、虫,生存需要,享受需要,发展需要等等,构成一个复杂的需求结构,这一结构随着人类生活的社会环境和社会历史条件的变化而变化。第二是无限性。人类的需要会不断地从低级向高级发展,不断扩充其规模。旧的需要满足了,新的需要又会产生,从历史发展过程看,需要是无限的。相对于人的无限需要而言,满足需要的资源是有限的。资源稀缺性也叫资源的有限性,资源的有限性有两层含义:一是资源相对于人类不断变化的需求结构和多样化的需求而言是不足的;二是资源的分布在不同地区、不同国家、不同的阶级或阶层是不平衡的,彼过剩此不足,有时甚至稀缺与过剩并存。需要的无限性和资源的有限性,使得人类不得不在具有多种用途的资源与满足不同需要之间进行选择,即如何将稀缺的资源最合理地分配到各个生产环节以最大限度地满足人们的需求,这个问题就是我们常说的资源配置。

资源配置是指把稀缺资源在各种可能的生产用途之间进行分配以获得经济效益的过程。资源配置可简化为三个基本问题:

第一,生产什么,生产多少。由于资源有限,用于生产某种产品的资源多一些,用于生产另一种产品的资源就会少一些。人们必须作出抉择:用多少资源生产某一种产品,用多少资源生产其他的产品。这就引出了一个非常重要的概念——机会成本。机会成本是指在做出一项选择时所放弃的其他可供选择的最好的资源用途。如果资源全部用来生产 X 这种商品,那就不得不放弃其他产品的生产,而被放弃的那些产品的价值就是生产 X 商品的机会成本。现实生活中,机会成本是广泛存在的,任何一种选择行为都会产生机会成本。例如,一个大学生在毕业时面临两种基本选择:就业或者上研究生,如果他选择了上研究生,那么这一选择的机会成本就是他如果不读研究生而就业所能够获得的收入。

第二,怎样生产。同样的产品可以有不同的资源组合方式和生产方式,而且不同的生产方式和资源组合是可以相互替代的,人们必须作出选择。例如要对资源的投入进行选择,因为各种生产要素的投入比例并不是绝对固定不变的,而是可以变化的;要对生产规模进行选择,在总产量一定的情况下,是安排许多小企业生产还是安排少数几个大企业来生产;要对生产技术进行选择,使用什么技术来生产产品是由很多因素决定的。一所房子可以用草、木头或砖块三种不同的材料来建造,这说明在产出一定时,用什么方法进行生产,也是生产者面临的选择。

第三,为谁生产。即产品生产出来以后归谁所有的问题。也就是说,产品如何在人们之间进行分配,根据什么原则,采用什么机制进行分配,分配的数量界限如何把握,等等。

资源配置是经济学研究的核心问题,世界经济发展的历史表明,优化资源配置的关键在于选择有效的资源配置方式。在社会化大生产条件下,资源配置的方式有两种:计划配置方式和市场配置方式。

通过计划方式配置资源的经济体制称为计划经济。计划经济是指由中央计划部门通过指令性计划和行政命令预先分配社会资源的一种资源配置方式。在计划经济中,决策权高度集中,资源的流动通过自上而下的指令性计划和行政命令来推动,生产什么、生产多少、怎样生产、为谁生产都由中央计划和政府部门直接调节。社会主义国家一开始都建立了这种高度集中的计划经济体制。计划经济体制在特定的社会经济条件下曾取得过成功,但随着社会经济条件的变化,尤其是随着生产力的发展和经济结构的复杂化及国际环境的变化,计划经济体制的弊端日益凸显。在和市场经济体制的竞争中,计划经济体制的缺陷及其落后性使之难以适应多变的经济环境,难以有效地实现资源的合理配置。基于此,社会主义国家不同程度地对计划经济体制进行了市场取向的改革。

通过市场方式配置资源的经济体制称为市场经济。市场经济建立在商品经济高度发展的基础之上,是一种高度社会化、市场化的商品经济,它产生并主要存在于资本主义社会中,是一种与社会化大生产相适应的资源配置方式。在市场经济中,经济活动的决策权分散在各个独立的经济主体手中,各经济主体之间通过市场交换建立联系,生产什么、生产多少、怎样生产、为谁生产完全受市场调节,市场成了配置社会资源的枢纽,市场机制对资源配置起着基础性作用。市场机制的作用建立在价值规律的基础上,通过供求、价格、竞争之间的相互影响自发地调节经济活动,实现资源的合理配置。其运行机理是在市场竞争中,商品要素等的供求关系变化决定价格的变化,价格的变化反映资源在不同部门分配的状况,在价格信号的引导下,资源在各个部门、各个企业之间进行分配,并最终流向社会所需要的部门,流向效率高的企业。

总之,市场经济是一种靠市场机制配置资源的经济运行形式。市场机制配置资源包括以下几层含义:第一,市场机制在资源配置中起主要作用,生产什么、生产多少、如何生产、为谁生产,主要由市场决定。第二,人们之间的经济联系和经济活动主要在市场中进行,市场是联系所有经济关系的纽带。第三,价格信号是经济主体进行经济决策(投资决策、消费决策)的主要依据。第四,收入分配主要由市场供求决定。第五,政府的作用主要是制定规则、维护秩序、促进竞争、限制和消除垄断。实践证明,市场经济是一种较为有效的资源配置方式,但不能简单地认为市场经济注定就是好的经济,事实上当今世界既有运行好、效率高的市场经济,也有运行不好、效率低的市场经济,而且后者多于前者。也就是说市场经济并不是万能的,市场机制有效地配置资源需要一定的前提条件,如果条件不具备,就很难发挥理想的效果。即使存在理想的市场条件,在某些领域市场机制仍不能有效发挥作用,仍存在着“市场失灵”。所以在建立社会主义市场经济体制的过程中,如何建立一个好的市场经济,防止滑入坏的市场经济,是我们必须认真思考和对待的一个问题。

(三)市场经济与商品经济的关系

商品经济和市场经济是两个既相互联系又存在着区别的经济范畴。两者的联系表现为无论是从历史上还是从逻辑上看,商品经济都是市场经济的基础和起点,市场经济是高度发达的商品经济。从历史上看,商品经济的产生远远早于市场经济。商品经济是指存在商品生产和商品交换的经济,根据商品经济的发展历史可分为小商品经济、资本主义商品经济和社会主义商品经济。小商品经济产生于原始社会末期。原始社会末期,随着生产力的发展,产品出现了剩余,部落与部落之间把剩余产品拿去交换,这种早期的商品交换就是小商品经济的萌芽。小商品经济在奴隶社会、封建社会都得到长足的发展,但小商品经济并不是市场经济。因为在小商品经济中,生产的组织形式并不是企业而是家庭,家庭的生产目的是为了自给自足,只把消费的剩余拿去交换,所以交换的范围是狭小的,市场是分散的,市场还没有成为经济活动的中心,还不是资源的基础配置者,所以说小商品经济不是市场经济。随着小商品经济的发展,出现了资本主义生产方式的萌芽。伴随着资本主义生产方式的产生,企业逐渐代替了家庭和手工作坊成为社会生产的主要组织形式。企业是以营利为目的的经济组织,要想盈利就必须把产品顺利地让渡出去。为了顺利地让渡商品,企业必须了解市场,调查市场,并根据市场状况进行生产经营活动。企业和市场的联系日益紧密,市场的范围也不断扩大,并逐渐成了联系所有经济关系的纽带。商品经济也发展到了它的高级阶段——市场经济阶段。市场经济是伴随着资本主义生产方式的产生而产生的,它是一种高度社会化、市场化的商品经济。

总之,从历史上看,先有商品经济,商品经济发展到一定阶段以后才出现了市场经济。从逻辑上看,没有商品经济就谈不上市场经济。因为市场经济以市场为核心,而市场是商品经济的范畴,是商品生产和商品交换的产物,没有商品生产和商品交换就没有商品经济,没有商品经济就没有市场,没有市场就没有市场经济。由此可见,无论是从历史上看还是从逻辑上看,商品经济都是市场经济的基础和起点,市场经济是高度发达的商品经济。商品经济和市场经济的区别表现为两者的侧重点与对应物不同。首先,商品经济的侧重点是商品生产和商品交换。它强调商品的价值量由生产商品的社会必要劳动时间来决定,商品的交换要以价值量为基础进行等价交换。商品经济和自然经济相对应。市场经济侧重资源配置问题,它强调资源配置由市场进行,和计划经济相对应。由此可见,市场经济是一种让市场机制在资源配置中起基础性作用的经济体制,它是商品经济高度发展的产物,是高度社会化、市场化的商品经济。

概括起来,对于市场经济至少可以从以下三个方面认识。

第一,市场经济是商品经济发展的高级阶段,是高度发达的商品经济。商品经济作为人类社会发展的重要经济形式,经历了小商品经济(简单商品经济)阶段和现代商品经济阶段,市场经济是高度发达的商品经济。从这一意义上说,市场经济本质上是商品经济,具有商品经济的一切本质属性,遵守商品经济的一切固有规律。第二,市场经济以市场机制作为资源配置的基本手段。这里的市场,是指包括消费品市场、生产资料市场、技术市场、劳动力市场等在内的整个市场体系和整个社会市场关系的总和。也就是说,在市场经济中,一切经济关系,都要建立在市场的基础上,资源的优化配置都要通过市场来实现,市场机制成为配置社会资源的基本手段。第三,在特定意义上,市场经济也可以被理解为经济体制。一旦从体制的意义上理解,市场经济则往往是指某一特定经济体制下的市场经济,如资本主义市场经济、社会主义市场经济。作为一种适应社会化大生产发展要求的资源配置方式,市场经济是"中性的",资本主义条件下可以发展市场经济,社会主义条件下也可以发展市场经济。社会主义市场经济与资本主义市场经济有许多共同点,只是由于所有制基础不同,使得二者在发展的目标、目的及后果等方面会呈现出一些不同特点。当我们将市场经济作为一种体制去理解、研究时,既要注意其一般性,以便更好地找出为我所用的适应社会化大生产发展的一般规律,又要注意其特殊性,以便从我国实际出发,建立起适合我国国情的、适应社会主义市场经济发展的经济体制。

综上所述,对市场经济可以作出如下的表述:市场经济是通过市场机制配置资源的经济体制,是高度发达的商品经济。

二、市场经济的一般特征

所谓特征,指某事物区别于其他事物的标志,是某事物质的表现。市场经济的一般特征是指各种性质、各种类型的市场经济都具有的特征,是它们的共性。市场经济的一般特征可以归纳为以下几点:

(一)经济关系市场化

在市场经济条件下,市场机制是推动生产要素流动和促进资源优化配置的基本运行机制,一切经济活动都直接或间接地处于市场关系之中。市场供求关系的变动引导商品价格的变动,价格的变动反映着产品及资源的稀缺程度,社会资源配置的调整与变动要依照市场价格的变化来进行。所有经济活动主体都通过市场发生联系,社会再生产的全过程即生产、分配、交换、消费都要通过市场来实现。所有企业都具有进行商品生产经营所必需的全部权利,从而自觉地面向市场,自主地开展生产经营活动。

市场机制充分发挥作用要以完善的市场体系为前提，没有较完备的市场体系，市场机制就难以有效地协调资源配置、促进竞争和提高效率。发达的市场经济条件下，市场体系已经高度健全。完善的市场体系应是完整的、统一的、开放的和竞争有序的。具体地说，市场体系应该是由商品市场和劳动力、资本、土地、企业家等要素市场所构成的相互联系的有机整体，市场体系中存在着较为充分的竞争，不断消除垄断行为，用法律来维护正常的市场秩序；市场体系是统一开放的，不仅是全国统一，不存在地区分割和壁垒，而且力争做到国内外市场的高度统一和一体化；市场价格能灵敏地反映物品和资源的稀缺状况，不存在人为的管制和扭曲。从这一角度看，市场经济是开放经济和信用经济。

(二)企业行为自主化

广义的市场主体是指参与市场活动的一切当事人，包括个人、企业、政府和非营利机构，其中企业是最重要的市场主体。在市场经济条件下，所有企业都是拥有独立主权的社团法人，具有商品生产经营者应该拥有的全部权利以及实现这些权利的独立自主性和法律保证。这是因为：第一，作为市场参与者的企业，要根据瞬息万变的市场信息来随时决定自己的市场行为；第二，作为生产者的企业，要对生产什么、生产多少、怎样生产、为谁生产等，作出及时的反应和调整；第三，作为市场活动后果的直接承担者的企业，其内部和外部的多重利益关系变动需要企业自身来调节，因为企业是各利益相关者之间一系列合约的联结。从这一角度看，市场经济是自担风险、自谋发展的自由经济。企业只有对市场供求、竞争、价格的变动作出灵敏的反应，才能不断地适应市场。而要做到这一点，各个企业必须拥有生产的经营自主权，如经营权、决策权、投资权、分配权等，政府决不能随意干预企业的具体生产经营活动。企业在经济利益的激励和约束下，根据市场的状况，按自己的意志独立地从事生产经营活动，合理地安排人、财、物、供、产、销，从而实现资源的优化配置。可见，市场经济中的企业应该是自主经营、自负盈亏、自我约束、自我发展的经济实体。

因此，自由企业制度是自主的市场主体的核心，所有企业都要自觉地面向市场，自主地开展市场经营活动。

(三)宏观调控间接化

市场经济的运行分为宏观和微观两个层次。微观经济过程是企业具体的产供销过程，决策由企业分散做出，决策的依据就是市场价格信号和对市场发展趋势的预测。而在宏观经济运行方面，政府的宏观调控是非常必要的。但市场经济的宏观调控不能是指令性的，不能代替企业的微观决策。宏观调控间接化是指政府部门不直接干预企业生产和经营的具体事务，而是通过财政、税收、价格、金融等政策和各种经济杠杆，按既定的社会目标，调节、规范和引导企业生产经营活动，并弥补市场缺陷，保证市场经济的健康运行。这种总体调节是一种“政府调控市场，市场引导企业”的机制,目的是防止出现政府借宏观调控任意干预经济活动的现象。

(四)经营管理法制化

市场经济活动是靠市场主体之间的契约联系在一起的,为了保证这些契约的公正并得到遵循,就需要有健全的法律体系来保障。在市场经济条件下,一切经济活动方式和关系都以法律形式来规范,所有经济活动都按照一套法规体系来进行,整个经济运行有一个比较健全和科学的法制基础。市场经济法律体系的任务就在于维护自由企业制度和平等的经济关系,规范市场主体和政府的行为,消除不公平竞争。健全的法律体系包括以下两个方面:一是市场经济关系的法制化和契约化。从企业内部的劳资关系,到企业与外界的经济利益关系,如企业与消费者、金融机构、政府、分销商等利益相关者的关系都是有法可依、有法必依的。二是经济管理的规范化和制度化,在制定实施法律法规、进行宏观调控、维护市场经济秩序等方面,政府同样要依法行政,符合法律程序依法操作,尽量避免我国当前常见的政府行为错位、缺位和篡位现象。从这一角度看,市场经济是法制经济,或者说是契约经济。现代市场经济的法律体系包括民法、商法和规范政府行为的法律等基本内容。

(五)保障制度社会化

所谓社会保障,是根据国情,依照一定的法律法规,为保证社会成员的基本生活权利和实现社会公平,由社会提供的福利、救助和补贴。人自有生老病死,而市场经济条件下的个人、企业之间的激烈竞争和优胜劣汰,更增加了部分社会弱势群体失业、贫困的风险。因此,社会保障制度是现代市场经济运行的支撑和保障体系,市场竞争的规则要求对市场竞争的失败者(如破产、失业)和需要照顾的老弱病残者给予社会保障。没有社会保障体系的支撑,市场经济就难以平稳地运行和发展。社会保障包括社会保险、社会救助、社会福利和社会优抚等多方面的内容。这种保障制度不是企业的或单位的,而应该是社会化的。

第二节 市场经济的运行规律

市场经济的运行规律也就是商品经济的运行规律。市场经济的运行规律很多,但基本规律主要有价值规律、供求规律和竞争规律。

一、价值规律

(一)价值规律的基本含义和内容

所谓价值规律是指社会必要劳动时间决定商品的价值量,商品以价值为基础进行等价交换的客观要求。其基本内容是:商品的价值量决定于生产商品的社会必要劳动时间,商品交换以商品的价值量为基础。

商品的价值量是由生产商品的社会必要劳动时间决定的,而社会必要劳动时间是指“在现有的社会正常的生产条件下,在社会平均的劳动熟练程度和劳动强度下制造某种使用价值所花费的劳动时间”。在市场经济条件下,所有商品的价值量都是由生产商品的社会必要劳动时间决定的,单个商品生产者在生产商品时花费的个别劳动时间越短,则其按社会必要劳动时间决定的商品的价值量出售其所生产的商品时,获利越大;否则就会亏损或破产。价值决定的规律是市场经济条件下价值规律的最基本内容。

商品在交换过程中以其本身的价值量为基础,实行等价交换。等价交换不是说商品的价格与商品的价值量绝对相等,而是指商品的价格以其价值量为基础并围绕价值上下波动,从长期来看二者是趋于一致的。

(二)价值规律在市场经济中的作用

价值规律的调节作用是通过价格来实现的。市场价格的变动影响各要素的比较价值和各市场主体的利益得失及其经济行为,从而在市场经济活动中发挥调节作用,支配市场经济的运动。

1.价值规律对社会经济资源配置起基础性调节作用

价值规律对资源的基础性配置作用是通过商品价格和价值的矛盾运动来实现的。当某个商品生产部门分配的资源过多时,其生产出的商品供过于求,这时,商品的价格必然会低于其价值,其资源耗费和价值不能全部实现,生产的预期利益受损,必然会促使该生产者将全部或部分资源转入其他的商品生产部门。如果某个部门分配的资源过少,其生产的商品供不应求,这时该商品价格会高于价值,使企业利益得以实现,必然使该商品生产者扩大生产规模,同时吸引社会资源从别的生产部门流入该生产部门。价值规律通过市场供求关系的变动和价格与价值的背离运动,形成均衡价格,实现对资源的优化配置,使社会经济资源的配置效率达到最优化和转换效益的最大化。

2.价值规律促使企业不断提高自身的素质

按照价值规律的要求,商品的价值量是由生产该类商品的社会必要劳动时间决定的,商品交换中要按等价交换原则进行。如果某个商品生产者由于生产条件和经营管理条件较好,生产某种商品所耗费的个别劳动时间低于社会必要劳动时间,按照其价值决定的价格出售后,就可获得一部分额外收入。这样,生产同类商品的各个企业为了获得较高的经济收入就会积极改进生产技术和改善经营管理,不断提高企业自身的素质。

3.价值规律可以使市场供求关系趋向均衡

价值规律通过价格和价值的矛盾运动,影响商品的供给和需求,并最终使商品的市场供求趋向均衡。一般情况下,商品的供给和需求具有价格弹性,商品供给同商品价格同向变动、商品需求同商品价格反向变动。当某种商品供不应求时,价格高于价值,处于卖方市场,生产者自然会增加生产和增大商品供给。当某种商品供过于求时,价格低于价值,生产者自然会减少生产和市场供给。价值规律让市场内生出一种力量,促使市场的供需关系趋于均衡。

二、供求规律

(一)供求规律的基本含义和内容

供求规律是指价格同供求关系的内在联系,表现为供给和价格按照相同的方向变动,需求与价格按照相反的方向变动,以及供给和需求之间通过价格的波动总是力图相互适应,并最终达成均衡的运动过程。市场需求和供给在市场价格机制的作用下逐渐趋于平衡是指一种趋势,或者说是一种相对平衡。在市场经济中,供给和需求不平衡是经常和绝对的,二者的平衡是不经常和相对的。

供求规律是市场经济的又一个普遍规律,它像一只看不见的手,分配和调节着社会物质资源和财富。这里的供给是指企业生产者向市场所提供的有效供给;需求是指消费者在市场上所具有的有支付能力的需要。由于各种经济因素的多变,使供给和需求具有不同的价格弹性。价格是影响供求总量和结构变动的基木因素,人们可以利用价格变动去调节市场供求关系,努力实现二者的相对平衡。

(二)供求规律的功能和作用

供求规律是市场经济的一个非常重要和最一般的经济规律,它是价值规律发挥作用的主要渠道和形式。供求规律在市场经济中的作用,简要地说就是通过对商品生产和商品流通的调节,使市场供求趋于均衡的作用。

1.调节商品供求关系并使二者趋于均衡

在市场上当一种商品供大于求时,该商品的价格下降,则该商品的市场供给减少,同时该商品价格的降低将促使其市场需求量增加,供给和需求两种因素的共同作用,使得供给和需求渐趋平衡。反之,当一种商品供不应求时,该商品的价格上升,则该商品的市场供给增加,同时由于该商品的价格上升将促使该商品的市场需求量减少,进而使得供给和需求渐趋平衡。

2.优化资源配置和国民经济结构

供求规律通过价格的变动,引导社会资源在各个生产部门之间不断地流入和流出。一般说来,当某种商品供不应求时,其价格上涨,生产者利润增大,就必然引起生产资源的流入,增加该种商品的生产和供给;当某种商品供大于求时,其价格下降,势必引起生产资源的流出,减少该种商品的生产和供给。正是通过资源在整个社会的流动配置,供求规律调节着不同商品生产和商品流通的规模和结构,优化了资源配置,并保证了资源的使用效率,进而优化和提升了国民经济结构。

三、竞争规律

(一)竞争规律的含义和内容

竞争是指市场经济中各主体之间为了争夺有利的生产和交换条件,为了自身更大的经济利益而进行的较量与斗争,它是各经济主体之间一种相互联系和相互排斥的经济关系。竞争是市场经济特有的一种社会现象,没有竞争就没有真正的市场经济。竞争使价值决定得以确定,使价值规律的调节作用得以实现。

竞争规律也是市场经济的普遍规律。竞争规律是指商品生产者和经营者在追求各自经济利益最大化的过程中,通过多次价格波动,供给和需求不断地趋于平衡,又不断地产生出供给和需要的不平衡。这种平衡的相对性与不平衡的绝对性是市场经济的内在必然性。

竞争是实现价值规律调节作用的又一具体形式。市场竞争能得以正常发挥的基本条件是竞争者处于平等的地位。竞争者之间的平等地位不可能自然形成,它有赖于政府多种手段的干预。

(二)竞争规律的作用

1.竞争规律是价值规律得以实现的重要途径

价值规律所包含的价值决定和价值实现要求,是通过价格围绕价值上下波动来实现的,而这种实现方式又是通过竞争进行的,是竞争把花费在每种商品上的劳动量引导到社会必要劳动时间的水准上。所以说,竞争规律是价值规律得以实现的重要途径。

2.竞争规律是资源优化配置的内在推进器

竞争给市场主体以压力和动力,迫使市场经济的参与主体改进质量、提高效率。竞争作为一种外在的压力,促使企业采用先进的科学技术、开发新产品、开拓新市场、改善经营管理,从而促进企业的健康发展。同时,优胜劣汰的竞争规则必然使一部分质量差的产品、企业、行业退出市场,使社会资源流向效率高的产品、企业和行业,从而使整个社会资源不断流动,实现优化配置。

四、市场经济三大经济规律之间的关系

在市场经济的三大经济规律中,价值规律是市场经济最基本的运动规律,它决定着供求规律和竞争规律的内容和作用形式,价值规律是通过供求规律和竞争规律来实现的。价值的决定和价值的实现是价值规律的两大基本内容,而商品的价值决定和价值实现是通过市场得以实现的,市场是由供求、竞争、价格三个基本要素构成的,所以,价值规律的要求必须依赖于市场运动中的供求规律、竞争规律和价格运动规律来实现。

价值规律要求商品的价格以价值为基础,以等价交换充分实现价值。但是,在

现实市场运动中,价格与价值的背离是经常的。这是因为,价格虽然以价值为基础,但它要受到市场供求规律和竞争规律的约束。供求关系的变化会引起价格对价值的背离。当商品的供给大于需求时,由于商品售卖者之间的竞争,使商品的价格跌到价值以下;当商品供给小于需求时,由于商品购买者之间的竞争,使价格涨到商品价值以上。商品价格对价值的这种偏离,不论是高于价值还是低于价值,都是不能持久的。这是因为,由于价格和价值背离,会直接影响到生产者或消费者的利益,引起供求关系趋向均衡,进而使价格和价值趋向一致。可见,一方面是供求关系变动和市场竞争引起价格变动,使价格背离价值;另一方面则是价格变动对供求关系和市场竞争有反作用,使价格趋向价值。正是这两方面的作用,使得价格始终围绕价值这个中心上下波动,最终实现价值规律的要求。

由此可见,价值规律是调节市场经济的原动力,供求规律和竞争规律则是发挥和实现这一原动力的必要条件。价值规律是市场经济的基本规律,而供求规律和竞争规律则是价值规律的衍生规律。

第三节　市场经济的基础机制

市场经济的基础机制是市场机制,是指构成市场的各种要素之间互相联系、相互制约的有机构成及其功能。市场要素主要包括价格、供求、竞争、利润、利率、工资等。市场机制有一般和特殊之分。一般市场机制是指在任何市场都存在并发生作用的市场机制,主要包括价格机制、供求机制、竞争机制和风险机制。具体市场机制是指各类市场上特定的并起独特作用的市场机制,主要包括金融市场上的利率机制、外汇市场上的汇率机制、劳动力市场上的工资机制等。

一、价格机制

(一)价格机制的含义

价格机制是市场经济运行的核心机制。一般地讲价格机制就是指商品市场上商品的供求与市场价格之间的有机联系和运动。价格机制属于商品市场上的机制。价格机制的实现形式表现为市场价格和价值的矛盾运动。当某种商品供过于求时,市场价格低于价值;当供不应求时,市场价格高于价值。正是在这种市场价格和价值的矛盾运动中,供求关系趋于均衡,从而形成市场均衡价格。

(二)价格机制的作用

价格机制的基本功能是市场价格信号功能。价格机制所显示的信号系统,不断地调整社会资源的配置方向,促进总供给和总需求的基本平衡,推动社会生产力的发展。价格机制还具有信息传递功能。价格机制传递的信息简单明了,适应市场主体分散决策的要求;价格机制传递信息的途径直接、迅速;价格机制传递的信息量大,推动社会资源的优化配置。

价格机制的作用是多方面的。对生产经营者来说,价格是市场竞争的主要手段。生产同种产品的生产者为了取得更大的市场销售份额,就要不断降低产品成本,以质优价廉取得竞争优势;对生产不同产品的生产者来说,价格变动是他们调整生产方向和生产规模的信号。一般地说,某种商品的市场价格高于价值,则生产规模会不断扩大,其他部门的生产要素也会转移过来;如果市场价格低于价值,则应缩小生产规模或转产。对消费者来说,价格变动是改变其消费结构和消费数量的重要信号。一方面,价格水平的升降,会影响消费者的购买力,从而影响消费者的消费结构和数量;另一方面,价格比例关系的变动,也会影响消费者的消费结构和数量。对政府来说,价格总水平的变动是进行宏观调控的重要信号。价格总水平上升过大,出现严重的通货膨胀时,应采取相应的宏观调控政策,避免给经济发展带来不利影响。从社会资源配置来看,价格是调节资源流动的指挥棒,某种资源价格上升或下降,必然引起资源之间比价的变化,从而影响资源在不同部门、不同地区、行业和企业间的配置。

二、供求机制

(一)供求机制的含义

供求机制是市场供给和需求矛盾运动的平衡机制,是在市场竞争条件下,供求决定价格,价格又反过来影响供求的内在联系和运动。所以,供求机制是同竞争、价格等机制密切相关的。供求机制首先表现为市场供求影响价格;其次表现为市场价格又调节供求。商品供过于求,市场价格下降;供不应求,市场价格上升。反过来,市场价格又调节供求:价格上升,供给增加,需求下降;价格下降,供给下降,需求上升。市场价格调节供求是供求关系通过价格调节形成的自我平衡,是一种由不平衡到大体平衡,再由平衡到不平衡的循环往复的动态过程。通过这种动态平衡过程,实现供求之间的总量平衡和结构平衡。

(二)供求机制的作用

1.调节商品供给和需求平衡。供求机制是商品供给与商品需求相互关系的作用形式及其对市场带来的具体影响。当市场上商品供大于求时,便出现市场商品销售困难,产品积压,市场价格下跌,进而造成生产停滞,供给能力下降,促进生产与需求相一致;当市场上商品供小于求时,商品价格上升,从而促使生产者扩大生产规模,增加生产供给,促进生产和需求相一致。商品供给和需求的这种矛盾运动,促使供给向着适应需求的方向发展,需求向着适应供给的方向发展,最终形成供给和需求的大致平衡。

2.促进市场均衡价格的形成。当某种产品的市场供给和需求出现基本平衡,这时的价格机制运行就达到了均衡状态。价格作为引导社会资源配置的主要市场信号,应该受市场供求关系的影响。只有在供求关系的作用下,通过市场竞争形成的市场均衡价格,才能准确地反映资源的稀缺程度,从而引导资源不断地实现优化配置。尽管在实际经济活动中,供求平衡时的市场均衡价格是非常偶然的,但在供大于求或供不应求的矛盾运动中,市场均衡价格总是市场经济运行的方向和轴心。市场均衡价格是社会资源达到最优配置、市场供求双方利益均衡的反映和实现形式,这正是供求机制发挥作用的重要表现。

三、竞争机制

(一)竞争机制的含义

竞争机制是市场经济运行的关键机制。竞争是市场经济的经济规律和经济机制起作用的基本条件。竞争是商品经济的产物,只要存在商品经济,就必然有竞争。竞争机制是指各个商品生产者、经营者和消费者为获取更多的经济利益而进行竞争的内在要求和运动。竞争机制反映了竞争同供求关系、价格变动、生产要素流动等市场活动之间的有机联系。竞争的主要手段,在部门内部主要是以提高劳动生产率和降低成本为前提的价格竞争;在部门之间主要是生产要素(主要是资金)由收益低的部门流向收益高的部门。

竞争机制就是一种优胜劣汰机制,是一种择优机制,是一种促进效率提高的机制。竞争机制作为市场经济的内在机制,强制地制约着人们的社会经济活动。

(二)竞争机制的作用

竞争机制不是单独发挥作用的,而是同价格机制、供求机制等紧密结合共同作用于市场经济的运行过程。首先,竞争机制是整个市场机制的基本要素,无论是价格机制还是其他市场机制,都要通过竞争机制起作用;市场机制促进社会生产力发展和调节社会资源配置,都是通过竞争机制实现的。正是在竞争的压力下,企业才不得不积极进取,改善经营,加强管理,采用先进的技术设备,力争在市场竞争中不被淘汰,这在客观上推动了人类社会技术进步和生产力发展。其次,竞争机制作为市场机制的重要组成部分,其发挥作用的程度又受到市场本身发展状况的制约。

竞争机制对市场经济的运行和发展具有重要作用,体现在以下几个方面:(1)使商品的个别价值转化为社会价值,从而使价值规律的要求和作用得以贯彻和实现;(2)促使生产者改进技术、改善经营管理,提高劳动生产率;(3)促使生产者根据市场需求组织和安排生产,使生产与需求相适应。

为充分发挥竞争机制的作用,必须满足竞争机制正常运行的条件:首先,企业要成为真正独立的商品生产经营者,有产权清晰的独立利益;其次,要创造良好的社会经济秩序,主要是建立完善、统一、开放的市场体系,并制定完整、系统的市场经济运行法律、法规,促进平等竞争,反对垄断行为。

四、风险机制

(一)风险机制的含义

人的一切社会经济活动都面临着这样或那样的不确定性,即风险。市场经济中的风险就是指市场主体在经济活动过程中可能发生的利益受损、经营失败、破产、失业等状况。风险机制是市场主体在经济活动中的行为同盈利、亏损、破产和失业之间的内在联系和作用。风险机制贯穿于一切经济活动之中,在微观经济主体即企业和个人的经济活动中主要表现为价格风险、利率风险、汇率风险以及亏损、破产风险、失业风险等。

(二)风险机制的作用

1.促进社会资源优化配置。价格、利率、汇率的波动,破产以及失业等风险,促使企业和个人把生产要素投入到最适应市场需求的经济部门和生产环节中去,最大限度地提高社会资源的利用效率。在风险机制的作用下,资源的任何浪费和低效率都会给市场主体造成经济利益的损失,这就强迫企业和个人减少投资的盲目性。风险机制是促进社会资源优化配置的强大推动力。

2.促使企业不断提高劳动生产率。经营亏损甚至破产等风险的存在迫使企业对市场信号做出灵敏反应,努力改善经营管理,提高劳动生产率,调整生产结构,加速企业技术进步,以取得在市场竞争中的优势,获取更多的经济效益。

3.调动劳动者的生产积极性、创造性。在市场经济条件下,各个层次的劳动者,包括企业家、技术人才、公务员和普通劳动者都面临着失业的风险。这就给每个劳动者形成一种无形的巨大压力,促使他们不断学习,积极参加业务培训,提高自身素质,在社会经济活动中锐意进取,奋力拼搏。

风险机制发挥作用的条件是企业和个人必须成为真正的市场主体,存在独立的经济利益。社会要努力形成一种产权清晰、利益硬约束的社会经济环境,以利于风险机制的正常运行和发挥作用。

五、利率机制

(一)利率机制的含义

利率机制是金融市场上的机制。利率机制是指金融市场上的信贷资金的供求状况同利息率之间所具有的内在联系和运动。利息率是金融市场上信贷资金的“价格”。利息率的变动能自动地调节信贷资金的市场供给和需求,利率水平较高,则会刺激信贷资金的供给,抑制需求;反之,利率水平较低,则会刺激信贷资金的需求,扩大投资,而资金供给会下降。当然,金融市场上信贷资金的供求状况,也会影响利息率的变动。利率机制的正常运行,要求市场主体必须成为产权清晰的利益主体,要求信贷资金双方对利率变动有灵敏的反应,同时要加强利率的硬约束。

(二)利率机制的作用

利率机制的作用是多方面的,主要表现为以下四点:

1.利率信号能放大价格信号的调节作用。差别利率一般同价格比例相适应。商品供不应求的生产部门,价高利大,利息率高;商品供过于求的生产部门,价低利薄,利息率低。信贷资金从利息率低的生产部门流向利息率高的生产部门,这同价格信号调节社会资源从利润低的生产部门流向利润率高的生产部门是一致的。所以,利率机制能起到加强市场价格信号的作用。

2.利率信号能起到弱化市场价格信号的调节作用。一般地讲,市场价格信号反映出市场供求的即时信号,而利率信号相对地讲是比较稳定的,并能反映较长时期的目标。在经济活动过程中,社会资源的流动并不完全随着市场价格信号而变动,在相当程度上也受利息率信号的影响。所以,当市场价格信号因偶然因素发生异常扭曲时,利率信号能克服市场价格信号的盲目调节。

3.利息率信号会影响企业的经济效益。利息是市场主体提供信贷资金的收益。存款利息是企业作为资金供给主体获得的收入,借款利息则是企业利润的支出。所以,利率水平的变动,一方面会促使企业对投资方向和规模进行慎重选择;另一方面又会促使企业在资金运用方面加强经济核算,提高资金利用效率,获取更大的经济效益。

4.利率机制能够调节社会总供给和总需求的基本平衡。利率机制调节社会总供求是以其利息率水平配合价格总水平来实现的。当总需求大于总供给时,价格总水平必然上涨,这就会推动利率上扬。随着利率水平的上扬,投资就会减少,消费者就会增加储蓄,最终恢复总供求的基本平衡。反之,如果总供给大于总需求时,物价水平必然下降,从而推动利率向下浮动。随着利率水平下降,会刺激投资,减少储蓄,增加消费,从而促进社会总供求的基本平衡。

六、工资机制

(一)工资机制的含义

工资机制是劳动力市场上的机制。工资机制是指在劳动力市场上劳动力的供求和工资水平之间的相互联系和运动。劳动力的供求变动会引起工资水平的变化,而工资水平的变化又会调节劳动力供求。工资机制运行的突出特征是工资变动的刚性,即工资水平一般只升不降;另外工资水平还受到一国经济发展阶段等国情特征的影响。工资机制的运行,要求工资必须通过市场调节,只有在劳动力市场上形成的工资差别才会成为劳动力流动的信号。

(二)工资机制的作用

1.促进劳动力合理流动和高效配置。工资机制合理配置劳动力,是通过国民经济各部门、各行业、各企业以及各地区之间的差别工资来实现的。当某一部门、行业或企业、地区的生产供不应求时，必然引起生产规模扩张，需要更多的劳动力投入到生产中去。由于劳动力需求增加，必然引起工资水平上升。工资水平的上升，能调动或吸引更多的劳动力流向该部门、行业或企业、地区。反之，如果某一部门、行业或企业、地区的生产供大于求，必然引起生产萎缩，劳动力需求减少，工资水平下降，进而促使劳动力流向别的工资水平高的部门、行业或企业、地区。所以，工资机制的最重要作用是促进劳动力合理流动，实现社会资源的高效配置。

2.促进劳动者展开就业竞争，提高社会生产力水平。工资机制可以刺激劳动者不断提高业务水平，积极参与各种岗位技能培训和学习，不断提高自身素质，以胜任本职工作。否则，由于存在工资差别和岗位竞争压力，劳动者就会面临被排除出生产领域从事低工资岗位工作的风险。

3.促进企业加强管理，减少劳动投入，降低成本。由于劳动者工资要进入产品成本，所以，企业要在生产经营中加强管理，节约活劳动投入，减少工资支出，降低成本，从而使产品在市场竞争中处于优势地位。

4.调节社会总供给和总需求。工资是社会总供给和总需求的重要组成部分，工资水平的高低一方面反映了社会总供给和总需求的状况，为宏观调控需求导向，为宏观调控供给导向；另一方面可以影响社会总供给和总需求的变动，工资水平走低，有利于刺激总供给；工资水平上扬，则有利于刺激社会总需求。所以，工资机制是宏观经济调控的重要机制。

第四节　市场经济的运行模式

市场经济是以市场为基础，资源的配置、经济的运行通过市场来进行的经济形式。市场经济运行机制的具体化、制度化体系就是市场经济运行模式。只要采取了市场经济的运行模式，其本质的属性和运行机理是一致的，但在不同生产力发展水平与阶段、不同的国家还具有不同的运行方式和外在特征。具体而言，目前世界上主要有美国混合市场经济、德国社会市场经济、法国计划市场经济和日本政府主导型市场经济四种有代表性的市场经济运行模式。

一、美国的混合市场经济模式

美国的混合市场经济模式，又称为现代自由市场经济模式或分权型市场经济体制模式。美国的市场经济早期是典型的自由主义市场经济模式，但从 19 世纪末 20 世纪初随着工业化进程的结束，就逐步转变为混合市场经济模式。作为一个发达的市场经济国家，美国的市场在配置资源中起主要作用，政府的经济行为主要是弥补市场不足，维持宏观经济的稳定与健康发展。这种模式是在 20 世纪 30 年代大萧条以后最终确立的。总体上看，在美国的混合市场经济模式中，企业的微观经济活动基本上是由市场导向,政府在宏观上主要依靠财政、金融等经济杠杆和手段进行必要的间接调控,并通过各种立法对企业的行为进行必要的规范。美国的混合市场经济模式的基本特征主要有以下几点:

1.企业制度灵活自由

在美国,只要具备一定的条件,任何人都可以申请开办一家企业,其手续也比较简便,各州的公司法对企业注册几乎没有什么限制。企业的生产经营方向、产品和服务的定价、生产经营的规模等均由企业自行决策。美国的企业按照所有者对企业资本的形成和经营管理的不同,可以分为独资企业、合伙企业和股份公司。独资企业一般是小企业,分布于商业、农业、服务业、建筑业和金融代理等部门。合伙企业由两人以上共同组建和经营,主要分布于律师事务、医药、会计、证券经纪公司等部门。股份公司是独立的法人实体,具有所有权和经营权相分离的特点,这种企业组织形式是适宜于现代化大企业的较为理想的形式。虽然在三种企业组织形式中,独资企业和合伙企业在数量上分别占企业总数的70%和10%左右,而公司的比例大约是20%,但是,前两者的销售额占全部企业总额的比例不超过10%,而公司的销售额比例在90%以上。各种企业的创立和倒闭也是经常性的,每天都有许多企业倒闭,同时又有许多企业创立,其中,中、小型企业的变动更为频繁。这种变动尤其在生产和资本集中过程中的合并高潮时更为明显,从而使美国垄断性企业不断增强,并主导和支配着美国经济。但是,在美国反垄断法的限制下,中、小企业始终是美国企业中的重要组成部分,并被认为是美国自由企业制度的象征,是使美国经济保持活力的主要力量。因此,美国在20世纪40年代就在国会中设立了小企业委员会,1953年颁布了《小企业法》,并设立了小企业管理局,对小企业(制造业中雇员在500人以下,在服务业中雇员不超过100人)进行扶持、资助和管理。

美国政府对企业的干预程度相对较低。凡是私有经济能够有效发挥作用的领域,政府都不介入。美国政府对经济活动的干预和调节,主要是通过各种法律和宏观经济政策进行的。美国的各种法律非常健全完善,在调控社会经济活动中发挥着重要作用。美国的宏观经济政策主要包括财政政策、货币政策、收入政策、社会保障和福利政策、对外经济政策等,通过这些宏观经济政策的制定和执行,达到调控社会经济运行、弥补市场失灵的作用。总体而言,较其他市场经济国家,美国政府对企业的干预程度相对较弱,这是美国市场经济模式的一个显著特征。

2.强调地方分权

在经济的宏观调控方面,美国的市场经济模式强调地方分权。美国是由50个州组成的联邦制共和国。美国的宪法规定,除国防、外交、外贸、高等司法、保安和州际商业调节等由联邦政府负责外,其他所有权力由州政府行使。在经济调控方式、税收及各种法律制度等方面,各州都存在一定程度的差别。较西方其他经济发达国家而言,美国在市场经济运行和宏观调控方面,联邦政府和各级地方政府之间具有较高的分权特征。

3.开放性强,国际化程度高

美国的市场经济是一种典型的开放性和国际化经济,这是美国市场经济的又一显著特点。尤其是第二次世界大战后,美国一方面通过马歇尔计划帮助西欧国家恢复经济,另一方面又扶持日本经济复苏,对外进行大量的贸易和投资,成为世界上最大的贸易大国、投资大国和债权大国。虽然20世纪80年代以后,美国丧失了最大债权国的地位,但仍是金融实力最强的大国。随着商品输出和资本输出的扩大,美国的跨国公司迅速发展起来。目前,在全世界的跨国公司总数中,美国的跨国公司约占一半左右。美国跨国公司的海外直接投资占世界上外国直接投资总额的40%以上。与此同时,外国的商品和劳务、外国的投资也逐步进入美国市场。欧盟、日本及其他国家的企业,在美国市场与美国企业展开了范围广泛的激烈竞争,外国的商品、劳务和投资在美国市场上的份额不断增大。这些都使美国市场经济的国际化程度不断提高,对世界市场的依赖性也随之增强。

4.法制化程度高

美国是一个比较成熟的法制化市场经济国家,由各级立法机构制定的法律,从反垄断法、公司法、环境保护法到社会安全和保险法、特殊行业法、反歧视法、最低工资法等,数不胜数。众多的立法、执法机构和各项法律汇合在一起,构成了一个极为严密的法治网,从而保证了法律在调节社会经济生活方面的重要作用。美国的经济法律制度主要包括:一是关于企业组织的法律,如《统一合伙法》、《美国公司法》等;二是行业性法律法规,如《美国金融法》、《美国银行法》、《美国贸易法》等;三是有关经济运行和管理的法律法规,如《美国劳动法》、《美国税法》、《美国破产法》、《美国反托拉斯法》等。这些法律、法规的制定与实施,旨在保证市场经济的正常运行,为经营者提供一个公平、公正的经营和竞争环境,保护市场主体自由进入或退出,鼓励各种生产要素自由流动,保护平等竞争规则的贯彻实施及政府调控措施得以执行。总之,为经济运行创造良好的秩序框架。

5.中央银行独立性强

美国的中央银行属于联邦银行制。由于联邦政治体制分联邦和地方两级,中央银行体制也被分为联邦和地方两级。美国的联邦储备系统把全国分为12个经济大区,并设立了联邦储备银行,此外还有24家分行和约6 000家成员银行。按规定,所有国民银行都要成为成员银行,较大的州银行也可自愿参加。美国20世纪30年代发生大危机后,政府通过一系列立法和机构加强了联邦储备系统对全国金融的影响和控制。在目前,成员银行是联邦储备系统的基础,中央银行通过控制成员银行实现对全国银行体系的管理。对银行体系进行管理的机构主要有三个:(1) 联邦储备委员会。它是联邦储备系统的最高管理机构,领导各家联邦储备银行业务,并对成员银行进行监管。(2)财政部金融检察局和州政府金融检察机构。这些机构负责国民银行和州银行的注册登记和检察。(3) 联邦存款保险公司。它建于 1933 年,目的是防止存款人因银行破产而遭受损失。

美国的中央银行的资本所有权属于私人银行所有。根据规定,联邦储备银行的资本是由会员银行认购股票来筹集,而其他任何人或法人都不得认购或持有 2.5 万美金以上的联邦储备银行的股票。会员银行的私有性决定了中央银行资本所有权的私有性。

美国的中央银行具有很强的独立性,它直接对国会负责。制定国家货币政策的最高权力机构是联邦储备委员会,成员由 7 人组成,须经参议院同意后由总统任命。联邦储备委员会的主要职责是调整法定准备金、贴现率,指示联邦公开市场委员会从事公开市场业务,规定存款利率,限制凭交纳押金进行证券交易所能获得的信贷额度等。货币政策的具体规定和实施通过联邦公开市场委员会进行。该委员会由联邦储备委员会的 7 名成员和 5 名联邦储备银行行长组成。公开市场委员会每年定期召开 8 次会议,其中 2 月会议向国会银行委员会汇报当年货币和信贷指标,7 月会议汇报指标修正情况及下年预期指标。

具有上述特征的美国金融体制,使美国政府主要依据存款准备金、贴现率、公开市场业务等对国民经济实行间接影响。

二、德国的社会市场经济

在西方发达的资本主义国家中,德国的市场经济模式独具特色,即社会市场经济。这种模式是战后原联邦德国实行的,在 1990 年 10 月两德统一后又推广到原民主德国范围内,成为涵盖整个德国的经济模式。战后原联邦德国从战败国重新崛起,一跃成为资本主义世界第三大经济强国,仅次于美国和日本,人们形象地将其比做欧洲经济的火车头。原联邦德国的奇迹要归功于它所实行的社会市场经济模式。

战后,原联邦德国迫切需要一种经济理论,既能为资本主义辩护,又能抗衡社会主义思想的强大影响。德国的社会市场经济是以弗莱堡学派的经济理论作为其理论基础的。弗莱堡学派的理论要点包括以下几点:一是认为市场经济的基础是私有制,因此必须保障私人经济的充分自主性。二是认为国家的作用是保护市场竞争、维护社会公平。三是提出了"社会市场经济"的概念,指出社会市场经济是按市场经济规律行事,但辅之以社会保障的经济制度,它的意义是将市场自由的原则同社会公平结合在一起。

德国的社会市场经济既抛弃了传统的自由竞争和自由贸易,又避免了国家统制经济的弊端,把个人自发决策的积极性同社会进步的原则结合起来,通过国家的有限干预实现"社会公正"。简单地说,社会市场经济就是效率加社会公平,即国

家干预保证市场竞争,市场竞争保证社会繁荣。社会市场经济模式的显著特征表现在以下几个方面:

1.社会市场经济模式的基础是私有制

社会经济的发展只能依靠每个经济细胞的作用,所以必须发挥个人和企业的作用。在私有制条件下,每个人、每个家庭、每个企业才能自负其责地自由制订计划,按照自己的意愿决定购置什么、消费什么、生产什么、提供什么。在德国,私有制经济占统治地位,近90%的企业都是私人企业。国有经济(包括国有企业和国有控股在50%以上的合营企业)占10%左右,主要集中在能源动力、交通通信、金融保险和城市基础设施部门。在德国社会经济中,生产集中和垄断程度相当高,400家大型工业企业占全国工业品市场销售额的70%,10家最大公司在各部门生产总值中的比重为:电力95.4%,家用电器96%,建筑机械40.7%,食糖70.5%,这些大垄断公司控制着主要的经济命脉,成为国民经济的基础。另外,在农业和手工业中,广泛存在着合作经济组织,而且国家采取一定的扶植措施,如优惠贷款、价格补贴等。

2.有效的竞争制度

与传统自由竞争经济模式和凯恩斯国家干预调节模式不同,社会市场经济模式强调私人自由竞争市场经济是最佳经济调控方式,但不能完全自由放任。完全自由放任的市场竞争将导致私人垄断的形成,从而阻碍自由竞争;不完全的竞争必然损伤市场机制调控系统,国民经济难以有效地运行。因此,需要一个强大的国家为自由竞争市场过程创造、提供制度环境条件,才能保证并促进自由竞争。

在德国政府看来,竞争有两层内涵:一是国内市场的自由竞争;二是国际市场的竞争。后者又有双重含义:外贸自由化的初级形态和经济一体化的高级形态。为了鼓励国内竞争,德国政府制定了《反对限制竞争法》,建立各级卡特尔局,专司反垄断,主要针对市场竞争中容易出现的三种垄断形式:公司之间的协议垄断、大公司的控股垄断和独家经营企业对市场的独占。

在贸易自由化方面,1961年原联邦德国政府颁布了《对外贸易法》,采取了以下措施鼓励企业参与国际竞争:放宽限额,降低关税,货币自由兑换,简化行政手段等。这对于经济刚刚恢复的原联邦德国来说是需要勇气和胆识的。德国还竭力主张和倡导全球经济自由化和一体化,在此之前,先在欧洲实行经济一体化,实现商品、劳动、资本的自由流动,在欧洲各国之间通过竞争来实现共同繁荣。

3.政府对经济进行间接的、宏观的管理

在社会市场经济中,国家并不直接干预经济过程本身,但并不是说国家没有任何经济计划。德国政府和各级政府都有一定的经济计划,中期的、年度的和短期的。但这些计划是一种指导性计划,仅仅规定一些综合性指标,对企业并没有硬约束力,计划的实施主要是通过财政、税收、信贷等宏观经济调控手段来实现。

在德国社会市场经济模式中,负责宏观经济调控的组织和机构并不单纯是政府性组织,还包括一些社会性的组织机构。如德国有一个由五名著名经济学家组成的“五贤人委员会”,其主要功能是在每年秋季提出一份全面估计德国当年经济发展情况的鉴定书,作为各决策部门的参考依据。联邦总理于第二年一月要向联邦议会和联邦参议院提出一年一度的经济报告,对“五贤人委员会”的鉴定书作出答复,并提出当年的经济政策和措施。

4.德国的联邦银行发挥特殊作用

在德国,联邦政府主要负责运用财政和税收的手段来调节经济,而主要负责运用货币和信贷政策的是联邦银行。德意志联邦银行是德国的中央银行,其资本归联邦政府所有,只有联邦银行才有权发行货币。但联邦银行又是一个具有公共法人资格的联邦直接法人,独立于联邦政府,在行使职权时不受联邦政府指令影响,但它要支持政府的总体经济政策。联邦银行的经费不列入政府预算,独立开支。当政府和银行在政策上发生分歧时可以协商,但联邦银行按理事会决议行事,联邦政府对这种决议只有暂时推迟实施的权力。

联邦银行根据对经济形势的预测和对市场行情的分析,决定收缩或放松货币的发行量以保持马克的币值,稳定物价。联邦银行还可以用提高或降低商业银行在联邦银行的最低存款额,提高或降低它对商业银行的贴现率,在金融方面刺激或冷却经济。

5.缩小贫富差距,促进社会共同进步

“社会市场经济”宣称所要建立的经济体制是要消灭社会贫富悬殊,使绝大多数人享受经济增长的成果。为此,联邦政府推行了三大社会政策:第一,收入再分配政策。主要是通过税收和转移支付手段,缩小贫富差距,为低收入者提供包括住宅在内的各种补贴。第二,强制性的社会保障制度。通过全体就业者从自己的收入中拿出一部分交给社会公共基金库管理,来建立全民医疗、失业保险和养老保险机制。例如,最高失业金为净工资的68%,失业金最多可以领取一年,年老的失业者可以领取32个月。如果继续失业要申请失业救济,最高救济金可达净工资的58%。第三,劳资合作和共同决定制度。劳资合作是指工会与雇主应通过定期协商来确定工资和其他劳动条件,每一方都有自助性和独立性,罢工和开除工人都是合法的斗争手段。共同决定制度是指通过国家立法来保障职员参与企业人事、经营管理决策的权力和方式。德国社会市场经济模式中,“共决”是试图缓解劳资矛盾的一种职工参与形式,它指雇员代表参与企业的社会事务、人事事务和经济事务的决策和组织工作。联邦德国政府从20世纪50年代开始,颁布了一系列有关“共决”的法律。按规定,职工人数在5人以上的企业,都要成立企业委员会,对企业规章、劳动时间、工作岗位、雇员的雇用和解职、职工教育、经营咨询和决策等多方面有共同决策的权力。企业委员会确定企业的经济理事会,经济理事会的任务是同企业领导或企业主商议经济事务,并把情况向企业委员会报告。企业委员会每季度召开企业全体雇员会议,报告企业工作或形成有关决议。企业还必须组成监事会,成员由雇员代表和股东代表组成,其中雇员代表须占1/3。监事会任务是任命、监督执行委员会。执行委员会是企业的领导机构,其中须有雇员作为劳动经理参与企业的领导。

总之,德国的市场经济模式是一种独具特色的模式,它与西方其他发达市场经济国家的经济模式有一定的差别,在德国战后的重建、经济发展以及两德合并后的经济整合中都发挥了极其重要的作用。当然,随着欧洲一体化进程的发展,特别是在欧元区形成并日渐发挥作用后,德国的社会市场经济模式必将发生较大的变化。

三、法国的计划市场经济模式

法国是发达的市场经济国家。二战期间,其工业遭到严重破坏。战后初期,法国面临着恢复经济,迅速实现经济现代化的紧迫任务。当时百废待兴,而经济资源紧缺,客观上要求法国采取特殊的方式迅速集中有限资源投入关键性部门并协调全国经济活动。因此,国家需要有中长期的发展方向和目标,突出重点,带动全局,加速经济结构调整,保持国民经济的平衡发展,从而国家制订和执行计划筹集巨额财政资金并直接拥有企业,就成了满足这些客观要求的可供选择的适当方式。此外,法国也是有中央集权传统的国家,战后,社会民主主义思潮在法国有广泛的社会影响,社会党作为改良主义在政治上的主要代表,其经济纲领之一就是实行国有化和发展计划经济。战后社会党数度执政,导致政府扩大国家干预,推行计划经济。这种市场经济模式取得了巨大成功,引起世界各国的瞩目。

法国的计划市场经济模式主要具有以下特点:

1.国有经济比重较高

法国是一个以私有经济为主体,私有经济与国有经济并存的市场经济国家,但法国国有企业资本在国民经济中的比重居发达资本主义国家前列。这主要是因为法国的市场经济体制具有双重性,一方面它属于自由市场经济体制,经济运行建立在多个决策中心的基础上,私有经济居主导地位,私有企业数量占多数,其职工人数占就业总人口的70%以上;另一方面,法国政府为维护国家主权、保证市场经济的更好运行,加强了国家干预,其手段之一就是通过国有化运动,建立一个庞大的国有部门,对关键性行业或战略部门进行控制。战后,法国政府除了利用财政拨款直接兴办了一大批国有企业,形成了雄厚的产业资本,还先后四次掀起国有化高潮,国有经济的比重大大提高。1982年国有企业占了全国就业人数的11%,全国固定资本的35%,国内生产总值的17%,国家还掌握了90%的银行存款和80%的信贷业务。国有企业不仅在重要的基础工业部门和衰落的传统部门一直是最大的活动者，而且在决定国民经济发展方向的高新技术部门及具有战略意义的支柱产业部门，如电子、原子能、航天工业、邮电通信、汽车、冶金、交通运输、化工等领域都居主导地位，并形成了一批实力雄厚的国家垄断资本集团，它们分别控制本部门全部或大部分的生产和营业额，以此影响整个国民经济的运行。可见，法国垄断资本力量的不断加强并取得经济上的支配地位，主要不是通过自由竞争，而是依仗国家的扶持和干预实现的。

2.计划机制和市场机制有机结合

法国的国有企业是法国国民经济计划的经济基础。法国实行的是指示性计划，这种计划不是独立于市场之外的，而是与市场融合在一起发生作用的力量。指示性计划是通过以经济手段诱导市场主体的行为，使之符合计划目标的市场参与过程。在此过程中，考虑到政府的奖惩手段，企业某些行动方案的预期结果将随之改变，从而迫使企业重新作出选择，那些有利于结构优化和国民经济协调和高速发展的行动方案，可能受到政府的奖励资助而为企业优先考虑和采纳。政府会采取措施抑制那些不支持国家计划的私人企业的经济利益。计划以市场信息作为决策的依据，又以市场作为实施决策的舞台。

从1947—1953年第一个五年计划起到现在，法国政府大约已推行了十个五年计划。20世纪60年代以前偏重直接干预，国家是最大、最直接的投资承担者。20世纪60年代以后，则逐步转身间接手段，除立法外，还采取相应配套的财政金融杠杆，如预算、税收、补贴、信贷、资金、基金、价格等方式，诱导部门、地区、企业的发展，同时辅以收入政策、储蓄政策、工资政策、福利政策等配套措施。在货币政策方面，主要是控制货币量，抑制通货膨胀，并使之与计划所需资金相一致，对信贷总额加以控制。国家预算中有很大比重用于支持重点项目和扶助文教改革。

法国计划的形式和编制是灵活多样的。国家中长期计划的编制要经过若干程序。首先编制预测模型，预测经济发展前景，然后编制程序。经济计划决策机构为全国计划委员会，由中央各部委、地区代表及社会各界代表人物组成，总统兼任主席，具体起草和进行协调的机构是政府总理下属的计划总署。计划总署下设现代化委员会，由经济和社会各界人士组成，他们起草的报告呈送计划总署加以平衡，再形成政府的总体计划草案，然后送交国民议会及参议院通过，以法律形式颁布后生效，由政府部门执行。经济计划的顺利实现不是靠行政命令，而是靠各个方面的信任和协作。

法国建立了一套比较完善的计划编制机构和运作程序，计划的编制由具有高效率的计划总署(共约二百余人)负责具体组织领导。为使国家计划充分反映不同社会集团的利益，使其成为一个“集体合同”，政府专门成立了计划编制协商机构即现代化委员会(现改称计划工作委员会)。现代化委员会是官民直接对话、民主磋商、共同完成编制计划的重要组织形式。该机构直属国家计划总署领导。委员会人员由政府官员与"社会伙伴"(各行各业代表、社会各界代表和经济专家等)组成,机构庞大,拥有数千人,并按不同部门和专业划分为数十个专门委员会。按其职能又分为"垂直委员会"(按专业)和"横向委员会"(跨部门专业)两大类,其任务是讨论中央政府提出的计划总方针、政策,并协商起草本领域的计划报告,呈送计划总署。计划总署以各委员会起草的计划报告为依据,进行综合平衡,并最终形成政府的总体计划草案,然后提交政府内阁会议讨论、通过,再经议会审议、批准,以便立法实施。

总之,法国的国家计划是指导性的计划,具有预测性、战略性、宏观性的特点。计划调节不是取代市场的作用,而是对市场机制的补充和完善。计划和市场互相补充,以优化资源的配置。

3.法国的工业企业组织结构

法国工业企业组织结构是由大量外围企业与少数中心企业所构成的。法国制订和实施计划的主要组织是由企业界代表和政府代表组成的现代化委员会。在这个委员会中,企业界代表主要是最有势力的公司的代表,他们最活跃,他们与政府的协商其实就是分配预定的产量和投资。在法国,由于控制国民经济命脉的国有企业在国民经济中占有很大比重,这就为国家计划的实施奠定了坚实的物质基础。同时,因为市场或企业组织的高度集中,政府部门无须一一面对成千上万的企业,只要与屈指可数的重要企业或企业集团进行密切协商合作,便可制订出可行的计划。同时,为数不多的大企业参与了计划制订的过程,相信计划是官民共同协商的结果,有可能实施,从而增强了执行计划的信心,也增加了计划的有效性。总之,市场的高度组织性为政府和企业界的协商合作提供了基本条件。

4.法国的财政金融体制

为了实现国家规定的宏观经济管理目标,政府除采取必要的行政和立法措施外,还配之以相应的财政金融措施,主要有财政预算、贷款、补贴、税收、奖金、价格、利率、折旧等,注重发挥经济杠杆的作用。凡符合国家目标要求的经济活动,国家均采取鼓励和优惠性措施;反之,则采取限制性措施。同时,配之以收入政策、工资政策、储蓄政策、社会福利政策等,对企业和家庭收入、消费进行干预和调节。由于国家控制的再分配国民收入约占国内生产的一半,使国家有可能对社会再生产过程进行干预和调节。据统计,目前国家用于干预经济的直接财政支出约占全国投资总额的一半(其中财政预算占一半),国家除通过政府部门及国家银行和金融机构负责具体实施外,中央还建立了各种基金组织和职能机构,以对各个领域的经济活动进行具体指导和协调。

四、日本的政府主导型市场经济

日本明治维新以后,为了富国强兵,同发达资本主义国家竞争,采用了资本主义市场经济体制,引进了股份公司制度和银行制度。第二次世界大战结束后,为了达到发展经济,赶超欧美发达国家的目的,日本不受意识形态的束缚,立足于本国的实际情况,博采众长,消化吸收,并根据实践中产生的问题,不断扬弃和取舍,逐步形成了独具特色的市场经济模式。日本的政府主导型市场经济,以自由市场经济为基础,在资源配置方式、决策结构与过程乃至经济运行方向等方面,国家通过产业政策、计划调节、行政指导等手段干预和导向相对较强,政府在社会经济管理方面的作用比西方其他经济模式相对较大。

(一)强有力的宏观调控

1.经济计划。从1955年起,日本先后制订了13个适合不同时期经济发展的长期经济发展计划,对企业发挥了指导作用。日本实行的经济计划在市场经济国家中是比较独特的。通过经济计划,可以表明政府的政策主张,协调各部门、各地区之间的经济利益和发展平衡。日本的经济计划一般分为中长期计划、短期计划、国土开发和地区开发计划,计划的实施以信息、诱导为主,政策刺激为辅。政府向社会提供各种经济分析和预测报告,并阐述政府的立场。同时政府使用各种间接经济手段,按企业遵循计划的程度给予奖励,较好贯彻行政指导的企业可以获得长期低息贷款、减税和财政补贴。企业自主作出的决策包含大量的计划诱导因素在内,因而,日本经济计划被西方国家称为"世界上运用得最巧妙的计划诱导经济"。

日本经济计划的主要特点是:它既能为私人企业提供权威性的经济预测,具有预测计划的机能,又可为国有垄断企业和部门提出较可行的指导计划;既能促进各项经济政策的相互协调和体系化,具有政策型计划的机能,又可调整各集团之间的利害关系和促进社会经济结构的合理化。

2.政策手段。通过财政、金融和产业政策促进经济的发展。从战后日本经济的恢复和高速增长的实践看,产业政策效果最佳,它也是政府诱导企业的主要手段。战后日本的产业政策主要是通过法律和行政指导的形式,利用税收、日本银行的间接金融、政府金融机构融资、引进国外技术等手段而展开,极大地推动了日本产业结构、技术结构和出口结构的优化升级,提高了企业的国际竞争力。促进以产业发展为目的的产业政策主要包括两大体系,以发展重点产业为中心展开的产业结构政策,以保护垄断资本根本利益促进企业间竞争为宗旨、调整企业间关系的产业组织政策。日本的产业政策是世界上公认最成功、最系统的产业政策,它与其他发达国家产业政策的主要区别是政策体系的侧重点在产业结构政策上,产业结构政策的主要作用,是干预资源在产业间配置以实现产业结构转换。

3.行政指导。主管经济的省、厅根据政府的意图,充分调动和发挥民间经济团体、行业协会等组织的积极性,让它们协同政府进行自我管理,从而对企业的投资意向进行指导和引导。行政指导通过政府和企业双方协商合作的方式进行,把企业活动纳入国家经济发展目标的轨道，使企业的经营在一定程度上向着计划化、组织化和程序化方向发展。日本的经济管理体制有一套严密而有效的组织体系。从政府机构到半官方的经济审议会，再到民间的行业团体和企业间内部的横向联系，组成了一个政府领导、民间经济界充分参与的多层次的官民一体型体系。

4.宏观总量调控。与美国不同，日本政府特别重视供给管理，而把刺激需求放在次要地位，以谋求通过微观经济的产出扩张和加速出口来实现宏观总量平衡。由此可见，日本政府把自己看成是市场经济的参与者，与企业共享信息资源，共同配置经济资源，也共同承担经济风险的责任。

(二)日本特色的企业制度

日本市场主体企业的产权结构、治理结构、用工制度、企业理念等方面与西方其他国家的企业相比，具有自己的特点。日本企业制度的基本特点有两个：

1.产权结构。日本企业是以法人相互持股为基础的产权结构，这也是日本企业制度的最基本特征。

日本的大多数中小企业采取家庭所有、家庭经营形式；大型企业及企业集团由于相互持股、法人持股和个人股份的分散化，股东会和董事会的作用不大，经理阶层掌握了企业的经营决策权。这种企业权力结构以经营者为主导，使日本的企业更注重在协作生产中稳定生产经营联系，加强企业间横向联系等政策目标，这有利于企业追求长期发展目标，追求市场占有率，避免短期行为的干扰，使日本企业较之西方企业更具有长远和稳定的视野。同时，由于企业法人相互持股形成了企业间稳定和长期的纽带关系，对于扩大企业交易、降低生产费用、节约交易成本具有重大作用。

以法人相互持股为基础的产权结构赋予了企业经营者以决策权和银行的监督权。一方面，它使法人股东拥有了对公司经营活动进行有效控制的所有权基础，强化了经营者权力职能，使企业具有充分的经营自主权。另一方面，它决定了银行在企业监督治理结构中的监督作用，银行作为企业的大股东，目的不在于获得股息，而是通过贷款获得长期收益。银行在企业经营正常时一般不加干预，而在经营不佳时将控制权自动转向主银行。银行与企业的这种关系既保证了经营者具有充分权力，又保证了银行监督的有效性；既保证了所有者的利益，又维护了企业的长远发展。

2.经营管理体制和治理结构。日本的企业(主要是大企业)在股份制中实行所有权与经营权分离，并且实行所谓公司本位主义的“日本式经营”。长期以来，在日本企业界推行着三种制度：终身雇佣制、年功序列工资制和工会制度。

“日本式经营”的产生除了有日本社会文化的原因外，还与当时的社会经济形势有关。第二次世界大战后，为了更好地从美欧引进和消化先进技术，企业需要通过长期的企业内教育和训练，来培养能对引进技术进行消化和改良的技术力量，而这又需要把长期、稳定的雇佣从业人员作为前提。同时,经济的高速增长又为广大企业提供了极大的成长机会,促使企业注重追求长期的成长和发展,从而重视对从业人员的长期雇佣和培养,重视人才资源的积累。在经济增长的情况下,企业的成长和发展使得企业能为从业人员提供更多的晋升、提薪及退休后返聘的机会,从而促使从业人员安心地为企业长期工作。尽管没有法律规定,但终身雇佣成为企业的行为规则,同时,工人的工资福利随工龄的延长而稳步上升,即实行年功序列工资制。

由于终身雇佣,日本企业从业人员的人数变动小,日本企业人工费变化不大,因而可看做“固定费”。由于人工费在企业生产的总成本中占有很大比重,企业不减人,当然也要努力做到不减生产量,否则人员就会闲置,经营难以维持。这正是日本的企业采取努力确保生产量和重视市场占有率的经营姿态的一个重要原因。

当企业遇到经营困难,或由于技术革新、产业结构变化而出现人员过剩时,如何尽量避免裁减人员,这是维持雇佣稳定的关键。对此,日本企业通常采用的一些办法有:调整劳动时间(减少加班);削减奖金和管理人员报酬;减少或中止采用新职工;对富余人员在企业内进行调动或派往子公司及关联企业;让富余人员临时休假;帮助富余人员找工作(比如调到与本企业有交易关系的企业);鼓励从业人员自己找工作;如找到新工作后工资低于原来水平时由原企业给予补贴;在超过一定年龄的职工中募集“自愿退职者”;如果应募人数不够就再降低募集对象的年龄或在万不得已的情况下采取指名退职的措施等。

日本企业雇佣制度的年功序列制与终身雇佣制紧密联系。年功序列制对企业员工的工资和晋级有重要影响。

从工资上看,是根据企业员工在本企业连续工作年数(工龄)的增加,来逐步提高其工资。但是年功序列制会造成企业与企业间的“不平衡的交易关系”。在年功序列制下,年轻企业员工在一定的年龄段对企业进行着“隐形投资”,而要获取这种投资回报,唯一的办法就是长期留在同一企业内工作,使自己熬到“老职工”的辈分。结果,这种“隐形投资”便成为一种“退出”(离职)的障碍,成为企业员工对企业的“抵押”,因为如果中途退职就会失去这份“隐形投资”。正因为年功序列制具有这种促使企业员工长期地为同一家企业工作的作用,因此,可以说年功序列制是企业实行终身雇佣制的一个保证和补充。

从晋级方面看,企业员工的职位提升也在很大程度上取决于工龄。除了工龄外,最终决定能否晋升的关键因素是对该职工能力和贡献的评价。

年功序列制下,企业员工的晋升过程与工作岗位的转换结合起来。企业员工可以长期钻研某种专门技术,从事某项特定工作,从而成长为该技术门类或领域的专家。也可以在一家企业长期工作和岗位轮换,熟悉本企业各方面的情况与特点,掌握适合本企业特殊要求的经验和能力,从而成长为对本企业特别适用的人才。

工会有着特别的作用。它常在公司与职工中“和稀泥”,使职工与公司之间的冲突“大事化小,小事化了”。日本工会一般是按企业组织的,无上下级,工会与企业共存亡,这就使工会开展工作时必然采取“妥协”的方式。另一方面,由于企业领导人多从企业职工中晋升,深知广大职工的苦处,一般也不轻易发展冲突,这样工会也就能担当好“调解人”的角色。正是如此,工会在稳定职工队伍方面起了不少作用,使每年的“春斗”象征化。

“日本式经营”使日本的劳动力配置机制与美国大相径庭。美国实行的是外部劳动力配置机制,劳动力流动速率高,不利于劳动力就业的稳定。与美国相反,日本形成的雇佣体制有助于就业的稳定以及提高生产经营和研究开发的效率,有利于企业凝聚力的形成,同时,也使日本的劳动力市场相对封闭,缺乏流动性。

(三)日本的财政金融体系

1.财政体制的特点。1947 年日本制定了财政法,将财政行为纳入立法轨道,建立了以中央集中领导、地方分级自主管理的体制,形成完善的管理体制,在确立地方税独立性原则、保证地方税源的同时,将主要税种划归中央,保证中央有足够的税源,保证宏观经济调控。

日本对大藏省的存款部进行改组,成立资金运用部,对政府资金实行统一运用,形成独具特色的财政投融资制度。政府资金由大藏大臣统一管理使用,严格地筛选资金使用对象,确保国家财政资金使用的政策性与安全性。为保证财政信贷资金的正确使用,加强民主监督,成立了由各方人士组成的资金运用部,隶属总理府领导。20 世纪 50 年代初,日本相继成立了国民金融公库、日本开发银行、住宅金融公库和输出入银行等政府金融机构。通过这些机构,对个人或企业提供低息、长期信贷资金, 形成了贯彻政府政策意图、补充民间信贷活动的政府金融体系。1953 年开始编制“第二预算”的财政投融资计划。日本认为经济增长是解决一切经济问题的基础,主张通过政府干预促进经济发展,因而把促进经济增长作为财政政策的第一目标。

2.金融体系的特点。日本金融体系由中央银行、民间金融机构、政府政策性金融机构等组成,形成了以中央银行为领导,民间金融机构为主体,政府政策性金融机构为补充的模式。

日本银行是日本的中央银行,它建立于 1881 年,1942 年 2 月进行了改组。该行资本金为 1 亿日元,政府持有 55%,民间持有 45%,民间持股者只享有分红资格,而无对该行的经营管理权。

从日本现有金融体制看,日本金融机构主要有两类:一类是政府系统的金融机构,包括日本开发银行、日本进出口银行和 10 个公库;另一类是在日本银行调节和监督下的私人银行。

在第二次世界大战后三十年中的大部分年份里，日本政府控制着利率，从而影响着信贷分配。政府还强调职能分离，将其作为金融规章制度的一个内容，例如，银行与证券公司的分离；向较大的公司贷款的银行与向小企业贷款的机构分离；普通银行(只能吸收短期存款)与信托银行和长期信用银行(能够持有信托资产和公司信用债这样的长期债务)分离。在加强国内规章制度有效性的同时，外汇法制约着几乎所有国际金融交易。

可见，日本市场经济模式是以市场机制为基础，以市场配置资源为前提，又充分注重政府导向的。由于日本政府对市场经济有较强的干预，因而被称为“政府主导型”市场经济模式。虽然日本模式在实践中曾出现过“政府失灵”，但从总体上看，这一模式能够在体制上和组织结构上保持市场的活力和竞争的有序，是战后日本经济迅速崛起的重要原因之一。

以上介绍了当代国外四种主要的市场经济体制，从中我们可以看到，各国的市场经济模式各有特点，体制上存在着差异。这种差异主要表现为政府的宏观调控在经济活动中作用的大小不同，政府干预经济活动的内容和方式也不一致。但撇开这些特点与差异来看，各国的市场经济又都存在着共同之处，那就是：都以市场机制为经济运行的基础性机制；都实行政府对经济活动的干预和调控；都强调政府指导与市场机制的有机结合。

第三章　社会主义市场经济及其建立

社会主义市场经济理论的提出,是我国社会主义经济发展实践的产物,是马克思主义基本原理同社会主义建设实践相结合的结晶,是马克思社会主义经济理论的丰富与发展。本章首先考察社会主义市场经济理论的形成及其发展,然后分析社会主义市场经济作为市场经济同社会主义制度相结合的一种新型的现代市场经济所具有的特殊规定性。

第一节　社会主义市场经济理论的形成与发展

从理论上确定社会主义经济是市场经济,不是少数理论家的政治口号,而是我国社会主义经济发展实践的内在要求与必然实现形式。

一、社会主义市场经济理论形成的背景

解决关于人类社会"生产什么、如何生产与为谁生产"这一基本问题的经济体制大体可划分为四种,即自然经济体制、偏向于自由放任的市场经济体制、偏向于国家干预的市场经济体制和计划经济体制。长期以来,社会主义的经济形式被人们认为是产品经济或计划经济。前苏联计划经济所做出的巨大历史贡献也强化了社会主义是计划经济的传统认识。我国在经历了新民主主义革命与社会主义三大改造后,也选择了计划经济的发展道路。

计划经济是指在生产资料公有制的基础上根据社会主义基本经济规律和国民经济有计划按比例发展规律的要求,由国家按照经济、社会建设与发展的统一计划来管理国民经济的社会经济制度。实行计划经济,必须从国民经济实际情况和自然资源特点出发,根据社会主义建设的需要,有计划地安排国民经济各部门之间的发展比例关系,合理地分布生产力,有效地利用人力、物力、财力,搞好生产与需要之间的平衡,促进国民经济协调发展,以满足国家建设和人民日益增长的物质和文化生活的需要。计划经济配置资源的成功首先要克服不完全信息问题,保证计划制订得科学合理。在生产力水平较低、经济目标单一、社会经济结构简单时,制订计划所需要的信息收集、传输、处理还相对容易解决。但是当国民经济体

系已经建立、经济联系错综复杂时,经济计划所面临的不完全信息等问题就出现了。要把社会经济所有经济信息及时、完全、准确地收集起来,并迅速处理,编制成经济计划,层层分解下达给基层单位去执行,就会因为缺少信息而无法进行,导致计划经济效率低下。中央计划是要靠千百个基层单位分散执行的,只有在它们没有自身特殊利益的情况下,它们才会不折不扣地执行而不出现偏差。

1978 年 12 月以后,在我国走上了恢复社会主义建设的正确轨道后,转轨经济学对为什么没有继续全面地执行计划生产模式,为什么中国的改革能够从农村家庭联产承包责任制开始进而推广到城市企业,为什么在党的十一届三中全会后个体私营经济能够迅速发展起来等问题进行了深入研究。其基本思路是:改革开放前我国存在庞大的农村经济,由于缺乏规模经济并且体系巨大,即使是在对私营经济打击最严厉的时期,农村的集市贸易也没有完全取消,而生产公社的低效率使得一些落后的农村自发地组织承包式生产,这种生产模式由于得到领导人的支持而推广,传统的经济模式开始松动,人们的思想观念和思维方式开始转变,农村改革拉开序幕。在此基础上,推动了以城市为重点的整个经济体制改革的全面展开。企业改革从承包制到股份制;市场发展由商品价格放开到市场体系的全面建立与完善;这些因素不断推进传统计划经济体制朝着市场经济体制转变。

改革开放的伟大实践推动我国经济社会获得了长足的进步,市场经济的概念已经深入人心。如何总结社会主义改革开放的伟大经验,如何推进中国的社会主义现代化事业,这些问题都推动着社会主义经济理论的不断创新。

二、对社会主义市场经济的认识过程

关于社会主义经济是商品经济还是产品经济,人们的认识经历了一个长期的发展过程。马克思在分析资本主义商品生产时,曾经预言在公有制条件下,鲁滨逊在孤岛上的那种为满足自己需要而从事的产品生产, 将会在社会范围内重演,因而商品关系将会消失。他在谈到未来社会的自由人联合体时,设计了一个非商品化、完全由计划调控的经济形式。"劳动时间的有计划分配,调节着各种劳动职能同种种需要的适当比例。另一方面,劳动时间又是计量生产者个人在共同劳动所占份额的尺度。"恩格斯对社会主义经济实行计划调节的思想也十分明确,他认为在未来社会里,"一切生产部门将由整个社会来管理,也就是说,为了公共的利益按照总的计划和在社会全体成员的参加下来经营"。在《反杜林论》中,他认为:"一旦社会占有了生产资料,商品生产就将消除,而产品对生产者的统治地位也将随之消除。社会生产内部的无政府状态将为有计划的自觉的组织所代替。"

随着社会主义革命的胜利与社会主义建设实践的开始,列宁、斯大林、毛泽东这些经历了社会主义实践的马克思主义经典理论家, 在对待商品货币关系问题上,一直处于肯定与否定的矛盾之中,在理论上想否定,而在现实中又不得不承认,实践上既允许又加以限制。几十年的实践之所以坚持高度集中的计划经济体制,有三个认识误区:第一个是把社会经济的运行形式等同于社会基本制度;第二个是没有认识到各社会主义国家的历史条件与马克思、恩格斯所设想的不同;第三个是后人对马克思主义理论教条主义的理解与运用。因此,在党的十一届三中全会之前,中国的主流学派普遍停留在苏联模式经济体制的理论基础上。社会主义市场经济理论,应该说是1978年党的十一届三中全会后随着经济体制改革的不断深入而形成和发展起来的,大体上可分为三个阶段。

第一阶段:计划经济为主、市场调节为辅阶段(1978 —1983年)。这期间人们已经认识到社会主义经济不是完全的计划经济,还应有市场调节的部分。1979年3月,负责财经工作的副总理陈云指出:“整个社会主义经济必须有两个组成部分:(1)计划经济部分;(2)市场调节部分(即不作计划,让它根据市场供求的变化进行生产),即带有盲目调节的部分;第一部分是基本的主要的,第二部分是从属的次要的,但又是必需的”。

1979年11月26日,邓小平会见美国不列颠百科全书出版公司副总裁弗兰克·吉布尼和保尔·阿姆斯特朗、加拿大麦吉尔大学东亚研究所主任林达光和夫人时,介绍了中国改革和发展的方向及实现四个现代化的依据。林达光教授提问:“您是否认为,需要在社会主义计划经济的指导下,扩大资本主义的市场经济作用”时,邓小平果断地回答:“说市场经济只存在于资本主义社会,只有资本主义的市场经济,这肯定是不正确的。社会主义为什么不可以搞市场经济,这个不能说是资本主义。我们是计划经济为主,也结合市场经济”。这就突破了社会主义不能搞市场经济的框子,肯定了社会主义也可以搞市场经济。

1981年11月,全国五届人大四次会议通过的政府工作报告提出:“正确认识和处理计划经济和市场调节的关系,是改革中的一个关键问题。”“我国经济体制改革的基本方向应当是:在坚持实行社会主义计划经济的前提下,发挥市场调节的辅助作用,国家在制订计划时也要充分考虑和运用价值规律;对于带全局性的、关系到国计民生的经济活动,要加强国家的集中统一领导,对于不同企业的经济活动要给予不同程度的决策权,同时扩大职工管理企业的民主权利;改变单纯依靠行政手段管理经济的做法,把经济手段和行政手段结合起来,注意运用经济杠杆、经济法规来管理经济”。

1982年9月,党的十二大报告对此作了更明确的阐述,报告指出:“计划经济为主,市场调节为辅的原则,是经济体制改革中的一个根本性问题。”这一原则的确立,对当时经济体制改革具有重要意义,计划开始松动,农村取消人民公社,对国有企业开始让利,市场开始活跃。

与理论深入发展相适应的是实践的深入发展,两者相互促进。1978年,四川省首先在部分工业企业中进行了扩大企业自主权的试点。1979年,国家经贸委、财政部等6部委在京、津、沪选择首钢等8家企业进行扩权试点。到1979年底，试点企业扩大到4 200多家，1980年又迅速发展到6 000多家，占全国预算内工业企业总数的16%，产值的60%，利润的70%。在试点企业实行了利润留成制度。1981年起对3.6万多家企业实行利润包干，推行经济责任制。1983年，又进一步在全国工业系统实行利改税，促进政企分开。同时，调整和放开价格，改革流通体制，重视发挥市场调节作用，有效促进了经济的发展和推动了经济体制改革。

第二阶段：有计划的商品经济阶段(1984—1988年)。这一期间全新解释了计划经济的含义，突破了长期以来把计划经济与商品经济对立起来的传统观念，强调计划与市场的统一。

1984年10月20日，党的十二届三中全会通过的《中共中央关于经济体制改革的决定》明确指出："改革计划体制，首先要突破把计划经济与商品经济对立起来的传统观念，明确认识社会主义经济必须自觉依据和利用价值规律，社会主义经济是在公有制基础上的有计划商品经济。商品经济的充分发展，是社会经济发展不可逾越的阶段，是实现我国经济现代化的必要条件。"

基于社会主义经济是有计划商品经济的理论，1985年9月，《中共中央关于制定国民经济和社会发展第七个五年计划的建议》对于我国经济体制改革的总体规划做了如下概括："建立新型的社会主义经济体制，主要是抓好相互联系的三个方面：第一，进一步增强企业特别是全民所有制大中型企业的活力，使它们真正成为相对独立的、自主经营、自负盈亏的商品生产者和经营者。第二，进一步发展社会主义有计划的商品市场，逐步完善市场体系。第三，国家对企业的管理逐步由直接控制转向间接控制为主，主要运用经济手段和法律手段，并采取必要的行政手段，来控制和调节经济运行。要围绕这三个方面，配套地搞好计划体制、价格体制、财政体制、金融体制和劳动工资制度等方面的改革。"这个规划已初步勾画出中国经济体制改革的基本轮廓。

1987年党的十三大报告指出："社会主义有计划商品经济的体制，应该是计划与市场内在统一的体制。""社会主义商品经济的发展离不开市场的发展与完善，利用市场调节不等于搞资本主义。""新的运行机制，总体上来说应当是'国家调节市场，市场引导企业'的机制"，这就表明了对计划与市场认识的深化，提出了市场经济运行的模式。由于1989年政治风波，这一运行机制的推行受到一定的影响，但很快得到纠正。这一阶段改革的实践非常活跃。1984年，国有企业普遍实行第二步利改税，理顺了国家所有、企业经营的关系，1987年底，大部分国有企业实行了不同形式的承包，进行了股份制试点等；政府管理经济的方式有较大的改变，大幅度减少指令性计划，放开价格；建立和培育完善的市场体系，大力发展农产品市场、工业消费品市场、生产资料市场、金融市场、劳动力市场、技术市场、信息市场、房地产市场等。实践的深入发展，为确立社会主义市场经济体制改革目标奠定了基础,提供了条件。

第三阶段:社会主义市场经济体制确立阶段(1992 年以后)。计划经济与市场经济的关系问题,曾经一直困扰着我国的改革目标取向,邓小平对理论和实践进行了科学的总结,做出了精辟的论述。1992 年 1 月 18 日到 2 月 21 日,邓小平在视察武昌、深圳、珠海、上海等地时发表了一系列讲话,其中最重要的内容之一便是关于社会主义与市场经济的关系问题。邓小平说:“计划多一点还是市场多一点,不是社会主义与资本主义的本质区别。计划经济不等于社会主义,资本主义也有计划;市场经济不等于资本主义,社会主义也有市场。计划和市场都是经济手段。社会主义的本质,是解放生产力,发展生产力,消灭剥削,消除两极分化,最终达到共同富裕。就是要对大家讲这个道理。”这一精辟论述,使得对计划与市场的关系和对市场经济问题的认识有了新突破。

1992 年 10 月,党的十四大进一步确立了“建立社会主义市场经济体制”的改革目标,《报告》指出:“我国经济体制改革的目标是建立社会主义市场经济体制”,“我们要建立的社会主义市场经济体制, 就是要使市场在社会主义国家宏观调控下对资源配置起基础性作用。”改革的目标确立后,改革步伐加快了。在国有企业改革方面,由承包制向股份制过渡,主要转化为有限责任公司。1994 年,有 100 家企业被列为建立现代企业制度的试点,100 家企业成为理顺产权关系试点, 向国有企业派驻国有资产监理代表等。在金融体制方面,国务院通过了金融体制改革的意见,强化了中央银行调节货币和管理金融秩序的职能,改变了银行体系,进一步明确了各银行的功能。在税收制度方面,从 1994 年起,开征增值税,实行中央与地方分税制,征收所得税,统一税率,分开国有企业税与利等。在投资体制改革方面,放开竞争性部门的投资,鼓励基础设施投资。在外汇、外贸体制、行政机构等方面都进行了相应的改革。社会主义市场经济体制的基本框架初步建立。

三、社会主义市场经济认识的深化

党的十四大以来,从提出建立社会主义市场经济的目标,到勾画新体制的基本框架,以及国有经济战略性调整、非公有制经济地位、国有资产管理体制改革、分配改革等一系列重大问题,中国共产党第三代中央领导集体做出了重大的理论创新,从而为改革的实践提供了科学的依据和行动指南。2003 年 10 月,党的十六届三中全会召开,《中共中央关于完善社会主义市场经济体制若干问题的决定》开启了改革的新篇章。2003 年国有经济布局的战略性调整,坚持有进有退,有所为有所不为,缩短了战线,精干了队伍。2003 年中国企业联合会推出的中国企业 500 强中,国有及国有控股企业共有 368 家,占总数的 73.6% ,资产占总数的 96.4% ,利润占总数的 85.4%。一批中央企业通过规范上市、中外合资、互相参股等方式积极进行股份制改革,到 2003 年 10 月末,中央企业从业人员为 916.9 万人,比上年末减少 52.6 万人；到年底实现销售收入突破 4 万亿元，实现利润突破 3 000 亿元。国有商业银行和保险公司股份制改革步伐加快，中国人保、中国人寿在海外成功上市，电力、民航等垄断局面被逐渐打破，非公有制经济的舞台更加宽阔。各地、各部门认真落实非公有制企业的国民待遇，清理和废止在市场准入、投融资、税收、土地使用、对外贸易等方面的歧视性政策。个体、私营等非公有制经济积极参与国有企业的改组重组、兼并收购，范围逐渐从中小企业扩展到大企业，从一般竞争性领域扩展到公益性领域。“三农”问题成为全党工作的“重中之重”，农村税费改革试点省份已扩大到 20 个，试点地区的农业人口约 6.2 亿，占全国农业人口总数的 3/4 以上。这一年中央财政为农村税费改革转移支付 350 亿元，绝大多数地区取消了农业特产税，农民的负担大大减轻。开放是经济腾飞的另一只翅膀，以加入世界贸易组织为标志，我国全方位、宽领域、多层次的对外开放格局基本形成。中国政府继续履行承诺，大幅度削减关税，并在保险、旅游服务等领域实行了一定范围的提前开放。恪守诺言，增强了外商对华投资的信心。在全球跨国投资持续大幅下降的情况下，2003 年全国新批设立外商投资企业 41 081 家，比上年增长了 20.22%；合同外资金额 1 150.7 亿美元，同比增长 39.03%；实际使用外资金额 535.05 亿美元，同比增长 1.44%。在敞开大门的同时，中国的企业积极“走出去”。中国有色矿业建设集团先后在 20 多个国家和地区设立机构和开发项目，已跻身国际知名矿业公司之列。据 2006 年 4 月 19 日 21 时 50 分 CCTV“经济信息联播”报道，世界贸易组织公布自中国加入世界贸易组织以来的首份《中国贸易政策审议报告》，报告高度赞扬了中国改革开放政策所取得的显著成就。贸易政策审议是世界贸易组织对全体成员适用的一个永久性机制，所有世界贸易组织成员都要定期进行贸易政策审议，贸易额在全球排名前 4 位的成员，每两年进行一次审议，排名 5 至 20 位的 16 个成员，每 4 年一次，其他成员每 6 年一次。我国贸易排名已升至全球第三，贸易政策审议将每两年进行一次。

改革开放 30 多年来，我国国内生产总值年均增长 10%以上，成为世界第二大经济体。2002 年我国人均 GDP 首次超过 1 000 美元，到 2008 年已超过 3 000 美元，我国已经由低收入国家步入了中等收入国家行列。但是 30 多年来，高速经济增长过程中也出现了一些严重问题。主要表现在：(1)不同社会阶层间个人收入差距迅速扩大。(2)劳工收入(工人、农民、农民工收入)增长缓慢。(3)居民消费能力远远低于生产能力的增长速度，产能严重过剩。目前，中国经济发展面临三大矛盾：一是人与自然的矛盾。中国人均资源占有量远低于世界平均水平，人口、资源、环境关系紧张程度加深。二是人与人的矛盾。主要表现在居民收入差距、城乡差距不断增大，劳资关系失衡等方面。三是国与国的矛盾。中国外经贸的非均衡增长引发国际贸易摩擦不断增多。总体上来说，中国经济发展处于一个新阶段，即经济增长与建设和谐社会的统一。和谐增长是人与自然关系和谐、人与经济利益关系和谐的有机统一。

1992年初，邓小平在南方谈话中对社会主义本质作了全面而深刻的概括："社会主义的本质是解放生产力,发展生产力,消灭剥削,消除两极分化,最终达到共同富裕。"邓小平关于社会主义本质的科学概括包含三个层次。第一层次是解放生产力、发展生产力。第二层次是消灭剥削,消除两极分化。第三层次是最终达到共同富裕。经过多年的实践,人们对于市场经济解放生产力、发展生产力所表现出来的巨大优越性形成了共识。但是,对于市场经济如何消灭剥削与消除两极分化方面见解不一致,在经济发展过程中,强调市场经济多,强调充分发挥市场配置资源的基础性作用多,对于如何防止经济发展过程中两极分化,如何消除市场经济负面效果方面没有准备。在实践中探索社会主义与市场经济有机结合方面经验不够,强调市场经济的成分多一点,而强调社会主义的成分少一点,从而在经济发展中出现了偏差。中共中央及时提出了建设和谐社会与树立科学发展观的理念,从而使社会主义市场经济的认识进一步深入。

2006年10月8日,备受瞩目的中国共产党第十六届中央委员会第六次全体会议在北京开幕。会议的一个主要议程,是研究构建社会主义和谐社会问题。中共十六大提出了21世纪前20年中国全面建设小康社会的发展目标,"社会更加和谐"是其中一个重要内容。2004年召开的中共十六届四中全会明确提出,要"把和谐社会建设摆在重要位置"。社会和谐是中国特色社会主义的本质属性,是国家富强、民族振兴、人民幸福的重要保证。构建社会主义和谐社会,是我们党以马克思列宁主义、毛泽东思想、邓小平理论和"三个代表"重要思想为指导,全面贯彻落实科学发展观,从中国特色社会主义事业总体布局和全面建设小康社会全局出发提出的重大战略任务,反映了建设富强、民主、文明、和谐的社会主义现代化国家的内在要求,体现了全党全国各族人民的共同愿望。

第二节　社会主义市场经济的含义、特征及框架

社会主义市场经济是一项前所未有的伟大事业,也是一个崭新的概念。如何认识和理解社会主义市场经济是关系我国经济体制改革方向和前途的重大问题。作为我国经济体制改革目标的社会主义市场经济及其体制,既具有市场经济的一般规定性,又有其特殊规定性。经过30年的改革,我国已经建立并正在不断完善社会主义市场经济体制。

一、社会主义市场经济的含义

社会主义市场经济的提出,是马克思主义经济理论的重大创新。建立社会主义市场经济体制是人类历史上尚无成功先例的重大制度创新。鉴于我国的社会主

义市场经济体制还处于完善过程中，着眼发展、用现代眼光来理解作为经济体制改革目标的社会主义市场经济的含义，对于廓清种种模糊和错误认识，坚定正确的改革方向具有重要的意义。

(一)社会主义市场经济是现代市场经济

对于社会主义市场经济的含义，中共十四大报告指出："我们要建立的社会主义市场经济体制，就是要使市场在社会主义国家宏观调控下对资源配置起基础性作用，使经济活动遵循价值规律的要求，适应供求关系的变化；通过价格杠杆和竞争机制的功能，把资源配置到效益较好的环节中去，并给企业以压力和动力，实现优胜劣汰；运用市场对各种经济信号反应比较灵敏的优点，促进生产和需求的及时协调。同时也要看到市场有其自身的弱点和消极方面，必须加强和改善国家对经济的宏观调控。"

1.社会主义市场经济首先是市场经济

社会主义市场经济首先是市场经济，包含市场经济的一般属性。作为市场经济，社会主义市场经济也是以互惠交易为基础、市场在资源配置中发挥基础性作用的经济体制。那么，如何理解市场在资源配置中发挥基础性作用呢？

首先，相对于计划经济以计划配置作为基础性的资源配置方式而言，市场经济以市场配置作为主要的资源配置方式。也就是说，在微观经济的基础层次上，市场通过对生产和流通的调节作用实现对资源的配置。国家的宏观调控或计划指导，也必须以市场对资源配置发挥基础性作用为前提。其次，经济运行过程中的基本经济活动联系主要是通过市场作用实现的，生产、交换、分配、消费都与市场发生紧密联系。再次，企业直接接受市场调节，价格信号是企业生产经营决策的主要依据。市场在资源配置中发挥基础性作用，对于企业而言，也就意味着直接接受市场调节，根据市场价格的变化及预期趋势具体地决策生产什么、生产多少、如何生产及为谁生产。

2.社会主义市场经济是一种现代市场经济

从历史上看，市场经济的发展大体经历了两个阶段：第一个阶段是早期传统的市场经济，即自由市场经济；第二个阶段是现代市场经济。在市场经济发展的第一个阶段即早期传统的市场经济中，自由竞争占统治地位，政府只是充当"守夜人"的角色，很少参与和调节市场运行过程。随着社会分工的进一步发展，部门、企业之间经济活动的联系更为广泛并不断加强，市场机制在调节经济运行、实现资源配置过程中也暴露出固有的缺陷，出现"市场失灵"的问题。"市场失灵"在客观上要求国家干预和调节经济运行过程，从而实现国民经济发展目标。随着国家干预、调节的出现和加强，早期传统的自由市场经济也就发展为现代市场经济。当今各国的市场经济都是有国家干预和调节的现代市场经济。社会主义市场经济是在社会主义国家宏观调控下发挥市场在资源配置中的基础作用，因而也是一种现代市场经济。

不仅如此，在社会主义市场经济中，社会主义国家的宏观调控比一般西方市场经济国家宏观调控的范围更广，力度更大。这不仅是由于“市场失灵”的客观存在，而且是由社会主义经济制度的性质和特殊国情决定的。

首先，社会主义市场经济是建立在以公有制为主体基础上的市场经济，国家是社会利益的总代表。因此，国家不仅要对市场竞争制度、经济运行的总量和结构以及市场分配结果和社会发展过程进行强有力的干预，而且还要代表全社会的总体利益自觉地调节国家与企业之间、地区之间、城乡之间、公有制经济与非公有制经济之间、按劳分配领域与非按劳分配领域之间各种复杂的经济利益关系，以保证在一部分人、一部分地区先富起来的基础上，逐步实现共同富裕的目标，这是社会主义经济本质的客观要求。显而易见，没有强大而有效的国家干预与调节，单纯依靠市场机制的作用，是不可能自动实现这个目标的。

其次，我国是发展中国家，我国的社会主义市场经济也必然包含了发展中国家市场经济的一般特征。从各国经济发展的历史经验看，在一个发展中国家实行市场经济，离不开国家强有力的干预和调节。这是因为，在经济发展过程中，发展中国家面临着经济结构的不断变动和优化，存在着巨大的通货膨胀压力和由于社会分配不公引发社会冲突的可能性，在对外贸易中又处于缺乏优势的地位等。这就要求国家运用各种调节手段，促进经济结构(主要是产业结构)的升级优化，消除经济发展过程中的不利因素，维持社会稳定，提高国际竞争力。经验证明，没有政府的巨大推动作用，发展中国家很难单纯依靠市场的作用自动完成经济发展过程，无法尽快摆脱贫穷落后状态。同时，发展中国家，特别是我国这样一个人口众多的发展中国家，基础设施薄弱，也在客观上要求国家在这些方面有更大的作为。

最后，社会主义市场经济是由传统计划经济转换而来的，是一场史无前例的社会大试验，世界上并没有成功的经验可以借鉴。这就要求我们不仅在从传统计划经济向市场经济转换时期，通过国家对体制转换秩序的调节以保持转换过程的有序性，而且在社会主义市场经济体制确立以后，还会遇到各种新的问题，其中最主要的是公有制与市场经济如何实现有效兼容的问题，这也需要国家自始至终对市场的运行基础、运行过程及运行结果进行有力的干预和调节。从一定意义上讲，这是社会主义市场经济中所特有的，不是在短时期内就能解决的。

(二)社会主义市场经济是同社会主义基本制度结合在一起的

中共十四大报告指出：“社会主义市场经济体制是同社会主义基本制度结合在一起的。在所有制结构上，以公有制包括全民所有制和集体所有制为主体，个体经济、私营经济、外资经济为补充，多种经济成分长期共同发展，不同经济成分还可以自愿实行多种形式的联合经营。国有企业、集体企业和其他企业都进入市场，通过平等竞争发挥国有企业的主导作用。在分配制度上.以按劳分配为主体，其他分配方式为补充,兼顾效率与公平。运用包括市场在内的各种调节手段,既鼓励先进,促进效率,合理拉开收入差距,又防止两极分化,逐步实现共同富裕。在宏观调控上,我们社会主义国家能够把人民的当前利益与长远利益、局部利益与整体利益结合起来,更好地发挥计划和市场两种手段的长处。"

社会主义市场经济是同社会主义基本制度结合在一起的。坚持正确的改革方向,指的是必须坚持社会主义市场经济改革方向。针对种种淡化社会主义性质和肢解社会主义市场经济完整概念的模糊认识和实践中出现的错误倾向,江泽民同志对社会主义市场经济的本质特征做了进一步的系统论述。

1992 年 7 月, 江泽民同志在接见济南军区和北海舰队部分师以上领导干部时指出:"我们要搞的市场经济是社会主义市场经济, 社会主义这几个字不能去掉。为什么呢? 因为我们是社会主义国家,政治上坚持四项基本原则,坚持共产党的领导,绝不能搞多党制;坚持实行人民代表大会制度,绝不能把西方议会民主搬到我们这里来。经济上坚持公有制为主体的多种形式的所有制结构,绝不能搞私有化;坚持按劳分配为主体的多种分配形式,通过一部分人先富起来,最终达到共同富裕。这是我们的基本制度和基本政策。我们要搞的市场经济是同我们的社会主义制度紧密联系并结合在一起的,因而具有自身的本质特征,所以我们把它叫做社会主义市场经济。"

1994 年 12 月, 江泽民同志在天津考察工作时还指出:"我们搞的市场经济,是同社会主义的基本制度紧密结合在一起的。如果离开了社会主义基本制度,就会走向资本主义。中国如果走向资本主义是个什么结局呢?不但发展不起来,富强不起来,而且连国家和民族的独立也保不住,势必变成帝国主义的附庸,没有什么独立自主权。这点,邓小平同志早就讲清楚了。有些人老是提出这样的问题,你们搞市场经济好啊,可是为什么还要在前面加上'社会主义'几个字,认为是多余的,总是感到有点不顺眼、不舒服。国外一些人提出这种问题,有这种看法,并不奇怪,因为他们看惯了西方的市场经济,也希望中国完全照他们那个样子去搞。我对西方国家一些来采访的人说,我们搞的是社会主义市场经济,'社会主义'这几个字是不能没有的,这并非多余,并非'画蛇添足',而恰恰相反,这是'画龙点睛'。所谓'点睛',就是点明我们市场经济的性质。西方市场经济符合社会化大生产、符合市场一般规律的东西,毫无疑义,我们要积极学习和借鉴,这是共同点;但西方市场经济是在资本主义制度下搞的,我们的市场经济是在社会主义制度下搞的,这是不同点,而我们的创造和特色也就体现在这里。"

(三)社会主义市场经济的体制基础

公有制为主体、多种所有制经济共同发展,是我国社会主义初级阶段的一项基本经济制度。在这一基本经济制度中,公有制经济占主体地位,非公有制经济作为社会主义市场经济的重要组成部分,同作为主体的公有制经济一起构成了社会主义初级阶段的基本经济制度的具体内容。生产决定分配,生产方式决定分配方式。在生产资料所有制结构上的公有制为主体、多种所有制经济共同发展,在分配制度上必然是按劳分配为主体的多种分配方式并存。社会主义初级阶段的基本经济制度的确立,是由社会主义性质和初级阶段国情决定的。第一,我国是社会主义国家,必须坚持把公有制作为社会主义经济制度的基础;第二,我国处在社会主义初级阶段,需要在公有制为主体的条件下发展多种所有制经济;第三,归根结底,一切符合"三个有利于"的所有制形式都可以而且应该用来为社会主义服务。

社会主义市场经济是同社会主义初级阶段基本经济制度结合在一起的。这就是说,我们是在社会主义条件下发展市场经济,不断解放和发展生产力。这也就要求在社会主义初级阶段基本经济制度基础上发展和完善社会主义市场经济体制,使市场在国家宏观调控下对资源配置起基础性作用;坚持和完善按劳分配为主体的多种分配方式,允许一部分地区、一部分人先富起来,带动和帮助后富,逐步走向共同富裕;坚持和完善对外开放,积极参与国际经济合作和竞争。既然我国的市场经济是建立在社会主义初级阶段的基本经济制度基础上并受其制约和影响,那么市场经济运行过程和运行结果也必然要有利于社会主义初级阶段基本经济制度的巩固、发展和完善,从而体现社会主义经济本质要求,有助于发挥社会主义优越性。

从市场主体角度上看,要健全财产法律制度,依法保护各类企业的合法权益和公平竞争,各种所有制经济主体在市场竞争中一律平等,共同发展,优胜劣汰。公有制经济的主体地位只能在竞争中保持、发展和巩固。从市场运行过程上看,市场对资源配置的基础作用是建立在国家宏观调控的前提下。与建立在私有制经济制度基础上的市场经济体制比较,建立在社会主义初级阶段基本经济制度基础上的我国市场经济体制,国家宏观调控的范围和力度都要更大,手段也更多。从市场运行结果上看,要更有利于优化资源配置,促进经济发展,保持社会稳定。为此,必须依法保护合法收入, 允许和鼓励一部分人通过诚实劳动和合法经营先富起来,允许和鼓励资本、技术等生产要素参与收益分配,通过规范收入分配,使收入差距趋向合理,防止两极分化,逐步走向共同富裕。

二、社会主义市场经济的基本特征

我国的社会主义市场经济既具有市场经济的一般特征,又具有社会主义制度的本质特点。在社会主义市场经济长期的理论和实践发展过程中,社会主义市场经济的根本特征不断显现在人们面前,其中最基本的特征主要有以下三个方面:

第一,在所有制结构上,以公有制为主体,多种所有制经济共同发展。所有制是生产关系的基础,它决定着生产关系其他两个方面,即决定分配关系和人与人之间的关系,它决定着社会的性质。我国是社会主义国家,社会主义的基本特征、社会主义经济制度的基础是公有制。因此,坚持公有制的主体地位就成了建立和完善社会主义市场经济的题中应有之义。公有制为主体,多种所有制经济共同发展作为我国社会主义初级阶段的一项基本经济制度,在社会主义市场经济体制改革的实践中得到了坚持和完善。

较之传统计划经济体制下的公有制经济运行方式,社会主义市场经济中公有制的含义和实现形式以及公有制主体地位的体现方式等,都发生了很大变化。

从公有制的含义看:在计划经济时期,公有制经济局限于国有经济和集体经济。在社会主义市场经济条件下,公有制的外延有所扩展,混合所有制经济中的国有成分和集体成分也被涵盖了进来。

从公有制的实现形式来看:在社会主义计划经济条件下,非公有制经济受到了排斥和抵制。而在社会主义市场经济条件下,一切反映社会化生产规律、有利于提高企业和资本运作效率的经营方式和组织形式都可以大胆利用,并把包括个体、私营等非公有制经济作为我国社会主义市场经济的重要组成部分,允许并鼓励它们同公有制经济共同发展。《中共中央关于完善社会主义市场经济若干问题的决定》中还特别强调:个体、私营等非公有制经济是促进我国社会生产力发展的重要力量,并进而提出,要支持非公有制中小企业的发展,鼓励有条件的企业做强做大。

从公有制主体地位的体现方式来看:在传统计划经济体制下,公有制的主体地位和作用集中体现在公有经济规模与数量及其在整个经济中所占的绝对数量优势上,而这往往是以限制其他经济成分的发展为基础的。在社会主义市场经济条件下,公有经济在总产值中所占比重是否最大已经不是最主要的,也就是说,公有制的主体地位,并不是简单地凭借公有经济规模和数量扩张以及自身所占比重的大小,而是主要体现在公有资本不断增值的质量提高上,以及对社会资本的导控度上,只要能够以较少的公有资本导控更多的社会资本,同样可以确立公有制的主体地位和作用。党的十五大报告中明确指出,"公有制的主体地位主要体现在:公有资产在社会总资产中占优势;国有经济控制国民经济命脉,对经济发展起主导作用。这是就全国而言,有的地方,有的产业可以有所差别。""国有经济起主导作用,它要体现在控制力上。"

第二,在分配制上,坚持按劳分配为主体,多种分配方式并存的制度。把按劳分配和按生产要素分配结合起来,坚持效率优先,兼顾公平,既鼓励先进,促进效率,合理拉开收入差距,又缓解社会分配不公,防止两极分化,逐步实现共同富裕。

与资本主义市场经济最终导致贫富两极分化的结果不同,社会主义市场经济是以共同富裕为目标的市场经济。在生产力高度发展的基础上,实现广大人民群众的共同富裕是社会主义的最终目标,也是成熟的社会主义市场经济的根本标志之一。

市场取向改革在我国正式启动前的长期实践表明,计划经济条件下收入分配中的平均主义只能导致共同贫困。在市场经济条件下,市场经济的分配功能是以效率为标准的,效率的高低作为企业和个人收入多少的依据,体现了动力机制和约束机制的有机统一,是实现企业经营机制高效率运营的前提。然而,市场经济又是一种不能自动实现公平的"损益经济",单纯的市场调节竞争机制,不断把众多市场参加者分解为胜利者和失败者、获利者和亏损者,从而加深了社会的分化,导致收入分配上的严重差距,甚至是两极分化。

为此,社会主义市场经济在促进社会生产力发展,使社会摆脱贫困的同时,必须在一定范围内,通过财政税收、社会救济和保障政策等措施和手段,进行财富的再分配,缩小贫富差距,使全体社会成员都有生活保障,从而最终达到共同富裕。改革实践证明,只有在整个社会富裕程度不断提高的情况下,才有共同富裕可言。而在这一过程中,合理拉开收入差距,让一部分地区、一部分人先富起来,是必然发生的正常现象,是整个社会富裕程度提高的动态表现。

第三,在宏观调控上,市场调节和宏观调控有机结合。社会主义市场经济体制不同于自由放任的市场经济体制和过度干预的计划经济体制的一个显著特征,就是它强调市场机制和宏观调控的有机结合。"我们要建立的社会主义市场经济体制,就是要使市场在社会主义国家宏观调控下对资源配置起基础性作用,使经济活动遵循价值规律的要求,适应供求关系的变化;……同时也要看到市场有其自身的弱点和消极方面,必须加强和改善国家对经济的宏观调控。"

由于存在着作为主体的公有制经济的人民民主专政的社会主义国家政权,国家对市场的调控具有较雄厚的物质基础、牢固的政治基础和广泛的群众基础,对市场的调控能力可以较资本主义国家强得多,能够把人民的当前利益和长远利益、局部利益和整体利益结合起来,更好地发挥计划和市场两种手段的长处。

三、社会主义市场经济体制的基本框架

根据党的十四大提出的建立社会主义市场经济体制的指导思想,我们所要建立的市场经济体制,就是在公有制为主体的条件下,市场在社会主义国家的宏观调控下对资源配置起基础性作用。它的基本框架由五个方面的主要内容构成,简称"二大体系、三大制度",这五个方面也是五根支柱。五个方面是互为联系和相互制约的有机整体,缺一不可,共同构成了社会主义市场经济体制的基本框架。同时,要围绕这五个主要方面建立相应完备的法律体系,从而实现社会经济生活的法制化。

第一,建立比较完善的现代企业制度。我国计划经济体制下的国有企业制度根本无法适应市场经济的发展要求,必须对它进行改革,而改革的方向则是要建立现代企业制度。现代企业制度是社会化大生产和市场经济发展的文明成果,是

我国国有企业改革的目标和方向，因而也是社会主义市场经济体制的微观基础。确立以公有制为主体的现代企业制度，是建立社会主义市场经济体制最艰巨的一环，按照党的十四届三中全会通过的《中共中央关于建立社会主义市场经济若干问题的决定》的要求，我国要建立的现代企业制度的基本特征主要是：产权清晰、权责明确、政企分开、管理科学。需要说明的是，现代企业制度基本特征的四个方面是一个相互关联的有机整体，不能只强调某一句而忽视其他。对此我们一定要完整、准确、全面地理解，不能以偏赅全或者将其割裂开来。经过30多年的改革，我国国有企业初步建立了现代企业制度，但同时也应当看到，国企改革和国有资产管理体制改革远未到位，现代企业制度建设的任务依然艰巨。

第二，建立统一、开放、竞争有序的现代市场体系。市场体系是各类市场及市场要素总和而成的有机整体，大类上可分为一般产品市场和生产要素市场。一个健全的市场体系不仅要求各类市场齐全，而且各类市场之间要相互协调配套。市场体系又是市场主体活动的空间领域，一个统一、开放、竞争有序的市场体系是建立社会主义市场经济体制，使市场在资源配置中起基础性作用的必不可少的前提条件。这是因为：第一，只有当市场本身已发育为一个健全的有机整体时，市场机制配置资源的功能才能充分发挥出来。如果市场本身发育不良，市场体系是分割的、封闭的，那么反映到市场上的各种经济信号必然是残缺不全的、扭曲的，甚至是失真的，市场配置资源的效率将受到极大的影响，或者根本无法实现。第二，企业作为市场主体要受市场本身发育的制约。只有形成一个统一开放的市场体系，从而使企业产出要面向市场，接受市场的检验和选择，而且其投入的各种生产要素也能从市场上获取，也要受市场价格与竞争机制的调节，企业的经济行为才能真正趋向合理，市场机制的优胜劣汰功能才能充分发挥出来。第三，国家要实现对市场运行过程的有效调控、监督和引导，客观上也要求存在一个发育良好的、统一、开放、竞争有序的市场体系。

第三，建立以间接手段为主的完善的宏观调控体系。为了克服“市场失灵”或“市场缺陷”，就必须要有政府的宏观调控，这是现代市场经济的一个重要标志，社会主义市场经济体制也不例外。市场经济下的政府宏观调控与计划经济体制从形式上看是相似的，但是其本质、范围、任务、目标和手段则是不相同的。因此，要合理确定宏观调控的任务和目标，并建立政策体系。适应社会主义市场经济发展要求的完善的宏观调控体系，应当是以经济手段和法律手段为主，辅以必要的行政手段，主要通过市场来引导和影响企业经济活动，从而建立间接手段为主的完善的宏观调控体系。目前，我国宏观调控体系仍不健全，政府对经济干预过多，由此带来许多问题，对此，需要进一步改革完善。

第四，建立以按劳分配为主体、多种分配方式并存的收入分配制度。建立合理的个人收入分配制度，是社会主义市场经济体制的又一个重要组成部分。个人收入分配制度主要是由生产资料所有制决定的。既然公有制为主体、多种所有制经济共同发展是我国社会主义初级阶段的一项基本经济制度，那么与此相适应，在个人收入分配制度上必须实行以按劳分配为主体、多种分配方式并存的制度。众所周知，实现全体人民的共同富裕是社会主义本质的体现，而建立合理的个人收入分配制度则是逐步实现共同富裕的一个关键。但是，共同富裕并不是同时同步富裕，由于客观条件千差万别，个人主观努力也不尽相同，个人收入必然有多有少，增长必然有快有慢。如果盲目追求同时同步富裕，其结果只能是平均主义和共同贫穷。因此，必须坚定不移地实行让一部分人、一部分地区先富起来的政策。通过先富的示范作用，激励和带动其他人及其他地区也富裕起来；同时，必须消除收入差距过分悬殊和防止两极分化。因此，我们应该实行以按劳分配为主体，体现效率优先、兼顾公平的分配制度。针对当前收入分配中出现的一些问题，尤其是收入差距过大的问题，我们还须继续深化改革，建立和完善市场分配机制，确保市场主体之间机会均等、公平竞争的环境；建立调节收入分配的调控体系，注意运用各种经济手段调节个人收入分配；加强法制建设，坚决杜绝各种非法收入。

第五，建立多层次的社会保障体系。这是我国社会主义市场经济体制基本框架的最后一个环节。如果说现代企业制度是社会主义市场经济体制的基础，市场体系是它的枢纽，宏观调控体系是它的调节器，个人收入分配制度是它的推进器，那么，社会保障体系则是社会主义市场经济体制的安全阀。社会保障是为保证社会成员的基本生活权利，依据一定的法规，由国家和社会所提供的救助和补贴。现代社会保障体系大致包括四个方面的内容，即社会救助、社会保险、社会福利和社会优抚。在西方国家的市场经济演变过程中，已经形成了一套完善的社会保障制度。而在社会主义国家的计划经济体制下，社会保障制度极其薄弱，这是制约市场经济体制的一个重大障碍。要通过深化改革，广开资金来源，动员社会各方面力量，建立适合我国国情的多层次的社会保障体系，以社会保险为核心，重视社会救济，而社会福利则量力而行。

第四章　社会主义市场经济中的所有制关系

生产资料所有制是社会生产关系或经济制度的基础,合理的所有制结构对于促进社会生产力发展和完善社会主义制度具有极其重要的意义。党的十一届三中全会以来,我们对社会主义初级阶段所有制理论的认识随着实践的发展而不断深入。党的十五大把"公有制为主体、多种所有制经济共同发展"确立为我国社会主义初级阶段的一项基本经济制度。本章在分析社会主义市场经济条件下的所有制结构基础上,探讨如何进一步壮大公有制和鼓励发展多种经济形式问题。

第一节　所有制、所有权与产权的关系

党的十六届三中全会《关于完善社会主义市场经济体制若干问题的决定》提出了产权是所有制的核心和主要内容的命题,要求建立归属清晰、权责明确、保护严格、流转顺畅的现代产权制度。正确把握所有制、所有权、产权的含义及其相互关系,对建立与完善社会主义市场经济的所有制关系十分必要。

一、所有制、所有权、产权的基本含义

所有制是指人们在不同的社会形态中对物质资料的占有形式。通常指对生产资料的占有形式,包括生产资料占有、使用、处置并获得收益等一系列经济权利和经济利益关系的总和,即生产资料归谁所有。一个特定的社会中可以有多种性质的所有制关系,决定该社会经济属性的是其中占主导地位的所有制关系。物质资料生产是人类社会存在和发展的前提和基础,而生产资料所有制又是一切生产活动的前提。生产资料所有制关系对其他具体的权利关系和利益关系具有决定性的作用,只有生产资料所有制才能反映不同生产方式的本质差别。

所有权是所有人依法对自己财产所享有的占有、使用、收益和处分的权利。它是一种财产权,所以又称财产所有权。所有权是物权中最重要的也是最完全的一种权利,具有完备性和排他性两个重要特征。完备性是指所有者可以按照自己的意志占有、支配、使用归其所有的生产资料或消费资料;排他性是指所有者对其所有物的占有具有垄断和排他的性质。

随着社会经济活动的不断发展,在相对稳定的所有制关系的基础上,所有权可以越来越自由地流动和转让,由此分化派生出越来越复杂具体的经济关系和法权关系。比如,从完备的所有权中派生出相对独立的占有权、支配权、使用权、处置权、转让权和收益权等。这些经济权利或法权关系被称为财产权或产权。

产权是我国改革开放以来引入的概念。产权是财产权的简称,它是法定主体对财产的所有权、占有权、收益权和处置权的总称。产权可以说是一组通过社会强制而实现的对某种经济物品的多种用途进行选择的权利。这种权利的有效性取决于对此权利强制实现的可能性以及为之付出的代价。这种强制既可以是法律规范、契约和政府强制,也可依赖伦理道德规范进行。在自然人企业制度下,财产权是由法律规定的主体对于客体的最高的、排他的独占权;在法人企业制度下,所有权与经营权的分离具有法律意义,公司财产取得了独立的法律形式——法人财产。

二、所有制、所有权与产权

(一)所有制与所有权

所有制和所有权是一脉相承的,在人类社会发展的各个特定阶段,客观上都存在着多种多样的所有权形式,其中总有一种占统治地位或主导地位的所有权形式,它决定和制约着其他非主导的财产所有权形式,是社会一定发展阶段的经济、政治和上层建筑的基础。这种占主导地位的财产所有权形式,就是社会的基本财产制度,也就是所有制。它是区分人类社会发展各个不同阶段的根本标志。

(二)所有权与产权

所有权并不等同于产权,两者在具体运用上具有明显的差别:第一,所有权偏重强调人对物的权利,强调客体对主体的归属关系。而产权则更多地强调人与人之间的约束关系,比如所有者相互之间、所有者与经营者之间权、责、利关系。第二,所有权理论一般是从静态角度研究财产关系的,它用所有权去规范一定的财产权利,使社会经济秩序保持正常。而产权则更多地从动态的角度研究不断分解和组合,不断发展和变化的财产关系,并通过财产约束机制,实现社会资源的优化配置。第三,所有权与产权的着眼点不同。所有权的着眼点是财产的终极所有权以及财产经营过程中的部分收益,如股息、红利等;而产权的着眼点是经营权和收益权,公司法人是通过获得法人产权而具有对企业资产的经营管理权,并同时取得经营收入。可见,在现实经济生活中,产权比所有权更具有可操作性,它更能满足商品交易和企业资产营运过程中的现实需要。在产权权能发生分解后,所有权与产权之间不再是对等关系,产权比所有权有着更为深广的内涵和外延。现代企业制度的一个重要内容就是研究现代企业产权制度,而不是研究所有权制度。

(三)所有制与产权

所有制与产权的差别较之所有权与产权的差别更大, 这主要表现三个方面。

第一,两者的研究意义不同。马克思的所有制理论是从人类社会某一阶段现实的财产关系和所有权形式出发,以占主导地位的所有制作为区分社会的标志,阐述了人类社会发展的五种形态,第一次揭示了人类社会形态由低级向高级演进的客观规律。从总体上看,所有制理论要揭示的是生产关系变革更替的革命意义,带有较浓厚的政治色彩。而产权不同,它以具体的财产关系作为研究对象,通过清晰界定产权范围,明确产权主体各自的责、权、利关系,来保障所有者经济权益的实现和经济运行的正常进行,在原则上它不介入社会关系的阶级性质。第二,两者的研究方法不同。所有制理论侧重于运用抽象的分析方法,去揭示社会形态发展的一般性规律,揭示生产关系的本质。而产权理论则侧重于运用具体的分析方法,注重财产客体的个别性,它不仅要通过法律法规清晰地界定,而且要通过价值形态进行精确的计量,还要运用企业会计手段进行核算和监督。它更多地从企业或其他财产主客体的微观角度来考察问题。第三,两者的运行特点不同。从人类历史的总体看,生产资料所有制会随着社会生产力的不断发展而不断变化。但是,所有制关系一旦确立,在较长的历史阶段内是相对稳定的。而产权关系则不同,它要随着企业主体的经营行为和市场环境的不断变化而不断地分化和重组。

第二节　社会主义初级阶段所有制结构的确立

公有制为主体、多种所有制经济共同发展,是我国社会主义初级阶段的一项基本经济制度, 党的十六届三中全会明确指出要坚持和完善这一基本经济制度。公有制为主体、多种所有制经济共同发展作为我国现阶段的一项基本经济制度是历史的必然,它揭示了社会主义初级阶段生产关系内在的本质特征。它的确立对于进一步完善社会主义市场经济体制,促进生产力的快速发展和综合国力的不断增强,具有不可估量的现实意义和历史意义。

一、以公有制为主体、多种所有制经济共同发展的所有制结构的形成过程

1956 年, 对个体农业、手工业和资本主义工商业的社会主义改造的基本完成,是我国所有制变革的一次伟大的历史性胜利。但是,在工作中也存在着一些缺点和失误。如要求过急,工作过粗,变革速度太快,形式上过于简单划一,存在不少遗留问题等;在 1958 年的“大跃进”中,在生产资料所有制问题上又大搞“升级”和“过渡”,在全国范围内搞人民公社化;特别是 1966 年开始的“文化大革命”,错误地认为社会主义改造基本完成以后,小生产还会每日每时大批地产生资本主义和资产阶级,因而形成了一系列“左”的政策,在所谓“大批资本主义”、“割资本主义尾巴”的口号下,重新取缔个体商业者。具有资本主义性质的私营企业 1956 年以

后在我国的土地上已经完全被消灭了。总之,在1978年以前,由于对基本国情缺乏了解和“左”的错误的干扰,我国的个体、私营经济等其他经济成分一直没有恢复和发展,形成了公有制一统天下的单一所有制结构,这种所有制结构完全脱离我国生产力状况,因而严重地阻碍了我国经济的发展。

在党的十一届三中全会以后,恢复了解放思想、实事求是的马克思主义思想路线,在改革开放政策的指引下,个体、私营经济和其他经济成分适应我国生产力的发展状况,在我国开始恢复和发展起来,并逐步形成了以公有制为主体、多种所有制形式共同发展的结构。

(一)明确了个体经济的地位和作用,恢复和发展个体经济

党的十一届三中全会总结了我国近三十年的社会主义建设的经验和教训,提出了把党和国家的工作重心转移到经济建设上来之后,1980年8月17日中共中央转发《进一步做好城镇劳动就业工作》的文件,提出要采取各种办法扩大就业,对劳动体制进行全面改革。文件强调要鼓励和扶植城镇个体经济的发展,从事法律许可范围内的、不剥削他人的个体劳动,这种个体经济是社会主义公有制经济的不可缺少的补充,在今后一个相当长的历史时期内都将发挥积极作用。1981年6月党的十一届六中全会通过的《关于建国以来党的若干历史问题的决议》把个体经济看做我国现阶段生产资料所有制结构中的一个重要组成部分。在农村经济体制改革过程中, 随着家庭联产承包责任制的实行和农村集市贸易的恢复和发展,以及城镇市场的开放,个体经济和私营经济如雨后春笋般破土而出。在城镇,一些待业者和无业者开始办起了个体饮食业、服务业,开始出现农民进城搞长途贩运,在农村出现了一批离土不离乡的从事工商业的专业户。在个体经济发展的基础上,开始出现雇工现象,私营经济随之应运而生。个体、私营经济在我国消失了近二十年之后,于20世纪80年代初重新登上了中国的历史舞台。以后,党的十二大、十三大都提出了要鼓励、发展个体经济和私营经济,使之获得了迅猛发展。

(二)随着认识的不断深化,个体经济和私营经济被确定为社会主义市场经济的重要组成部分

1990年至1992年初,全国个体、私营经济的发展一直处于徘徊不前的局面。在关键时刻,邓小平于1992年春天发表南方重要讲话,提出了把是否有利于生产力的发展,是否有利于国家综合国力的提高,是否有利于人民生活水平的提高,作为我们衡量工作好坏、判断是非的重要标准。1992年秋季召开的党的十四大明确提出了我国经济体制改革的目标是建立社会主义市场经济体制。这种经济体制“在所有制结构上, 以公有制包括全民所有制和集体所有制经济为主体, 个体经济、私营经济、外资经济为补充,多种经济成分长期共同发展,不同经济成分可以自愿实行多种形式的联合经营”,“国有企业、集体企业和其他企业都进入市场,通过平等竞争发挥国有企业的主导作用”。

党的十五大认真总结了十一届三中全会以来在所有制结构问题上的经验，明确了公有制为主体、多种所有制经济共同发展，是我国社会主义初级阶段的一项基本经济制度。并进一步确认："非公有制经济是我国社会主义市场经济的重要组成部分"。党的十四大、十五大不仅认为个体、私营经济应该存在和发展，而且确立了个体、私营经济在我国社会主义市场经济中应有的地位，党的十六大重申："个体、私营等各种形式的非公有制经济是社会主义市场经济的重要组成部分"。这是我们党在对社会主义条件下的个体经济、私营经济认识上的一次重大飞跃。

正是由于对个体、私营经济认识的不断深化，党的政策的不断放宽，鼓励的力度不断加大，我国的个体、私营经济获得了迅速的发展。到 2006 年，私营企业达 497.4 万家，从业人员 6 396 万人；个体企业达 2 576 万家，从业人员 7 500 万人；私营和个体企业营业额共计突破 6 万亿元。个体、私营经济以及外资经济的发展过程，也就是我国单一公有制经济结构逐步转变为以公有制为主体、多种所有制经济共同发展的所有制结构的过程。

二、公有制为主体、多种所有制经济共同发展的客观必然性

我们之所以把公有制为主体、多种所有制经济共同发展确立为社会主义市场经济的所有制基础，是由我国现阶段的生产力发展水平决定的，是根据生产关系一定要适合生产力状况、社会主义市场经济体制的客观要求以及我国社会主义初级阶段的基本国情做出的必然选择。

第一，这是由我国社会主义初级阶段的生产力状况决定的。我国进入社会主义社会之后，生产力虽已得到迅速提高，但总的水平仍然很低，特别是在部门、地区上发展很不平衡。社会上既存在社会化程度较高的现代化大生产，又有零星分散或封闭式的小生产；既掌握了自动化、半自动化的先进生产手段，也使用着最落后的手工工具。与这些社会化程度差别很大的、不同层次的生产力相适应，客观上要求建立不同性质和不同公有化程度的生产资料所有制。除了那些现代化、社会化程度很高或者控制着国计民生和垄断性资源的大生产需要建立全民所有制以外，必须根据生产力的具体情况建立其他的所有制。

第二，这是为了充分调动一切积极因素，迅速发展国民经济，较快实现国家繁荣富强。允许多种所有制形式同时并存，可以广泛动员社会闲散资金，合理利用各种不同水平的生产工具以及各种自然资源和原材料，充分挖掘劳动潜力。它还有利于对外开放，吸收国外资金，引进国外的先进技术、设备，学习有益的经济管理经验。这些都可以充分利用各种人力、物力、财力，解决我国人口众多、资源相对不足、资金缺乏的困难，建设社会需要的经济事业，加速发展社会生产，尽快增加社会财富，并且形成一种生动活泼的经济局面，繁荣城乡经济，促进社会主义现代化的早日实现。

第三,这是为了丰富社会产品,改善劳动人民的生活,最终实现人民的富裕幸福。全民所有制经济拥有强大的物质基础,具有迅速增加产品供应的巨大能力,对满足劳动人民的需要起着举足轻重的作用。集体经济与个体经济、私营经济,由于规模较小,布点分散,灵活机动,适应性强,对丰富人民生活、方便群众有着不可替代的作用。多种所有制经济共同发展,互相配合,互相补充,既能迅速增加商品和劳务的供应,更好地满足劳动人民的全面多样需要,又能广开就业门路,增加劳动人民的收入,这些都有利于劳动人民生活水平的迅速提高。

第三节 巩固和发展公有制经济

公有制是社会主义经济制度的基础。我们在建立社会主义市场经济体制的过程中必须坚持公有制的主体地位,并积极探索公有制的多种实现形式。

一、社会主义公有制及其实现形式

所谓公有制,是指一个社会群体(一个社会的全体成员或部分成员)共同占有生产资料的所有制形式。其本质是生产资料的所有者可以自己或委托他人在全社会或社会的部分范围内运用生产资料进行生产,并凭借其对生产资料的所有权获得经济利益。

社会主义公有制是生产资料归社会主义国家的劳动者共同占有和支配的一种新型的所有制。实行社会主义公有制,有利于社会化大生产的进行,有利于保证劳动者在占有生产资料上的平等地位,有利于劳动者之间在社会生产和生活中建立新型的互助合作关系,有利于保证社会生产目的和劳动成果分配的社会主义性质。社会主义公有制是社会主义生产发展的基础和最根本的特征,是全体劳动人民物质文化生活水平不断提高的基本条件。

社会主义公有制的本质是由劳动者在全社会或社会的部分范围内运用生产资料进行生产,并凭借其对生产资料的所有权获得经济利益。至于如何运用生产资料进行生产,则是公有制的实现形式。社会主义公有制有多种实现形式,不仅包括全民所有制经济和集体所有制经济,还包括混合所有制经济中的国有经济成分和集体经济成分。

社会主义全民所有制是生产资料归全体劳动人民共同占有的一种公有制形式。由于我国的全民所有制经济主要是在新中国建立过程中,通过没收帝国主义、封建主义和官僚资产阶级的资本而形成的,所以我国全民所有制采取国家所有制形式,国家作为人民的代表,行使对生产资料的所有权。但是,这并不意味着生产资料在归国家所有的同时,也必须由国家直接占有、支配和使用,也不意味着必须由国家在全社会范围内直接组织具体的生产经营活动。无论是从理论上来说,还是从实际中来看，全民所有制经济的所有权和经营权可以而且应当分离，即必须把全民所有制生产资料的占有权、使用权和具体经营权交给企业，形成法人财产权利，并保证企业行使这些权利，得到必要的经济利益。在过去一段时期内，我们对这个问题的理解不够完全和准确，比较流行的看法是把国家所有与国家经营直接等同。实践证明，这种认识和做法是不合乎生产力发展要求的，所以从1978年开始我国对国有企业进行了改革，对国有经济的布局进行了调整。这种改革和调整今后还要继续深化下去。

社会主义集体所有制是部分劳动群众共同占有生产资料的一种公有制形式。它和全民所有制形式一样，都是劳动者共同占有生产资料的所有制形式，都排除了依靠生产资料所有权而无偿地占有他人劳动成果的剥削关系。这是集体所有制与全民所有制带有共性的一面，但同时两者又有明显的区别，表现在：与全民所有制下的生产资料为全社会劳动者所占有相比，集体所有制下的生产资料只为集体范围内的劳动者所共有。在一个集体经济内部，人们在生产资料占有关系上是平等的，但在不同的集体单位之间则是不平等的。每一个集体经济作为生产资料的所有者，具有独立的经济利益，是自主经营、自负盈亏的社会主义商品生产者和经营者。不同集体单位耗费等量劳动，却获得不同数量与质量的产品，即表现为劳动收入和报酬上的差别。

我国的集体所有制包括农村集体所有制和城镇集体所有制。农村集体所有制经济是我国农业中的主要经济形式。城镇集体所有制经济广泛存在于城镇的手工业、工业、建筑业、运输业、商业和服务业等许多行业。一部分是在20世纪50年代对个体手工业、个体商贩进行社会主义改造时建立起来的；一部分是由劳动群众集资，组织街道闲散劳动力兴办起来的。集体所有制经济是社会主义公有制经济的一个重要组成部分。它是同我国现阶段生产力发展水平和生产社会化程度相适应的一种公有制形式，具有很大的灵活性，能够容纳不同发展水平的生产力和不同的生产社会化程度。集体所有制经济在促进三次产业的发展，扩大商品流通，活跃城乡市场，发展对外贸易，满足人民生活需要，扩大劳动就业以及为社会主义现代化建设积累资金等方面起着重要作用。

改革开放以来，我国的公有制形式出现了许多新的变化，一些新的公有制形式出现，其中比较多的是在我国农村和城镇大量出现的、由劳动者自愿联合起来共同进行经营的多种多样的合作经济组织，这当中又有很大一部分属于以劳动者的劳动联合和劳动者的资本联合为主的股份合作经济，兼有股份制与合作制的经济特征。在国有企业改革中，不少企业以建立现代企业制度为目标，以资本为纽带，实行了国有企业之间、国有企业与其他所有制企业之间的改组、改造、联合和兼并，形成了多种所有制共存，你中有我、我中有你的混合所有制形式。这种混合所有制的组织形式就是股份制。

股份制是一种现代企业的资本组织形式,它适应现代市场经济和社会化大生产发展的要求,有利于所有权和经营权的分离,有利于提高企业和资本的运作效率,有利于把分散的资本集中起来,迅速扩大企业的生产规模。股份制企业的治理结构比较合理,既有利于保证经营者有充分的经营权和决策权,又有利于保证所有者对经营者的有效监督,保证所有者的利益不受侵害,而且它在不同的社会经济制度下都可以实行,应该大力发展。多种多样的股份合作经济,是群众在实践中进行的企业制度创新,对于搞活中小型国有企业有比较明显的作用,应该给予肯定和支持。对以劳动者的劳动联合和资本联合为主的集体经济,尤其要给予提倡和鼓励。

公有制实现形式可以而且应当多样化。一切反映社会化生产规律的经营方式和组织形式都可以利用。同时,要努力寻找能够极大促进生产力发展的公有制实现形式。

二、必须坚持公有制的主体地位

社会主义初级阶段的所有制结构必须坚持以公有制为主体。这是因为,虽然从市场经济发展和市场交易的角度看,不同所有制之间的关系是平等的竞争关系,它们之间不应有高低亲疏之分。但是,从生产关系的角度看,不同所有制在社会主义经济体制中的地位和作用是不一样的。公有制为主体,是社会主义经济制度的基础,也是多种所有制共同发展的所有制结构的基础。只有在以公有制为主体的条件下,才能消灭剥削,消除两极分化,实现共同富裕;才能在更大程度上实现个人利益和社会利益的统一和个人的自由全面发展;才能更好地发挥计划调节和宏观调控的作用,克服市场机制的缺陷和消极作用;才能使各种非公有制获得健康发展,成为社会主义市场经济的组成部分。因此,坚持社会主义市场经济改革方向,必须坚持以公有制为主体。

如何坚持公有制的主体地位?中共十四届五中全会指出:“坚持公有制的主体地位,重要的是把握好以下几个方面:一是在社会总资产中要保持国家所有和集体所有的资产占优势;二是国有经济在关系国民经济命脉的重要部门和关键领域占支配地位;三是国有经济对整个经济发展起主导作用;四是公有制经济特别是国有企业要适应社会主义市场经济的发展要求,不断发展和壮大自己”。

第一,坚持公有制的主体地位,要体现在公有资产在社会总资产中占优势,即表现在数量上。任何事物都是质和量的对立统一体,没有一定的量,就没有一定的质;同时,质的变化必须表现在量的方面,单纯量的变化,发展到一定程度就会引起质的变化,社会主义生产关系也是如此。生产资料的数量及其运行,与社会总财富的增长通常是成正比的,国有及集体所有的生产资料在社会总资产中占优势,才能保证公有制生产的物质产品在社会总产品中占优势,保证国有经济在重要部门、关键领域中居支配地位。同时,资产优势又是剩余产品优势的保证,公有资产提供的剩余产品的多少及其在社会纯收入中占的地位是很重要的。积累是扩大再生产的源泉,也是巩固和发展社会主义公有制的物质条件。如果公有制经济力量不大,剩余产品不多,而非公有制经济提供的剩余产品在社会纯收入中占了统治地位,那么,国家和各级政府财政收入的构成方向和使用方向就会发生根本性变化,不仅公有制的主体地位得不到保证,而且国家和社会的性质也会发生变化。

第二,坚持公有制的主体地位,要体现在公有资产的质量上。质与量比较,质居第一位。有质才有量;有质的优势,才能保持量的优势。党的十五大报告中指出"公有资产占优势,要有量的优势,更要注重质的提高"。如上所述,没有公有资产在数量上的优势,就无所谓社会主义。但是,如果仅仅满足数量上的优势,忽视公有资产的运营效率,不注重在激烈的市场竞争中保持或争取优势,那么数量上的优势会消失,社会主义也难坚持走下去。

第三,坚持公有制的主体地位,要坚持国有经济控制国民经济命脉,坚持国有经济对经济发展起主导作用。所谓主导作用,就是左右国民经济全局的制约、导向作用。现阶段,国有经济要起主导作用,首先是因为在多种所有制形式并存的情况下,不同所有制间存在利益上的矛盾。从一定程度上讲,非国有制经济只代表局部利益,国有经济代表全局利益。这就决定了必须由国家掌握国民经济命脉,借以保证国有经济的主导作用;在国有经济的导向下,使其他各种所有制经济能沿着正确的方向发展,不至于局部利益压倒全局利益。其次,国有经济是实行宏观经济调控、确保国民经济和社会协调发展的主要物质基础。因此必须明确,国有经济起主导作用,主要体现在对国民经济的控制力上,而要做到这一点,从我国当前的现实看,有很多工作要做。

第四,坚持公有制的主体地位,要不断发展和壮大公有制自身。由于社会生产总是在不断发展, 各种非公有制经济依照积累和扩大再生产的规律也将逐步发展,公有制经济如果不在激烈的市场竞争中发展壮大自己,它的主体地位必将被逐步削弱。当前,从公有制资产所占比例来看,非公有制资产比重已经超过公有制;从控制国家经济命脉来看,国有经济起主导作用,但不够稳固。到 2005 年,公有制资产比重下降到 48.8%,低于 55%～60%的临界值,非公有制资产比重上升到 50.9%,高于临界值。分产业看,第一产业公有制资产占优势,第二产业、第三产业中,公有制资产的优势开始失去。在属于国家安全、自然垄断、提供重要公共产品和服务的行业实收资本中,国有资本占 70%左右,国家控制资本占 80%以上;属于重要的基础性行业实收资本中,国家资本占 30%～40%,控制资本占 40%～50%。但在制造业中,国有经济控制力相对较低,山东、福建、广东、江苏、浙江更低。

三、进一步巩固和发展公有制经济

(一)进一步调整和优化国有经济的布局和结构

中共十五大特别是十五届三中全会以来,党中央、国务院在认识上从着力于搞好单个的国有企业向搞好整个国有经济转变,采取一系列重要措施进行国有企业改组和国有经济布局的调整。这些措施主要有:第一,通过兼并、联合、出售等多种方式,贯彻"抓大放小"方针,使一大批中小型国有企业转为民营企业;第二,通过上市、引入国内民营资本、与国外大型企业或跨国公司合资等多种方式,对大型国有企业实施产权多元化改造,使一大批原来的纯国有企业转变为国有控股或参股企业,并在对大型企业公司化改造的基础上,通过在公开证券市场出售或通过协议转让的方式,减持国有股,调整国有资本存量结构;第三,通过对一些长期亏损且生产技术水平落后、产品无市场前景、扭亏无望的国有企业依法实施破产;第四,新投入的国有资本有意识地向基础行业、重点行业集中,优化增量国有资本的配置结构。到目前为止,国有经济布局和结构的调整取得了明显成效。国有经济在国民经济中的比重适当收缩,行业布局有所改善,企业结构有所优化。但是,国有经济布局和结构不合理问题并没有从根本上解决。国有资产仍大量分布在一般竞争性领域,分散在大量中小企业之中,而在基础设施、基础研究、基础教育等本该由国有经济发挥作用的领域国有资本却投资不足。这不仅导致许多国有企业效率低下、亏损严重,难以生存下去,而且使国有经济难以对整个经济发挥应有的支撑和带动作用,也制约了整个经济的良性循环。

进一步调整和优化国有经济的布局和结构,应当着重从以下几个方面努力:

第一,在思想认识上要进一步明确社会主义市场经济条件下国有经济的功能与定位,支撑、引导和带动整个社会经济的发展,在实现国家宏观调控目标中发挥作用。根据这一指导思想进行国有经济布局和结构的调整,要努力做到:凡是民间资本能够很好发挥作用的领域,国有经济要尽量退出或尽量少进入;凡是民间资本不能很好发挥作用的领域,包括民间资本做不好、不能做或不愿做的领域,国有经济就应当发挥主要作用,从而实现国有经济与民间经济相互分工、功能互补,为整个国民经济的发展创造条件。

第二,在总结国有中小企业改革的经验与教训的基础上,在资产评估、转让过程的公开、透明和公正以及银行债务处理和企业职工权益保障等方面制定必要的指导性政策,规范地方中小企业改革。

第三,继续改革国有资产管理体制,真正把国资委办成一个有效的出资人代表机构,通过法律法规的形式形成有效的出资人权能行使方式。此外,还必须继续下大力气规范和完善资本市场、完善社会保障体制、健全法制环境,为国有经济布局和结构的调整提供必要的条件。

(二)继续推进国有企业产权制度改革

目前,尽管我国大多数国有企业已经进行了公司制改革,设立了股东会、董事会和监事会,但与现代市场经济相适应的法人治理机构及运行机制尚未完全建立起来。因此,应当适应社会主义市场经济体制的要求,按照现代产权制度进行改革:(1)对极少数涉及国家核心安全和特殊性质的国有企业,实行国有独资,不搞产权多元化,但也要通过改革使之能够与现代市场经济接轨。(2)对包括垄断性行业及其他相关行业的重要领域和关键部门,实行国有企业法人资本控股。(3)一般产业的大中型企业应通过产权转让的方式实行资产置换,建立非国有控股的产权多元化的制度。各类产权主体均可以按照国民待遇的规则,公平竞争、优胜劣汰。(4)对于数量众多的国有中小企业,国有资本原则上要退出来。

(三)进一步寻求新的公有制形式和新的公有制实现形式

新的探索表明,公有制的形式和实现形式可以而且应多样化。在改革与发展过程中,为适应生产社会化不断增强的要求,各经济单位在追逐自身利益的过程中相互参股、融合,在原有经济形式的基础上形成一种新的所有制形式,即混合所有制。由于混合所有制经济扬弃了私有性而具有一定的社会性,沐浴着社会主义公有制的"普照阳光",是更符合社会主义市场经济要求的现代公有制。当前,国内的非公有制经济和国外的跨国公司对参与我国国有企业改革热情很高,是大力发展混合所有制经济的大好机会,应特别重视发展以混合所有制经济为实际内容的股份制。目前,混合所有制经济在江苏、浙江等地的发展中,已经显示出其强大的活力和生命力。在不久的将来,很可能成为在社会主义初级阶段基本经济制度中占主体的公有制形式。

在社会主义市场经济发展过程中,我国逐步建立起失业保险基金、医疗保险基金、养老保险基金以及住房公积金等基金。随着资金积累和财政资金的不断注入,资金规模不断扩大。这些基金都具有公有性质,完全可以成为新的投资基金和新的公有制形式。此外,还要探索其他各种类型的公有制形式及其实现形式。

第四节　鼓励、支持和引导非公有制经济发展

我国处于社会主义初级阶段,因此,我们选择了以公有制为主体、多种所有制经济并存和共同发展的所有制结构,明确社会主义条件下的非公有制经济是社会主义市场经济的重要组成部分。这对于调动非公有制经济的积极性,使其和公有制经济一道共同发展社会主义社会生产力,更好地满足人民的物质文化生活需要,具有十分重要的意义。党的十七大报告也指出,要"毫不动摇地鼓励、支持、引导非公有制经济发展"。但是,大力发展非公有制经济,绝不是要取代公有制的主体地位,更不是要以公有制经济的私有化来发展非公有制经济,而是要形成一种

各种所有制经济相互促进、协调发展的中国所有制模式。

非公有制经济有多种存在形式,主要包括个体所有制经济、私营经济及外资经济,必须鼓励、支持、引导个体私营经济和其他非公有制经济的健康发展,充分发挥个体、私营等非公有制在促进经济增长、扩大就业、活跃市场和社会稳定等方面的重要作用。

一、个体所有制

个体所有制是指生产资料归劳动者个人所有,并由劳动者个人及家庭成员直接支配和使用的一种私有制形式。在我国现阶段,个体所有制主要存在于城乡的手工业、农业、商业、交通运输业和服务行业中。个体经济的存在与发展是同我国现阶段的一部分生产力相适应的。我国现阶段生产力总体水平不高、且呈现出多层次特点。手工工具和小型半机械化工具的使用、零星分散的资金、闲散富余的劳动力等生产要素,适合于个体经营。在某些领域,个体经济方式不可能完全被社会化大生产所取代。经过30多年的发展,个体经济呈现出一些与以往不同的特点:个体经济已由原来的只是零星分散的经营发展为在社会主义大市场下一定程度上的集中性经营。个体经济发展的行业结构和从业人员结构发生了明显变化,个体经济经营领域逐步拓宽,除传统经营产业外,科技咨询、信息服务等行业也有所发展。从业人员的年龄结构、知识结构也明显变化,出现了一批懂经营、善管理,受过高等教育的经营者,从业人员素质不断提高。

个体经济在社会经济发展中发挥着重要作用。主要表现在:增加经济总量、发展社会生产力、活跃商品交换、开展多种服务、满足社会多方面需求、促进产业结构调整。个体经济为国家提供了大量的财政收入,特别是在县、乡两级财政收入中发挥了极为重要的作用,是社会主义经济建设资金积累的重要源泉;同时它对扩大就业发挥了重要作用,促进了社会稳定。个体经济的特点在于它是一种自我实现就业的经济成分,而且个体经济的就业“门槛”低,适合中国目前大多数失业和潜在失业人口生产经营能力和所能承担的风险能力十分有限的特点。此外,个体经济对出口、扩大和深化社会分工、培养人才、培育经营主体等方面都有不可低估的作用。个体经济在中国已经出现了新的发展态势,必将呈现出新的发展前景。在我国相当长的一段时期内,个体所有制经济根据自身情况和外部环境情况有可能走上不同的发展道路。一部分在社会分工体系的支持下,仍旧实行个体经营,独立发展;一部分走上了合作化道路,采取合伙经营等方式;一部分与公有制经济紧密联系,如参加以公有制为主体的企业集团;一部分在自身不断发展的基础上,走私营经济的发展道路。在社会主义初级阶段,必须毫不动摇地鼓励、支持和引导个体经济的发展,充分发挥它的积极作用,保护它的合法经营和合法权益,创造其发展的良好环境。在我国,由于社会主义公有制在国民经济中占优势,所以个体经济在一定范围内的存在发展和它的经营活动，都必然同社会主义公有制相联系，国家还可以通过立法、税收、行政管理等手段，指导和监督它的经营方向。国家既要鼓励、支持个体经济的发展，同时又要依法加强监督和管理，促进其健康发展。个体经营者也应提高自身素质，靠诚实劳动、合法经营富裕起来。

二、私营经济

私营经济是指以生产资料私有制为基础和存在雇佣劳动关系的经济成分。在1949年新中国成立后，随着生产资料私有制社会主义改造的完成，私营经济就不存在了。中国私营企业的产权构成非常复杂，主要有以下几种类型：(1)个人或家族拥有型。个人或家族拥有型企业在中国私营企业中所占的比例最大，其实际产权类型又可大致分为：个人独资型，这种类型的私营企业基本上是由个人创业、早期经营成功的个体工商户发展而来的。家庭拥有型，是指产权归属于一个家庭的部分成员或全体成员的企业。这种私营企业多数由家庭投资的个体户演变而来，随着经营产品与服务项目的增加和经营效益的增长，经营规模不断扩大，向私营企业发展。家族成员共同持股型，是指产权主要归属于某个家庭的成员，家庭成员也参股其中持有部分产权。(2)合伙型。具体表现为以下几种结构形式：完全集中型，企业由几名合伙人共同出资创办，产权完全归属于合伙人所有。经营初期阶段的合伙企业多数处于这样一种产权结构，因为通常在这个阶段，企业经营业绩和未来发展前景尚不明确，外部投资者不愿涉足其中。私人控股型，通常这类企业或是在企业设立时由私人和其他所有制经济组织共同出资，或是在私营企业设立后由于经营需要邀请其他所有制企业参股而形成的。私营企业发展到一定阶段后，迫于行业资质要求或经营规模限制，私人资本愿意吸纳公有制企业及其他经济组织来改善企业资质条件，增强企业经营实力。创业者控股型，当私营企业进入业绩增长稳定、规模速度扩张加快的阶段时，为保障企业的良好发展势头，原企业所有者宁愿出让部分产权以争取从外部吸纳一些职业经理人才加入企业管理层，因而出现创业者控股、管理者持股的现象。

私营经济在社会经济发展中发挥着积极作用。除具有个体经济对社会、经济发展所起的一般作用外，与个体经济相比，私营经济是天生的商品生产者，它的经营规模更大，技术水平更高，单个企业容纳的劳动者更多。在社会主义初级阶段，应毫不动摇地鼓励、支持、引导私营经济的发展。为此要做到：第一，承认私营经济的政治、经济地位，坚持平等保护物权，形成各种所有制经济平等竞争、相互促进的新格局。在观念上认识到私营经济的从业人员也是有中国特色社会主义的建设者，非公有制经济是社会主义市场经济的重要组成部分和新的经济增长点；在政治地位和社会地位上要一视同仁，私有财产和私营经济其他权益也应同公有财产一样受到保护。第二，在竞争性领域取消所有制歧视，更广泛地向私营经济开放，不限制行业、不限制资本数量、不限制雇工人数、不限制企业形式。对于自然垄断行业和一些由政府管制形成的垄断行业,也可以有序引入私营企业参股投资。第三,大力提供创业支持。对于有能力创立新企业的投资者,要简化审批手续,在进城、征地、注册等方面为其提供便利,降低他们的创业成本,并提供融资、技术信息等多方面支持。第四,加强引导和管理,帮助私营经济自我超越。

如何看待私有制中的剥削现象与共同富裕。一种观点认为,私有是造成贫富差距与收入分配不均的根本原因;另一种观点认为,共同富裕目标的达到需要公有制经济长足发展,而且还必须有非公有制经济的充分发展,非公有制经济的发展经过独资企业和家庭企业形式,多数走向混合所有制,混合所有制将成为社会主义共同富裕的基本微观基础。应该看到,当前我国的绝大部分私营企业还无法承担共同富裕的职能,由于管理不到位,私营经济的剥削程度达到或超过了社会临界点。如何看待私营经济中的剥削现象?我们认为,剥削是一种社会历史现象,它与私有制相伴而生。在我国社会主义初级阶段,由于存在个体、私营等非公有制经济,剥削现象也必然存在。对此,我们必须以能否促进生产力发展为标准,正确认识这一现象对我国生产力发展和社会主义事业的双重作用,并采取有力措施,限制其消极作用。

三、外商投资经济

外商投资经济是指海外投资者根据我国有关法律、法规,经我国相关政府批准,在我国大陆开办的独资企业、合资企业和合作企业的外商投资部分。其中,独资企业是指外商投资者经批准,在我国大陆内租赁土地,独自投资、独自管理、自负盈亏、自担风险的企业。合资企业是指我国各种经济组织同外商投资者共同投资、共同经营、共同管理、共负盈亏、共担风险的股份制企业,它按双方投资者的投资份额进行分配。合作企业是指由外商投资者出资金、设备,我方出土地、劳动力,双方签订合同,合作经营的契约式企业。在合同期内,外商投资者可以用提取折旧的办法收回投资,按照合同规定享有权利、履行义务、分享企业利润,合同期满后,该企业无偿归还我方所有。外商投资经济,除个别的社会主义国家在我国的投资外,绝大多数是实行资本主义制度的国家和地区的投资,所获得的利润,实质上是我国雇佣劳动者创造的剩余价值,因而这些企业中具有资本主义经济成分。但是,这些企业是在我国法律、法规允许范围内,并经相关政府批准成立的,其经济活动是在社会主义国家的管理和制约下进行的,同社会主义经济有着密切的联系。因此,它们不是一般的资本主义,而是我们能够加以限制、能够规定其活动范围的资本主义。合资企业和合作企业还包含着社会主义公有制经济,有些还是由国家和集体控股的,双方共同经营、共同管理、共负盈亏、共担风险的,这部分具有明显的公有制性质。邓小平指出"发展一点个体经济,吸收外国的资金和技术,欢迎中外合资合作,甚至欢迎外国独资到中国办工厂,这些都是对社会主义经济的补充。一个三资企业办起来,工人可以拿到工资,国家可以得到税收,合资合作的收入还有一部分归社会主义所有。更重要的是,从这些企业中,我们可以学到一些好的管理经验和先进的技术,用于发展社会主义经济。这样做不会也不可能破坏社会主义经济”。

改革开放以来,外商投资经济有了很大的发展。它也是社会主义市场经济的重要组成部分,在我国国民经济中发挥了重要作用,补充了现代化建设资金的不足,促进了我国公有制经济的改革,提高了我国现代化管理水平和公有制经济的竞争力,给我国国民经济的持续快速健康增长注入了生机与活力,扩大了出口,创造了就业机会。但是,在社会主义市场经济条件下,外商投资经济发展应有一个度,这个度就在于以不损害公有制经济的主体地位与民营经济发展的空间为度,在这方面,有一些问题必须得到解决。

第五章 社会主义市场经济中的企业制度

企业是劳动分工和社会生产力发展到一定水平而产生的一种高效率的经济组织,企业制度是企业运行机制的外化。企业制度的嬗变既是生产力发展的结果,又是推动生产力发展的重要因素。本章在分析企业的内涵、特征、地位与作用的基础上,进一步阐述现代企业制度的内容、特征和组织形式。通过全面分析我国国有企业改革的演变历程,进一步明确国有企业改革的目标,把握国有企业的改革方向。

第一节 企业及其市场主体地位

市场经济的微观经济主体主要包括个人(居民家庭)、企业和政府。其中,企业是市场经济最重要的主体。

一、企业的含义与特征

人类社会的经济活动,总是在一定的经济组织形式下进行的。这种经济组织形式是由一定的生产力发展水平决定的,并体现着特定的社会生产关系。在人类社会历史上,曾经出现过原始部落群体、家庭、手工业作坊等基本的经济组织形式。企业则是近代以来与市场经济发展阶段相适应的经济组织形式。

"企业"这个名词是由英语"enterprise"意译过来的,它的原意是指一种"进取和冒险精神"。企业的定义很多,通常使用的定义是:企业是集合生产要素(土地、劳动力、资本和技术),并在利润动机和承担风险的条件下,为社会提供产品和服务的经济组织。企业是市场经济中重要的微观主体,在市场上它既是资本、土地、劳动力、技术等生产要素的需求者,又是各种产品和服务的生产者和销售者。在市场经济中,企业作为社会生产的基本单位,具备以下几方面的特征:

1.企业是一个集合生产要素、从事经营活动的经济组织

企业是现代经济社会中人们从事生产经营活动的一种组织形式,是一个经济组织。作为一个企业,必须拥有一定的劳动力和生产资料,并且把这些生产要素结合起来,有效地进行生产经营活动。企业进行生产经营活动的目标是实现利润最

大化。每一个企业都是社会生产力的一个基本单位，是社会经济细胞，所有企业生产力的总和构成了社会总生产力的主要部分，它是现代社会的经济基础。总之，企业必须是人与物相结合的经济组织，而非政治组织或社团群众组织。

2.企业是一个自主经营和独立核算的经济组织

企业不仅是一个经济组织，而且必须是一个实行自主经营和独立核算的经济组织。所谓自主经营，就是企业能够独立自主地使用和支配它的人力、物力和财力。作为一个经济实体，企业有权决定生产什么，生产多少，在何时何地生产；以什么样的价格出售，选择何种销售渠道和销售方式；雇用什么样的人从事生产和管理，工资多少，税后利润如何分配等。所谓独立核算，就是要求企业必须以其自身的经营收入来抵消各项开支，并能取得盈利。自主经营和独立核算是企业存在的必要条件，两者相互依存、相互制约，缺一不可。没有自主经营，就不能有真正的独立核算；没有独立核算，也不会实现真正的自主经营。如果一个企业没有自主权，一切听命于国家行政命令，这样的企业就不是一个真正的企业，而只是国家行政机构的附属物；如果一个企业不能实行独立核算、自负盈亏，从根本上说，这种企业就不能存在，也不能称为真正的企业。要实现自主经营、独立核算，企业必须有完整、统一的组织机构与管理系统，内部有明确的分工与协作，能有效地组织企业的生产经营活动。

3.企业必须是营利性组织

追求利润是企业进行生产经营活动的目的和动机。据此我们可以明确两点：第一，不以营利为目的的组织不能称之为企业；第二，作为企业，如果长期亏损、资不抵债，最终会被兼并或破产。为了获得利润，企业必须具有效率。企业的效率来自制度效率和管理的效率。制度效率是由土地、资本、劳动力等生产要素联合生产的契约方式决定的；管理的效率是由决策、组织、管理、控制等动作方式来决定。实现利润最大化是企业的最终目标，但在现实经济生活中，由于市场竞争和技术水平的变化，企业实际追求的只是适度的利润。

4.企业必须依法成立，照章纳税

企业必须是依法成立、有必要的财产、有自己的名称、能够独立承担民事责任的经济组织。企业作为经济社会的组成部分，有缴纳税款的义务，必须照章纳税。

二、企业的类型

企业作为社会生产与流通的一种基本组织形式，随着社会分工的深化和商品经济的扩展，其形态也日趋多样化，出现了各种类型的企业。

(一)按照企业的法律资格划分，可分为法人企业和非法人企业

法人企业，是指具有法人资格，即在法律上具有独立“人格”的企业。一般来说，有限公司和股份有限公司是法人企业。其基本特征表现为：依法定形式设立，

具有权利主体和行为能力,承担有限财产责任。

非法人企业,又称自然人企业,指不具有法人资格,在法律上不能作为权利主体的企业。一般情况下,个人独资企业和合伙企业通常被确认为非法人企业。非法人企业在法律上不能脱离其出资人而独立,这一点与法人企业不同。当非法人企业参与法律关系时,承担债务偿还无限责任。

(二)按照企业的组织形式划分,可分为独资企业、合伙企业与公司

独资企业,是指由一个人出资独立经营的企业,这是企业组织的最简单亦是最初的形式。由于企业为企业主个人拥有和控制,因而在经营管理方面有很大的自由度,企业主完全可以依据对市场及环境的判断,按照自己的意志从事经营活动,自负盈亏,灵活经营。但这种企业资金来源有限,一般规模较小,发展受到较大限制,在风险较大的情况下,不确定性颇大。

合伙企业,是由两人以上共同出资、共同经营的企业。合伙企业具有简单易行、灵活方便的特点,比较稳定可靠,并且扩大了资金来源、提高了决策能力。

公司,是以营利为目的并依法登记成立的企业,是现代企业的组织形式之一。公司的资产可以和出资人的财产相分离而存在。资金一般可从两种途径获得:一是通过出售公司股票募集资金;二是通过借贷,如通过发行债券以获得长期借款。企业采取公司形式适应了社会化大生产和市场竞争的需要,对于筹集巨额资金、扩大经营规模、提高管理效率、增强企业竞争力发挥了重要作用。

根据股东对公司所负责任的不同,公司又可分为无限公司、有限公司、股份有限公司、两合公司、股份两合公司以及保证有限责任公司。无限公司由两个以上的股东组成,股东对公司债务负连带无限清偿责任;有限公司又称有限责任公司,由法定数量的股东组成,股东对公司债务所负责任仅以其出资额为限;股份有限公司又称股份公司,由有限责任股东组成,全部资本分为等额股份,股东仅就其所认购的股份负责,这种公司是当今世界上最盛行的公司形式;两合公司是由无限责任股东与有限责任股东组成,无限责任股东必须对公司债务负连带无限清偿责任,有限责任股东则只以其出资额为限负责;股份两合公司由无限责任股东和有限责任股东组成,无限责任股东对公司债务负连带无限清偿责任,有限责任股东对其所认购股份金额负责;保证有限责任公司在清偿债务时,股东以出资额为限,不足部分由股东事先担保负责,这种公司为了自身的利益和信誉,一般都参加保险。

(三)按照企业的经济性质划分,可分为公营企业、民营企业和合营企业三大类型

公营企业一般是由政府独家投资并派员经营的企业,如国有企业;民营企业也可称私有企业,是由民间或个人提供全部资金的企业;合营企业又称公私合营企业,是由政府与民间共同出资设立的企业,兼具国有、私有双重性质。

(四)按照企业的经济部门划分

由于企业所归属的社会生产部门不同,主要有:工业企业,即从事工业性产品或劳务的生产经营活动的企业;商业企业,即在社会再生产过程中专门从事商品交换活动的企业;农业企业,即人们利用生物机能,通过自己的劳动强化或控制生物生命过程,从事农、林、牧、副、渔等生产经营活动的企业;农工商联合企业,是指适应社会生产力发展的要求,在自愿互利前提下,以农业为基础,实行农产品生产、加工、销售综合经营的企业;运输企业,即利用运输工具专门从事运输或直接为运输服务的企业;建筑安装企业,即主要从事土木建筑和设备安装工程施工的企业;金融企业,即专门经营货币和信用业务的企业;旅游企业,即以旅游资源为依托,服务设施为条件,通过组织旅行与游览活动向旅客提供劳务活动的服务性企业;物资企业,即组织物资流通和从事物资经营业务的企业;邮电企业,即通过邮政和电信,传递信息,提供通信服务的企业。此外,还有外贸企业、军工企业等。

三、企业是重要的市场主体

市场主体,是指在市场上从事商品生产和交易活动以及提供各种劳务活动的组织或个人。在社会主义市场经济条件下,企业是最重要的市场主体。因为:

第一,企业既是物质产品的生产经营者和劳务的提供者,又是各种生产要素的组织者和消费者。一方面它能向市场提供可供消费的商品或劳务,并在投入与产出的转换中,实现自身经济利益;另一方面企业通过优化资源配置,消费各种生产要素,成为市场主要的需求者。市场经济的运行就是在市场供求矛盾的运动中不断拓展,因此,企业作为市场主体,它的发展如何,决定着市场的发展规模、发展速度和发展方向。

第二,企业是生产力的组织者和推动经济技术进步的主导力量。生产力的基本要素——生产资料和劳动力在生产中的结合,是通过企业来实现的。企业作为生产力诸要素的组织者,有效地将生产资料和劳动力结合起来,通过企业的生产经营活动,为社会提供大量的生产资料和先进设备,用于装备国民经济的各个部门,促进技术进步和社会的经济发展。社会生产力的发展主要靠科学技术的进步,企业是科技的直接应用者,新的科学技术成果必须在企业的生产中具体运用,才能转化为现实的生产力;同时,企业也是生产技术的革新者和创造者,这又促进了生产力的发展。所以,企业是推动生产力发展和技术进步的主导力量。

第三,企业是国民经济的细胞。企业是劳动者和生产资料相结合从事生产的场所,是各种交换关系得以实现的转换器,是组织分配和集体消费的主体。在市场体系中,企业是市场的基本经济单元;在财政体系中,企业是财政收入的主要提供者和投资的主要承担者;在金融体系中,企业是资本和负债的主体。总之,企业作为一个经济细胞,在国民经济各个方面都有表现。因此,企业的状况对于社会经济的发展有着极为重要的意义。企业这个细胞的生命力越旺盛,由它组成的有机体的生命力也就越旺盛,越强大。可见,国民经济发展速度和效益的提高,很大程度上取决于企业活力的发挥。

第四,企业是社会财富的主要创造者。社会需要的物质产品的数量、种类和质量,是由成千上万个企业的生产经营状况的总和决定的。企业的生产规模和经营状况,不仅决定着现有社会产品能在多大程度上满足社会需要,而且决定着扩大再生产的规模和其他各项事业的发展。

第二节　我国国有企业改革的历史进程

改革开放以来,国家采取了一系列措施对国有企业进行改革,虽取得了一定的成就,但效果并不尽如人意,如何搞活国有企业仍然是改革中的一大难题,也是经济界关注的热点和争论的焦点。回顾国企改革的历程,透视其内涵与实质性的变化,有利于探索深化改革的新思路,推进国有企业发展。

一、传统体制下国有企业的特征

企业作为一种经济组织形式,其形成与演化受生产力发展水平、政治经济体制、文化历史传统等多方面因素的影响。国有企业在我国的产生与发展、行为方式与经营绩效,都与我国特定的经济发展阶段、体制背景密不可分。

新中国的国有企业是在继承解放区的军工企业、没收官僚资本、对资本主义工商业进行社会主义改造以及各个时期国家财政投资的基础上建立起来的。1953年以前,国有企业除了华北地区由中央直接管理外,其他各地基本由各大行政区管理。这些企业由归口部委统一编制计划,统一组织物资供应,统一分配和销售产品,财务收支、人员工资、职工和干部配备也都由各部直接管理。这样,由中央政府集中统一直接管理的企业管理体制初步形成。到1957年,中央直属企业由1953年的2 800户增加到9 300户。各类统配物资由1953年的50种增加到231种。企业的生产和基本建设接受指令计划指导,物资供应大量使用实物指标,产品和物资实行统分统配制度。

这种高度集中的国有企业管理体制对于医治战争创伤,保证国民经济迅速恢复和高速发展,建立完整的工业体系以及巩固新政权等,都发挥了重要的历史作用。但是,在这种体制下,国家统得过死、管得过死,企业缺乏生产经营自主权的弊端,很快就显露出来。在计划经济体制下,国有企业的特征主要表现在以下几个方面:

(一)一元化的产权结构

在传统计划经济体制下,国有企业只是一个单纯的生产单位,是行政机构的附属物,国家是国有企业唯一的所有者,政府集所有权与经营权于一身,国有企业的产权结构表现为一元化的产权结构。在一元的产权结构中,国家是国有企业唯一的投资主体,同时也是剩余索取权的所有者,国家集所有权、控制权和剩余索取权于一身。这一点在形式上与业主制企业的产权结构十分相似,但两者却有着本质的区别。区别具体表现在:第一,国有企业的剩余索取权是不可转让的。因为剩余索取权的拥有者不是自然人,而是代表全体人民的国家,政府无权转让公共财产的剩余索取权。业主制企业的剩余索取权是可以自由转让的。第二,企业没有经营自主权,没有自主性。企业的经营决策完全由上级主管部门作出,企业只是行政机关的附属物,是国家行政隶属链中的一环。业主制企业是一个完全自主的企业。总之,在传统计划经济体制下,国有企业既不拥有企业财产的所有权,也不拥有经营权,只拥有企业财产的部分使用权,而且,对财产的使用权也是按照国家计划安排的既定用途使用的。

(二)多层次的委托代理关系

国有企业的委托代理关系是自下而上多层级代理、自上而下多层级委托。在多层级委托系列中,全体人民是第一级委托者,中央政府代表全体人民成为第二级委托者,地方政府及其所属部门是第三级委托者。在多层级代理系列中,企业经营者是第一级代理者,地方政府及其所属部门是第二级代理者,中央政府是第三级代理者。

(三)低效率的企业运行

企业的行为是特定制度环境的产物,一元化的产权结构和多层次的委托代理关系,带来的结果必然是企业的低效率运行。第一,剩余索取权的不可转让意味着企业没有破产和被转让的风险, 从而使企业因缺乏竞争的激励而失去外在压力。在传统体制下,企业没有破产的风险,工人没有失业的忧虑,缺乏对懈怠行为、管理不善的约束机制,最终使企业缺乏生机和活力。第二,控制权和剩余索取权由政府部门拥有,企业没有独立性和自主权,造成企业因缺乏利益激励而丧失内在动力。第三,多层次的委托代理关系,冗长的委托代理链条,加大了代理成本,降低了代理收益,从而影响企业的效率。

二、国有企业的改革历程

我国国有企业改革总体上遵循了循序渐进、稳步推进的方针。随着改革开放事业的不断拓展和深入,国有企业改革大致经历了扩大经营自主权、承包经营、建立现代企业制度和完善国有资产管理体制四个阶段。

(一)扩大企业经营自主权阶段(1979 —1984 年)

针对计划经济体制下政企不分,政府对企业统得过多过死,企业缺乏活力、效率低下的弊端,我国国有企业改革首先是从放权让利开始的。1979 年 7 月,国务院颁布了《关于扩大国营工业企业经营管理自主权的若干规定》和《关于国营企业实行利润留成的规定》等 5 个文件,并在四川省进行扩大企业自主权的试点,拉开了国有企业改革的序幕。这一时期,国有企业的改革以放权让利为基本内容。所谓“放权”,就是主管政府部门向所管企业下放部分权利,扩大企业自主权;所谓“让利”,就是提高企业利润留成比例,扩大企业自主支配的财力,从而增强企业活力。到 1980 年,扩权试点单位达到 6 000 多家。1984 年 5 月,国务院又做出了《关于进一步扩大企业自主权的暂行规定》,从 10 个方面扩大了企业的自主权。

在实行利润留成和扩大企业自主权后,企业在计划、销售、劳动人事、工资奖金等方面有了较大的自主权,促进了企业劳动生产率的显著提高,国家、企业和个人的收入都有了较大幅度的增加。然而,这种改革对传统体制并没有真正触动。

(二)推行承包经营责任制阶段(1984—1992 年)

1984 年 10 月,党的十二届三中全会通过了《中共中央关于经济体制改革的决定》,标志着我国的经济体制改革进入新的历史阶段。《决定》提出,所有权与经营权相分离,是转变企业经营机制的改革方向。国有大中型企业可以采取各种形式的承包经营责任制,同时也可以试行股份制。

承包经营责任制是在保持国家所有制的前提下,实行两权分离、改善企业经营管理、转变企业经营机制的一种企业管理制度。它的基本原则是:“包死基数、确保上缴、超收多留、歉收自补”。它的具体形式包括五种类型:一是两保一挂,即保上缴国家税利,完不成包干指标,要用企业自有资金补足;保技术改造项目的完成;工资总额与实现税利挂钩。二是上缴利润递增包干,即上缴利润按一定比例逐年递增。三是上缴利润基数包干,超收分成。四是微利、亏损企业的利润包干或亏损包干。五是行业投入产出包干,即把大企业与国家财政的分配关系以承包形式确定下来,促使行业多收多得,用于行业发展,国家不再投资。承包经营责任制的提出和实施曾对推动我国国民经济的发展起到了积极的作用。但是,它毕竟只是一种过渡的改革形式,其本身还存在着许多难以克服的矛盾和局限性,主要体现在:(1)承包经营责任制不能从根本上解决政企不分问题。在承包制中,政府与企业之间首先是上下级的隶属关系,其次才是契约关系。(2)承包经营责任制缺乏规范性、客观性。承包指标要由主管部门与企业“一对一”地谈判来确定,没有客观标准可言。(3)承包经营责任制把旧的管理体制以契约的形式固定下来,与市场化改革、以经济手段进行宏观调控存在着难以调和的矛盾。(4)承包经营责任制强化了企业的短期行为,不利于企业的可持续发展。(5)承包制实际上只能包盈,不能包亏,当企业亏损时,企业实际上没有能力自补。此外,承包经营责任制重新实行了“税利不分”,这对于“利改税”改革而言是一种倒退。

(三)制度创新和结构调整阶段(1993—2001 年)

1993 年 11 月,党的十四届三中全会通过《中共中央关于建立社会主义市场经济体制若干问题的决定》，提出国有企业要适应市场经济体制的要求，建立"产权清晰，权责明确，政企分开，管理科学"的现代企业制度。从此，国有企业的改革由偏重于放权让利转变为着力进行市场化的企业制度创新。

1994 年 1 月 1 日《中华人民共和国公司法》的颁布，标志着我国国有企业股份制改革和现代企业制度建立进入了一个新的阶段。

1997 年 9 月，党的十五大提出要把国有企业改革同改组、改造、加强管理结合起来。要着眼于搞好整个国有经济，抓好大的，放活小的，对国有企业实施战略性改组。要实行鼓励兼并、规范破产、下岗分流、减员增效和再就业工程，形成企业优胜劣汰的竞争机制。

1999 年 9 月，党的十五届四中全会通过的《中共中央关于国有企业改革和发展若干重大问题的决定》，提出国有企业要实现股权多元化，发展多元投资主体的公司，以实现公司制改革的规范化，进一步阐明了国有企业改革发展的基本方向、主要目标和指导方针，明确了国有经济布局战略性调整的方向。建立现代企业制度是这一时期国有企业改革的核心和目标。其主要内容包括：(1)到 20 世纪末，大多数国有大中型骨干企业初步建立现代企业制度，到 2010 年建立比较完善的现代企业制度。(2)从战略上调整国有经济布局，坚持有进有退，有所为有所不为。(3)着眼于搞好整个国有经济，通过存量资产的流动和重组，对国有经济实施战略性改组。(4)加强企业管理，建立科学的组织和管理制度；提高企业的整体素质和活力。(5)加快国有企业的技术进步和产业升级。(6)实行鼓励兼并、规范破产、下岗分流、减员增效和再就业工程。加快建立健全社会保障制度。(7)改善国有企业资产负债结构和减轻企业社会负担。(8)建立权责明确的国有资产管理、监督和营运体系，建设高素质的经营管理者队伍。"三改一加强"的整体改革方案的提出，表明我国国有经济管理体制的改革，已从重点突破转向综合配套改革的新阶段。

随着国有企业公司制改革的稳步推进和不断取得新进展，上市公司的户数和筹集资本的规模都不断扩大。1992—2000 年，上市公司数由 53 家增至 1 088 家；年筹资额由 94.09 亿元增至 2 103.08 亿元，年均增长 47.5%。

(四)以国有资产管理体制改革推动国有企业改革阶段(2002 年以来)

针对长期制约国有企业改革发展的体制性矛盾和问题，2002 年党的十六大提出深化国有资产管理体制改革的重大任务，明确提出：国家要制定法律法规，建立中央政府和地方政府分别代表国家履行出资人职责，享有所有者权益，权利、义务和责任相统一，管资产和管人、管事相结合的国有资产管理体制。贯彻落实党的十六大精神，中央、省、市(地)三级国有资产监管机构相继组建，《企业国有资产监督管理暂行条例》等法规规章相继出台，在国有企业逐步实施了企业负责人经营业绩考核，国有资产保值增值责任层层落实，国有资产监管进一步加强。国有资产管理体制的创新进一步激发了国有企业的活力，国有企业改革取得了重大进展，进入了一个新的阶段。

2003年3月,根据国务院机构改革方案,国务院国有资产监督管理委员会成立,这意味着国有资产出资人代表的最终确立。2003年5月,国务院发布《企业国有资产监督管理暂行条例》,这是党的十六大关于国有资产管理体制改革精神的具体化,为国有资产出资人制度的运作提供了法规保障。

2003年10月,党的十六届三中全会通过了《中共中央关于完善社会主义市场经济体制若干问题的决定》。《决定》对国有资产的监管体制作出了如下规定:建立健全国有资产管理和监督体制。坚持政府公共管理职能和国有资产出资人职能分开。国有资产管理机构对授权监管的国有资本依法履行出资人职责,维护所有者权益,维护企业作为市场主体依法享有的各项权利,督促企业实现国有资本保值增值,防止国有资产流失。建立国有资本经营预算制度和企业经营业绩考核体系。积极探索国有资产监管和经营的有效形式,完善授权经营制度。

2007年,党的十七大进一步提出了深化国有企业改革和完善国有资产管理体制的要求:"深化国有企业公司制股份制改革,健全现代企业制度,优化国有经济布局和结构,增强国有经济活力、控制力、影响力。深化垄断行业改革,引入竞争机制,加强政府监管和社会监督。加快建设国有资本经营预算制度。完善各类国有资产管理体制和制度。"

第三节 现代企业制度

党的十四届三中全会通过的《中共中央关于建立社会主义市场经济体制若干问题的决定》最早提出我国国有企业改革的方向是建立现代企业制度。现代企业制度作为社会化大生产的产物和市场经济体制的基础,包含着丰富的内容,其中,建立健全的法人治理结构是建立现代企业制度的关键。

一、企业制度及其类型

所谓企业制度,是指以产权制度为核心的企业组织形式和制度,它反映企业的财产关系以及由财产关系所决定的企业组织关系和权益关系。一般来说,企业制度包括以下内容:(1)企业的产权结构和财产关系。主要是指企业原始所有权结构和出资方式、财产的占有状况、权益实现状况、企业资产的支配权如何行使、出资方参与经营的程度以及出资者所有权与企业资产支配权的关系。(2)与企业产权结构相适应的企业组织。主要指出资者、经营者以及生产者之间制约、制衡的组织关系。(3)财产责任及决策权限的相关规则。主要指不同的产权主体在企业整体发展和日常经营中的决策权限和相应责任的划分。

企业制度是随着社会化生产和市场经济的发展不断演变的,在其数百年的孕育和发展过程中，逐步形成了三种企业组织形式，即个人业主制企业、合伙制企业和公司制企业。

1.个人业主企业。个人业主制企业由业主个人出资兴建，自己直接经营并享有企业的全部经营所得，同时对企业的债务负有完全责任。其规模一般较小，内部管理机构简单。个人业主制企业的优点是成立或解散的程序简单，产权能够自由地转让，经营者与所有者合一，经营方式灵活，决策迅速，精打细算，效率较高。其弱点是，企业本身财力有限，业务拓展困难，企业的生命力弱，如果业主无意经营或无力经营，企业业务就要中断，企业能否兴旺，完全依赖于业主个人的素质与能力。个人业主制企业在零售业、手工业、家庭工业、农、林、牧、渔等行业中十分普遍。改革开放以来，我国个人业主制企业发展很快，在国民经济中也发挥了重要作用。即使是在以大公司为主体的西方各国，个人业主制企业在数量上仍占多数，其作用不可小视。

2.合伙制企业。合伙制企业是指由两个或两个以上出资者共同投资并分享企业所得、共同监督和管理、对企业债务共同承担无限责任的企业制度。合伙制企业是自然人企业，不具有法人资格，它可以由部分合伙人经营，也可以由所有合伙人共同经营。合伙制企业对债务承担连带无限责任，即合伙制企业倒闭时，若企业资本不足清偿债务时，则每一合伙人对于不足数额，都有全部清偿的责任。不论合伙人出资多少，在决定企业事务的表决时，都是一人一票，如果有一位合伙人不同意，决议便不能通过。合伙制企业的优点是：它由多个合伙人共同出资，相对个人业主制企业来说，筹资能力有所提高，能够从事一些资产规模较大的生产经营活动；合伙人对企业债务承担责任，这意味着他们是以自己的全部家产为企业担保，有助于增强经营者的责任心，提高企业信誉。合伙制企业的缺点是：合伙人须负无限清偿债务责任，风险加大，加上股权不易转让，因而筹资能力仍不强；企业的寿命很不稳定，下列任何一种情况的发生都可能导致企业解散，如某一合伙人死亡，某一合伙人破产，合伙契约规定的经营时间告终或预定经营项目完成等。由于所有合伙人都有权代表企业从事经济活动，重大决策都需要得到所有合伙人的同意，容易造成决策的延误和差错。由于合伙制企业的以上特点，决定了合伙制企业一般规模较小，适合资本需要量较少、个人信誉有明显重要性的行业，如律师事务所、会计师事务所、医疗诊所等就常采取这种企业组织形式。

3.公司制企业。公司制企业是现代市场经济中占支配地位的企业组织形式。大中型企业通常都采用公司制形式。公司制企业是依据公司法规定，由股东出资成立的营利性经济组织，它是现代企业制度的典型形式。与个人业主制企业相比，公司制企业最重要的特点是它是法人。公司制企业一旦成立，法律就赋予其人格化的地位，与自然人一样有享受权利和承担义务的能力。公司制企业有多种形式，其中主要的是有限责任公司和股份有限公司。

有限责任公司又称有限公司,是指股东以其认缴的出资额为限对公司债务负有限责任,公司是以其全部资产对其债务承担责任的企业法人。有限公司不对外发行股票,股东的出资额由股东协商确定。因此,这种公司筹资能力有限,难以适应社会化大生产的需要。一般来说,中小规模的企业常采取这种公司形式。有限责任公司的特点是:(1)公司的股东人数常常有最低和最高限额的规定。我国公司法规定,有限责任公司由 2 个以上 50 个以下股东共同出资设立。国家授权投资的机构或者国家授权的部门可以单独投资设立国有独资的有限责任公司。(2)注册资本额不大,比较容易组建。我国有限责任公司注册资本最低限额是:以生产经营为主的公司 50 万元,以商品批发为主的公司 50 万元,以商业零售为主的公司 30 万元,科技开发、咨询、服务性公司 10 万元。(3)股东出资额由股东协商确定,相互间并不要求等额。股东交付股金后,公司出具股权证书,作为股东在公司中所拥有的权益凭证,这种凭证不同于股票,既不能对外公开发行,也不能自由流通。我国《公司法》规定,股东间相互转让其全部出资或部分出资,股东向公司外的人转让其出资时,必须经过全体股东过半人数同意,不同意转让的股东应当购买该转让的出资,如果不购买该转让的出资,视为同意转让经股东同意转让的出资。在同等条件下,公司内其他股东具有优先购买权。(4)设立程序比较简单,不需发布公告,其资产负债表也不向外公开,利于保守商业秘密。

股份有限公司又称股份公司,是指注册资本由等额股份构成,并通过发行股票或股权证筹集资本,股东以其认购股份对公司承担有限责任,公司以其全部资产对公司债务承担有限责任的企业法人。股份有限公司在企业总数中比例并不大,但其营业额、利润和使用的劳动力都占有很大的比重。因此,股份公司在国民经济中占主导地位,在现代市场经济中,大中型企业最适合采用这种公司形式。股份有限公司的特点是:(1)股东人数有法律上的最低限额。我国《公司法》规定,设立股份有限公司,发起人应为 5 人以上,国有企业改建为股份有限公司,发起人可以少于 5 人,但应当采取募集设立方式。(2)注册资本要求较高。公司法规定,股份有限公司注册资本最低限额为 1 000 万元。(3)公开向社会发行股票,任何愿意出资的人都可以成为股东,不受资格限制。股票可依法转让,但不可以退股。(4)公司透明度较高,向社会公开募股的股份有限公司,要定期向社会公布本公司的财务报告,以获得众多股东的了解和信任。股份有限公司并非都是上市公司,上市公司是指经批准所发行的股票可以在证券交易所上市交易的公司,由于上市公司较其他公司有一定的优越性,各国都对上市公司提出了较高标准。

上述企业资产构成的三种形式在历史上是继起的,但不是取代,而是共存。时至今日,即使在发达的市场经济国家,个人业主制企业和合伙制企业仍占企业总数中的大多数;公司制企业主要是一些大中型企业,数目只占总数的 20%～30%,而销售额则占到销售总额的 70%～80%。

除了国际通行的这三种企业资产构成形式,在我国还有一种重要形式也不可忽视,那就是股份合作制。股份合作制企业是依靠本企业职工投资入股建立起来的具有合作社性质的股份制企业。它既具有股份公司的一般特点:一是投资主体多元化。企业依靠职工投资建立,职工通过认购一定股份而成为企业股东。和一般股份制企业中的职工持股不同之处,在于它含有带股就业性质。二是企业是负有限责任的法人,职工只以投入的股金对企业承担责任。企业则以其全部法人财产对债务承担有限责任。三是在利润分配上,一般只分红利,不发股息,同股同利,按股分红,上不封顶,下不保底。同时又具有合作社的一些特点:首先在所有制上,是股份制与合作制的有机统一,坚持劳动者同生产资料直接结合,职工既是所有者又是劳动者;其次在分配制度上,实行按劳分配和按资分配相结合,企业利润的一部分实行按股分配(按资分配),另一部分按劳动贡献分配;再次在组织管理上,企业领导人一般由民主选举产生,重大经营决策坚持民主协商原则。在我国目前条件下,股份合作制仍属于城乡集体所有制的一种具体形式,也适合我国小型国有企业的组织、管理水平的要求,可以成为国有小企业改革的一种重要组织形式。

二、现代企业制度

(一)现代企业制度的含义及其基本特征

现代企业制度是指适应现代市场经济和社会化大生产要求的,以法人财产权为基础,以有限责任为核心,以公司制为基本形式,规范企业各方面基本经济关系的制度体系。在各种企业制度中,公司制企业是现代企业制度的典型形式,在现代市场经济中占有主导和支配地位。

党的十四届三中全会通过的《中共中央关于建立社会主义市场经济体制若干问题的决定》,从我国的具体国情出发,把现代企业制度的基本特征概括为“产权清晰、权责明确、政企分开、管理科学”十六个字。

1.产权清晰

现代企业制度中所讲的产权清晰,是指产权主体多元化公司的产权清晰,既包括企业中不同出资者所有权之间的边界清晰,也包括出资者财产所有权同企业法人财产权之间的边界清晰。根据相关法律的规定,出资者对自己出资所形成的企业财产拥有所有权,而企业拥有全部法人财产权,成为享有民事权利、承担民事责任的法人实体。这里需特别指出的是,法人财产权是法律确定的独立于出资者之外的一种权利,即资产所有权与法人财产权是相互分离,彼此独立的。从产权关系来看,它体现了社会经济运行中由法律界定和法律维护的各种经济当事人对财产的权利关系。因此,要建立具有激发企业动力和活力的现代企业制度,并使其充分发挥配置资源、维护企业有序运转的作用,就必须清楚界定各经济当事人包括出资者、经营者和生产者对财产的权利关系,并确保协调和维护好这种关系。只有形成合理有效的产权制度，才能理顺产权关系，充分发挥产权的特殊功能，形成有效率的产权结构；才能硬化财产约束，保证正当的经营权利和资源的优化配置，规范市场交易行为。

2.权责明确

权责明确是指合理区分和确定企业所有者、经营者和劳动者各自的权利和责任。所有者、经营者、劳动者在企业中的地位和作用是不同的，因此他们的权利和责任也是不同的。权责明确是现代企业制度处理各种关系的基本准则，也是其优越性和重要特征之一。规范的公司都有一套促使所有者、经营者和生产者责权利相互协调、相互约束的组织机构和行为机制。

首先，出资者按投入企业的资本额，享有所有者权益，即资产受益、重大决策和选择管理者的权利。企业破产时，出资者只以投入企业的资本额对企业债务负有限责任。在资本所有权与控制权分离之后，出资者不再直接参与企业的经营管理活动，但是企业的重大决策则必须由股东大会表决通过。出资者作为企业的最终所有者，对企业享有终极所有权。

其次，经营者要对企业依法自主经营、自负盈亏、照章纳税，并对出资者的出资承担保值增值的责任。企业按照市场需求组织生产经营，以提高劳动生产率和经济效益为目的。企业在市场竞争中优胜劣汰，长期亏损、资不抵债的应依法破产。

第三，根据权责明确的原则来规范企业，最重要的是要选择好企业的总经理。一方面，必须坚持“能人治企”的原则，选择那些具有高度的责任感、强烈的事业心和娴熟的经营才能的人作为企业的经理人员。另一方面，必须为经理人员创造良好的环境，充分发挥他们的经营管理才能。既要赋予总经理足够的经营自主权，给予其优厚的薪酬，保证其有足够的空间来履行职责和发挥聪明才智，又要对其实施有效的监督和制约，保证企业的正常生产经营活动，最大限度避免企业经理人员的失职、渎职行为，并使其对自己的经营管理失当承担责任。

3.政企分开

政府与企业是两个性质完全不同的组织机构，政企分开是现代企业制度的必然要求。政府依法管理企业，但不能直接干预企业的生产经营活动。政府主要通过财税、金融、法律等手段对企业的生产经营活动进行宏观调控，引导企业发展。企业则依法经营，照章纳税。

在现代企业制度下，政府积极协助企业开拓市场，特别是国际市场，并着力建立健全社会保障体系，减轻企业的社会负担，为企业创造良好的生产经营环境，使企业轻装上阵，致力于提高企业经济效益和发展社会生产力。企业则应重视协调好所有者、经营者、生产者、消费者等各方面的关系，为企业的生产经营创造良好的人文环境。

4.管理科学

管理科学就是企业的内外部管理特别是内部管理，要以市场要求为中心，以发挥人和科学技术的作用为重点，建立一套科学合理的管理制度。这是现代市场经济的必然要求。现代企业要适应市场经济发展的需要，就必须不断为市场提供质优价廉的新商品，就必须不断推进企业技术创新、产品创新。为此，企业不仅需要大批优秀的人才，还需要有科学的管理制度和管理方法。管理本身也是生产力，科学的组织管理，有助于实现企业效益的最大化。现代企业制度具有促进管理科学的机制，它诱导企业通过横向联合，集聚和优化社会资源，不断开发生产出适销对路的新商品；按照能人治企的原则，不断选拔、培养和使用优秀的经营管理人才，提升企业经营管理水平，增强企业参与市场竞争的能力；正确处理产权关系和责权利关系，有效调动各方面，尤其是广大职工的积极性。科学的组织管理，犹如先进的科学技术一样，是现代企业顺利发展必不可少的。

管理科学还包括在企业内部建立起科学的管理组织结构，按照权力、决策、执行、监督机构之间相互独立、相互协调、相互制约的原则，设立股东大会、董事会、监事会和选聘总经理。在企业内部形成激励、约束和制衡机制，从而最大限度调动出资者、经营者和生产者的积极性和主动性。

(二)现代企业制度的基本内容

现代企业制度从其内部架构来看，是一个由多层次制度构成的制度体系。在这一制度体系中，最基本的制度架构包括以下几方面：

1.企业财产制度

财产制度是企业制度的基础，没有企业财产也就没有企业本身，因此企业财产制度是企业制度中最主要的内容。现代企业的财产制度，有其自身的特点。第一，从企业财产形成来看，它是由多元投资主体共同投资形成的，因此产权主体是多元的。众多出资人依法向企业注入资本金，并履行资本保全的义务。第二，从企业的财产权利来看，实行出资人的最终所有权与企业法人财产权相分离。出资人依法享有资产受益、选择经营者(即选举董事会成员)及股权转让的权利。在企业正常存续期间，出资人不能随意抽回其资本。企业法人依法享有法人财产权，并以此自主经营、自负盈亏，实现资产的保值和增值。

2.企业法人制度

公司制企业是法人企业，企业法人作为具有法定资格的行为主体，享有民事权利，承担民事义务，这是构成企业独立存在及运作的基本条件。从企业运作来说，企业法人制度有其特殊的规定性。第一，企业法人对出资者注入企业的资本金及其增值形成的财产(企业法人财产)享有独立的法人财产权，即企业依法享有对法人财产的占有、使用、获益和处分权。第二，企业法人依据独立的法人财产对其经营活动负责，自主经营，自负盈亏，以其全部资产对企业债务承担责任。第三，企业法人行使法人财产权,受出资人所有权的约束和限制,要对出资人履行义务,依法维护出资人权益,承担资产保值增值的责任。

3.有限责任制度

有限责任制度是明确企业出资者和企业法人应对企业的经济活动承担有限财产责任和如何承担这种财产责任的一项法律制度。有限责任制度的内容包括两个方面:一是企业以其全部法人财产为限,对企业承担债务责任。公司出现资不抵债时,以其全部法人财产进行赔偿,超过法人财产部分的债务,不承担赔偿责任。二是股东责任有限,股东以出资量为限承担责任。当企业破产时,投资者的最大损失就是投入企业的股金,出资者的其他财产不受影响。有限责任制度是现代企业制度发展的一个重要标志,它使企业和出资人的责任具备了适应现代市场经济要求的性质。

4.企业组织制度

企业独立的法人地位和运行是通过一定的组织结构和权力结构来实现的,而一定的组织结构和权力结构的安排则由企业组织制度来决定。现代公司制企业的组织制度有以下特征:(1)现代公司中出资者众多,众多出资者的权利必须集体履行并予以保障,在组织制度上需要通过民主程序选出代表大会、委员会、股东大会,来协调和体现分散化的股权。股东代表大会是公司的最高权力机构,其职能可概括为四个方面:①人事权。股东会选举和更换公司的董事、监事,并决定他们的报酬。②重大事项决策权。决定公司的经营方针和投资计划,审议批准公司的年度财务预算方案、决策方案,修改公司章程。③收益分配权。审议批准公司的利润分配方案和弥补亏损方案,以实现股东按投资比例取得收益的权利。④财产处分权。如对公司增加或减少注册资金,对公司的合并、分立、解散或破产清算等涉及财产的事项做出决议。(2)出资人的资本投入企业后便形成了独立的企业法人财产,因而要有一个行使企业法人财产权的组织机构,这一组织机构便是董事会。股东以对董事的信任为基础,委托董事经营公司的法人财产,董事则以公司利益为唯一的行为准则。在股东会闭会期间,董事会代表全体股东行使权力,是公司的日常机构和法定代表机构。(3)随着现代经营活动的专业化,董事会把企业长期发展的管理交给职业经理负责,而其本身则只行使对经理的监督权,从而形成了所有权与管理权分离的组织制度。经理层既统一主持公司的日常经营和管理,又决定公司长期发展的目标与政策。(4)为了对董事会和经理班子行使职权进行监督,通常还设立监事会这一组织机构,它对股东会负责,依法和依照公司章程对公司经营活动进行监督、审核,检查公司的财务和资产状况等。

5.企业管理制度

企业管理是保证企业生产经营活动得以正常、有效进行的重要条件。管理制度的作用是确立企业内部各种关系的行为方式、规范企业与员工的关系、协调各方面利益，它是企业制度中的基础性制度。现代企业中的管理制度，通常有以下特点：第一，强调激励与约束相结合。制度的安排有助于克服各当事人的机会主义行为，使各个当事人的努力动机互相刺激、互相促进。第二，建立有效的企业内部竞争机制，包括人才选择和流动机制，按岗位责任和实际贡献进行工资奖金分配等。第三，在遵守国家法令的前提下，根据市场竞争的需要和本企业的特点，自主建立其内部各项管理制度，形成自身的管理特色。第四，实行企业内部全方位的管理，包括人、财、物、产、供、销以及安全、质量等方面的管理，形成一个完整的管理和制度体系。

(三)现代企业制度的法人治理结构

法人治理结构是指有关公司股东与经营者之间的权利安排，是权力机构、决策机构、执行机构和监督机构，根据相互独立、权责明确、相互协调又相互制衡的原则实现对公司的治理。现代企业制度的治理结构一般是由股东大全、董事会、监事会和经理负责制组成，其具体的组成如下：

1.股东大会制度。股东大会是公司的最高权力机构，它是由公司全体股东组成、在公司内部行使股东权的法定组织，凡是股东大会决定的事情董事会必须执行。它是股份公司实行民主管理的体现，也是公司所有权与经营权分离的表现。股份公司可举行的股东大会有四种：法定大会、年度大会、临时大会和特种股东大会。公开招股的股份公司从开始营业之日起，必须在不少于 1 个月、至多不超过 3 个月的时期内举行一次公司全体股东大会，叫做法定大会。股份公司每年必须举行一次全体股东大会，即年度大会，也称股东年会。由于股东年会是定期召开的，因此又叫定期股东大会，它应该在每年结算后一定时期内召开。在两次年会之间不定期召开的会议就是临时大会。公司条例通常把召开这种临时大会的权力授予董事会。在董事会认为必要的时候，或者在收到规定比例的股东签名申请时，就可以或必须召开临时股东大会。这种大会往往要议决一些特别重要的事项，所以也称其为股东特别大会。公司章程通常规定不同种类股份的权利及义务等，只能由该种股份持有人大会特定多数的批准，才能得以改变，由此召开的会议就是特种股东会议。

一般来说，股东大会的召集有下列三种形式：由董事会召集的股东大会、由规定比例的股东召集的股东大会和依法院命令召集的股东大会。不同类型股东大会的召集程序是有区别的。无论是股东大会的召集，还是股东临时会议的召集，都必须在会议前的一定日期内用书面形式通知股东，对持有无记名股票的股东，则应在发行数量相当多的报纸上刊登公告。

股东大会的权限主要体现在法定报告事项和法定决议事项两个方面。法定报告事项包括下列内容：董事会在公司亏损额达到资本总额的 1/3 时，应作出报告；对募集公司债券的原因及募集的结果进行报告；监事会对董事会所做出的各项财务表册,经过核对数据、调查实况后写出报告;对清算完结所做出的检查事项进行报告。法定决议事项包括下列内容:负责选举董事会和监事会成员;讨论决定公司的利润分配方案;批准或变更公司章程;审查董事会提出的经营报告书以及各种账目表册;决定公司是否分立、合并或解散等。

2.董事会制度。董事会的规模与企业的规模并无固定的比例关系,它主要取决于公司董事会所承担的任务。由本公司经理人员充当的董事为内部董事,非本公司职工充当的董事则为外部董事,多数股份公司的董事会都是由这两部分人员构成。董事会是股份公司的常设机构,设董事长一名,作为公司的常设业务执行人和法定代表人。

董事会的职责有如下内容:执行股东会议决议;审定公司的重要规章制度;审定公司生产经营计划、财务预算和决算;拟订公司年度利润分配方案;拟订公司增资、减资、合并和转让等方案;具体负责公司的清算工作;召集股东大会和行使公司章程规定的其他职权。

董事会有例会和临时会两种。例会就是定期召开的会议。临时会是不定期的,遇有必要事务,由董事长随时召集,或由半数(或规定比例)董事提议时亦可召开。参加董事会的人数只有符合法定董事人数,该会议才属合法。董事会会议均实行一人一票的表决制度,而不是像股东大会是一股一票。当赞成和反对的票数相等时,董事长有权多投一票。即董事会议在表决出现僵局时,董事长有最后表决权。若会议的决议事项与某董事有利害关系时,则该董事长不得行使表决权。

独立董事制度是为了保护中小股东的利益而设立的一种董事制度。由于公司股权的多样化,一个公司不仅有大股东,而且有相当数量的小股东。大股东凭借自己占有多数的股权影响公司的决策,维护自己的权益,而中小股东利益难以得到保护。为了保护中小股东的利益,在原有董事会制度的基础上产生了独立董事制度。独立董事一般由社会上的知名学者、律师等非投资人组成,他们站在中立的立场在董事会中发表意见,维护中小股东的利益。

3.监事会制度。所谓监事会,即公司的监察委员会,是股份有限公司监督检查公司的财产及董事会业务执行状况的常设机构。从职能上看,监事会是一个监督机关,对董事会执行公司的业务活动实行监督并对公司会计事务进行审核,也就是通常所说的一般业务上的监察和会计事务上的监察。监事会由股东大会选举产生并对股东大会负责,与董事会处于平等和相对独立的地位。

4.经理负责制。总经理是公司执行系统中的最高首脑,全权对董事会负责。总经理对公司的一切业务工作及行政工作进行综合管理和统一领导,处理日常对内对外事务。总经理的主要职责是:主持理事会的工作,并在其中发挥核心作用;主持公司的日常业务和行政工作,在董事会授权范围内,对外独立代表公司;组建经营管理班子,包括理事会成员、职能部门负责人、产品分部负责人、地区分部负责人,任免副总经理,向董事会报告工作,行使公司章程规定和董事会授予的其他权力。

第四节　用现代企业制度改革国有企业

改革开放以来,国有企业改革始终是整个经济体制改革的中心环节。党中央、国务院采取一系列改革措施,通过不断探索和艰苦实践,初步走出了一条中国特色的国有企业改革发展之路,国有企业逐步实现了与市场经济的有效结合,国有经济的活力和竞争力明显提高,在国民经济中的主导作用进一步增强。与此同时,国有企业改革仍然面临着许多深层次的矛盾和问题。我们要深入贯彻落实科学发展观,全面贯彻党的十七大精神,加快用现代企业制度改革国有企业,推动国有企业实现又好又快发展。

一、国有企业改革的方向

党的十四届三中全会通过的《关于建立社会主义市场经济若干问题的决定》,最早提出我国国有企业改革的方向是建立现代企业制度。改革开放以前,我国传统的国有企业制度是同高度集中的计划经济体制联系在一起的。在这种体制下,政企不分,企业的生产经营完全受政府的指令性计划调节,企业只不过是行政主管机构的一个附属物,并不是一个独立的生产经营主体。不仅不存在与国家行政权力体系相区别、具有独立经济意义的企业制度,也不存在与市场交易相联系的独立的企业产权。传统国有企业的这一弊端,在实践中逐步为人们所认识。1984年《中共中央关于经济体制改革的决议》明确提出:“具有中国特色的社会主义,首先应该是企业具有充分活力的社会主义。而现行经济体制的种种弊端,恰恰表现为企业缺乏应有的活力。”此后,我国的经济体制改革始终是以国有企业改革为中心来展开的。1992年,我国社会主义市场经济体制改革目标确立之后,建立现代企业制度逐步成为国有企业改革的基本方向。

我们要按照现代企业制度“产权清晰、权责明确、政企分开、管理科学”的基本要求,继续对国有大中型企业实行规范的公司制改革,使之成为与社会主义市场经济相适应的法人实体和市场竞争主体。

二、国有企业改革的重点

当前及今后一个时期,国有企业改革应继续朝着有利于盘活国有存量资产、增强国有企业市场竞争力、提高国有企业经济效益和发挥国有经济在国民经济中主导作用的方向努力。具体而言,国有企业改革要重点抓好以下的工作:

(一)完善国有资产管理体制

2002年党的十六大明确提出改革国有资产管理体制的方针以来,我国国有资产管理体制改革取得了显著成效。这主要体现在:(1)组建机构。继2003年国务院成立国资委以后,到2004年6月,全国31个省(区、市)和新疆生产建设兵团国资委全部成立,目前地(市)级国有资产监管机构组建工作基本完成。与此同时,制定了《企业国有资产监督管理暂行条例》和与此相配套的规章。(2)强化出资人监管。特别是狠抓财务监督和风险控制,开展了国有独资公司建立董事会试点工作,公开招聘中央企业高级经营管理者,核定中央企业主业以提高企业核心竞争力等。(3)推进国有大中型企业股份制改革,完善公司法人治理结构。与此同时,规范国有企业改制和产权转让,国有产权交易普遍进入产权交易市场公开操作,避免了国有资产的大量流失。实践表明,党的十六大以来国有资产管理体制改革,有效地推进了国有企业改革的深化和国有经济的迅速发展与主导作用的发挥。

2007年党的十七大提出,加快建设国有资本经营预算制度,完善各类国有资产管理和制度。根据这一精神,今后一个时期,要坚持政企分开、政资分开,进一步完善国有资产管理体制。国资委主要履行出资人职责,尽可能减少不属于出资人该做的工作,维护企业作为市场主体依法享有的各项权利,坚持所有权与经营权分离,充分尊重企业的经营自主权和法人财产权。要促进企业体制创新和管理创新,完善公司法人治理结构,鼓励和支持发展一批有国际竞争力的大企业集团。要加快建设国有资本经营预算制度,探索国有资本有效的经营形式,提高国有资本的营运效率。要尽快制定和明确对国有自然资产、金融资产、非经营性资产的监管制度。

(二)继续调整国有经济的布局和结构

国有经济应保持必要的数量,但更重要的是国有资本分布的优化和质量的提高。要从战略上调整国有资本布局,改变国有经济分布过宽,涉足领域过多,整体素质不高的状况。按照发展社会主义市场经济的要求,继续调整国有经济的布局和结构,推进国有资产合理流动和重组,是推进国有企业改革的重大举措。党的十五大和十五届四中全会提出了从战略上调整国有经济布局和改组国有企业的任务,确定了有进有退、有所为有所不为和抓大放中小的方针。国有经济控制关系国民经济命脉的重要行业和关键领域,即涉及国家安全的行业,自然垄断的行业,提供重要公共产品和服务的行业,以及支柱产业和高新技术产业中的重要骨干企业,这是国有经济有所为和重点发展的行业和领域。其他行业和领域,特别是一般竞争性行业,由于国有经济不具备优势,要逐步退出和收缩。

经过10余年的努力,国有经济战略性调整取得了实质性的进展。国有经济和国有资本逐步向关系国民经济命脉的重要行业和关键领域集中,向大企业集中,而从一般竞争性行业中逐步退出,国有企业量多面广和过于分散的状况开始改变。1998年,全国国有工商企业共有23.8万家,到2006年减少到11.9万家。1997年,全国国有工商企业实现利润800亿元。到2006年提高到12 000亿元。2000年,全国国有工商企业共有净资产57 554.4亿元,其中中央企业净资产30 690亿元。到2006年,中央企业净资产增到53 900亿元。2007年,有16家中央企业进入世界500强。可见,经过多年的改革和制度创新,国有企业不但走出了困境,还成为具有较高劳动生产率、较强赢利能力和竞争力的市场主体,成为我国社会主义市场经济的一支骨干力量,发挥了国民经济的主导作用。

今后一个时期,国有经济调整和重组的目标是:进一步推进国有资产向关系国家安全和国民经济命脉的重要行业和关键领域集中,加快国有大中型企业股份制改革,逐步形成一批拥有自主知识产权和国际知名品牌、国际竞争力较强的优势企业。

(三)深化国有企业的股份制改革

国有经济控制着我国国民经济命脉的重要行业和关键领域,是我国国民经济的重要支柱。要发展社会主义社会生产力,实现工业化和现代化,就必须按照党的十七大提出的要求,深化国有企业股份制改革,健全现代企业制度,把国有企业真正改造成自主经营、自负盈亏、自我约束、自我发展的市场主体。

1.调整股权结构,推进股权多元化和适度分散化。在推进国有企业股份制改革的过程中,存在的一个突出问题就是国有股"一股独大"现象比较普遍、比较严重。产权的多元化和分散化,是健全法人治理结构的必要前提。我们要按照党的十五届四中全会精神,除国防工业、支柱产业、高新技术产业、自然垄断、重要公共产品和服务行业需要国家控制外,其他行业只需集中力量、加强重点。除极少数必须由国家独资经营的企业外,积极推行股份制,发展混合所有制经济,积极吸收民间资本和外资参与国有大中型企业的股份制改革。

推进国有企业股份制改革的方针是实行股权多元化和适度分散化,重要的企业由国家控股。当然,这里所说的国家控股也不是一定要绝对控股,即国有股权占全部股权的50%以上。在股权比较分散的条件下,也可以相对控股,比如占全部股份的30%或者20%。推进股权多元化和适度分散化,有助于促进企业真正转变经营机制。

2.健全法人治理结构。目前,我国大多数的国有企业都成立了股东会、董事会、监事会等,但是离规范的要求还相差较远,需要逐步完善。比较普遍的问题有,股东大会形同虚设,董事会不到位,不能很好地代表出资人利益,存在"内部人控制"现象。因此,在今后的国有企业改革中,要明确股东会、董事会、监事会和经理层的职责,形成各负其责、协调运转、有效制衡的公司法人治理结构。股东会决定董事会和监事会成员,董事会选择经营管理者,经营管理者行使用人权,并形成权力机构、决策机构、监督机构和经营管理者之间的制衡机制。

健全法人治理结构,要特别注重维护好股东包括中小股东的利益;健全董事会制度,上市公司要建立独立董事制度,董事会要真正代表出资人利益,防止和纠正“内部人控制”现象;强化公司外部监督,健全信息披露制度;形成有效的对经理层的激励和约束机制,董事会和总经理原则上分设;处理好“新三会”(股东会、董事会、监事会)和“老三会”(党委会、工会、职代会)的关系,实行“双向进入,交叉任职”等。

企业党组织要发挥政治核心作用,并适应公司法人治理结构的要求,改进发挥作用的方式,支持股东会、董事会、监事会和经营管理者依法行使职权,参与企业重大问题的决策。要坚持党管干部原则,并同市场化选聘企业经营管理者的机制相结合。中央和地方党委要加强和改进对国有重要骨干企业领导班子的管理;要全心全意依靠职工群众,探索现代企业制度下职工民主管理的有效途径,维护职工合法权益;继续推进企业转换经营机制,深化劳动用工、人事和收入分配制度改革,分流安置富余人员,分离企业办社会职能,创造企业改革发展的良好环境。

(四)深化垄断行业改革,积极引入竞争机制

垄断行业是我国国有经济最集中和控制力最强的领域。垄断行业中的主要大型骨干企业,几乎都是国有企业、都是中央企业。随着改革的深化,垄断行业改革已成为今后国有企业改革的重点。

解决垄断问题和消除垄断产生弊端的方法主要有两种:一种是引进竞争机制,另一种是加强政府微观规制。凡是能够通过引进竞争机制解决的垄断问题,就应当坚决地引进竞争机制,凡是不能通过竞争手段解决的垄断问题,必须通过政府的微观规制加以解决。我们要按照党的十七大提出的要求,深化垄断行业改革,重点是实行政企分开、政资分开,引入竞争机制,同时加强监管,以提高资源配置效率,并有效保护消费者利益。

进入21世纪以后,我国垄断行业改革逐步开展,但发展不平衡,总的说攻坚任务尚未完成。今后,需要根据各个垄断行业改革进程,分类推进或深化改革。(1)已经实行政企分开、政资分开和进行初步分拆、引入竞争机制的电力、电信、民航、石油等行业,要完善改革措施,深化改革。关键是要放开市场准入,引进新的厂商参与市场竞争。特别是非自然垄断性业务,应开放市场,允许国内民间资本和外资进入竞争,以提高效率。比如,电力部门应实行厂网分开、发电厂竞价上网,电信运营商开展竞争,允许民营资本投资经营航空公司,放开成品油市场等。即使是自然垄断性业务,有的也可以通过特许经营权公开拍卖(如自来水生产和供应、污水处理等),使其具有一定的竞争性并增进效率。(2)尚未进行实体性体制改革的铁道、某些城市的公用事业等,则要积极推进政企分开、政资分开、政事分开改革。铁路投融资体制改革已开始进行,铁路建设、运输、运输设备制造和多元经营等领域已向国内非公有资本开放。但整个铁路行业的政企、政资分开尚待进行。

总之,深化垄断行业改革,必须把引入竞争机制和加强政府监管、社会监督相结合,既要加强对安全、环保、普遍服务等监管,也要加强对价格的监管,包括实行价格听证制度等,以维护公众的正当权益。目前公众对不少垄断行业职工收入畸高,为维护自身既得利益构筑较高的进入壁垒,收费高、服务差、效率低等问题意见颇大,说明垄断行业改革是一场真正的攻坚战。

第六章　社会主义市场经济的市场体系

建立社会主义市场经济体制,关键就是要实现经济活动的市场化,充分发挥市场在资源配置中的基础性作用。市场体系是市场经济运行的重要载体。完善的市场体系,不仅是市场经济发展到一定阶段的产物,也是现代市场经济高效运行的必要条件。本章在分析市场及市场体系的含义、特征、作用、结构等的基础上,进一步探讨培育与发展社会主义市场体系的问题。

第一节　市场的含义与功能

市场经济是指以市场为基础配置资源的一种经济体制。在这种体制下,生产什么、生产多少、如何生产以及为何生产等问题,都要依靠市场来解决,没有市场就没有市场经济。本节主要介绍市场的含义、构成与功能。

一、市场的含义

市场是商品经济的范畴,列宁说过:“哪里有社会分工和商品生产,哪里就有‘市场’。”[①]因为有了社会分工以后,人们便只生产自己分工的产品,但人们的需要是多方面的,要满足多方面的需要就必须进行交换。由于生产资料及其产品属于不同的所有者所有,这就决定了产品交换必须在等价、互利的条件下进行。当人们的劳动产品处于这种等价交换关系中的时候,它就成为商品。商品就是为交换而生产的劳动产品,市场是商品交换的场所。

市场最早出现于原始社会末期,市场的规模随着社会分工和商品生产的发展而逐渐扩大。但在资本主义社会以前,市场发展一直比较缓慢。到了资本主义社会,由于社会分工和商品生产的高度发展,不仅劳动产品已经商品化了,而且工人的劳动力也成了商品, 于是为满足商品生产者自身需要而进行的简单商品生产,就转变为以追求剩余价值为目的的资本主义商品生产。市场成为资本主义经济存在和发展的前提,不仅有国内市场,而且形成了世界市场。在社会主义市场经济

① 列宁.列宁全集:第 1 卷[M].北京:人民出版社,1984:79.

中,市场仍然是连接生产者和消费者、企业和企业、城市与乡村、国内与国际的纽带,而且市场的形成日益多样化,市场的交易方式也不断创新。

总之,市场是一个古老而长期存在的社会经济现象,每个人都同它有着千丝万缕的关系,那么什么是市场呢?市场是个复合概念,它至少有以下四层含义:

(一)市场是商品交换的场所

这是从空间意义上理解的市场,也是最原始、最直观的市场。马克思说过:“市场有一个外部的地理界限。”[①]在我国古书《易·系辞下》中曾经记载:“日中为市,致天下之民,一聚天下之货,交易而退,各得其所。”这里描述的是一个比较原始的市场交换情形:中午的时候,暖和而明亮,找块方便的地方,招引四方的人们带着各自的货物来交换,他们拿出不需要的商品,换回自己所需要的商品,完成了交易,便满意地返还各自的住地。显然,这是一种古老的氏族公社成员之间进行物物交换的市场。后来随着商品经济的发展,产生了货币,有了专门从事商品买卖的商人以及专门经营商品交易的种种店铺、商行和公司;有了批发市场和零售市场,一般市场和超级市场,现货市场和期货市场,等等。总之,在现代市场经济中,市场作为商品交换场所,作为一个有形的、看得见、摸得着的地方,形式越来越多样化。

(二)市场是商品交换的领域或阶段

这是从再生产角度界定的市场。从一个独立的商品生产者来说,它的再生产过程要经过三个阶段:第一阶段是购买阶段,在这个阶段,商品生产者购买各种生产要素,为直接生产过程做准备。第二阶段是生产阶段,或者说是生产领域,是各种生产要素直接结合生产产品的过程。第三阶段是销售阶段,即出售商品,实现价值和剩余价值的阶段。第一阶段是从货币到商品的转换,第三阶段要完成从商品到货币的转换,这两个阶段都属于流通领域,都是在市场中进行的,商品处于流通领域,也就是处于市场中,所以市场可以看做是商品流通领域或流通阶段。马克思在论及劳动力商品买卖时曾经说过:“我们的货币所有者就必须幸运地在流通领域内即在市场上发现这样一种商品,它的使用价值本身具有成为价值源泉的特殊属性。”[②]显然,马克思在这里把市场和流通领域等同起来了。马克思还曾说:“资本作为商品资本的存在和它作为商品资本在流通领域内,在市场上所经历的形态变化……形成产业资本再生产过程的一个阶段。”[③]这说明,马克思已经把市场和流通阶段相等同。马克思还更直截了当地对市场作过一个概括:“市场是流通领域本身的总表现。”[④]把市场界定为流通领域或交换阶段,在形式上扩展了市场的范围,

---

① 马克思,恩格斯.马克思恩格斯全集:第26卷[M].北京:人民出版社,1973:599.

② 马克思,恩格斯.马克思恩格斯全集:第23卷[M].北京:人民出版社,1972:190.

③ 马克思,恩格斯.马克思恩格斯全集:第25卷[M].北京:人民出版社,1974:298.

④ 马克思,恩格斯.马克思恩格斯全集:第49卷[M].北京:人民出版社,1982:309.

这一界定不仅包含了有形的市场,而且把无形的市场也涵盖了进来。

(三)市场是有支付能力的需求

这是从内容上理解的市场。市场对于商品和劳务的供给者来说,就是价值实现的问题。商品和劳务的价值要实现,就必须有需求,这种需求不能仅仅是一种主观愿望,必须是有支付能力的需求,所以市场可以界定为一种有支付能力的需求。马克思说过:"每一种商品都只能在流通过程中实现它的价值;它是否实现它的价值,在多大程度上实现它的价值,这取决于当时市场的状况。"[①]所谓要取决于当时市场的状况,也就是要取决于当时的需求,有支付能力的需求大,市场就大;相反就小。对某种商品或者劳务的需求构成了该产品和劳务的市场,对所有商品和劳务的有支付能力的需求就等于全社会的市场。

(四)市场是商品交换关系的总和

这是从实质上理解的市场,市场作为商品交换关系的总和,实质上是人与人之间关系的总和。商品交换从表面上、形式上看是物与物的交换,实质上在物与物的背后体现的是人与人之间权力和利益的交换,是人与人之间利益关系的总和。总之,市场作为商品经济范畴,不仅体现物与物即商品与商品、商品与货币及货币与货币的关系,更重要的是它体现了商品交换过程中人与人的关系。作为交换关系总和的市场就是从人与人之间关系的角度来界定的。

对市场含义的认识是随着商品经济的发展进程而逐步深化的。在商品经济发展的初期,漫长的物物交换阶段,供需双方一般要聚集在一个地方,直接成交,市场也就被人们狭义、直观地理解为商品交换的场所和地方。随着商品经济的发展出现了货币,货币出现以后解决了物物交换的困难,使商品交换发生了一个飞跃。以货币为媒介的商品交换就是商品流通。商品流通领域就是市场。在市场上,一切商品都经历着两个相反的形态变化所组成的循环:首先是商品形式,然后由商品形式转化为货币形式,最后又回归为商品形式,即商品—货币—商品。

上述对市场含义四个方面的界定是相互联系,相互补充,缺一不可的。如果否定了第一个界定,即市场是交换的场所,就忽视了最大量、最丰富的现象,市场就变得不可捉摸,不可认识。但是在市场经济中,许多交换行为并不一定需要一个固定的场所,在家里打个电话就可以买到商品,于是还需要第二个界定,即市场是商品的流通领域和阶段。这就可以把那些不需要固定场所的交换活动即无形的市场,包括进来了。但这两种界定都是从市场的形式出发的,从商品运动的本质来看,市场实际上是一种需求,因为没有对商品和劳务的需求,就没有必要交换,也就没有市场。这就出现了第三个界定,即"市场是有支付能力的需求"。但是到此为止,对市场的界定还只是停留在物质运动上,还没有从人与人关系方面进行考察,

① 马克思,恩格斯.马克思恩格斯全集:第25卷[M].北京:人民出版社,1974:720.

因此，对市场的内涵还需要做深层次的揭示，这就需要给市场作第四个界定，即“市场是交换关系的总和”。交换关系是商品经济中人与人相互交换自己所拥有的劳动产品的关系，这是一切市场的共性。但不同历史时期，交换关系具有不同的性质。资本主义社会以前存在的简单商品生产和交换不同于资本主义商品生产条件下的交换关系，资本主义社会的商品交换关系不同于社会主义商品生产条件下的交换关系。

二、市场的构成要素

任何一个历史时期或任何一种类型的市场，都有自己不可缺少的若干组成部分，这些形成市场的必要条件，就是市场的构成要素。市场的构成要素由市场主体、市场客体、市场行为和市场规则四部分组成。

(一)市场主体

市场的参与者称为市场主体，即市场上从事各种交易活动的当事人。具体来说主要有以下三类：

1.家庭。家庭及其成员是市场经济最小和最基本的单位。家庭为了保证其存在和发展，必须保证有维持家庭生活、教育、医疗等一切费用的收入，并用收入应付其开支。所以，在市场经济中，首先，家庭作为要素供给者，向要素的需求者——企业提供各类要素(劳动、资本、土地、技术等)，相应地获得工资、利息、地租、技术使用费等收入，在缴纳了收入税以后，获得家庭的可支配收入。单个家庭获得收入的多少取决于要素的稀缺性、要素市场的结构、要素需求者、产品的市场结构。其次，家庭作为商品和服务的需求者，购买各类商品和服务。家庭支付的价格取决于产品和服务的稀缺性与产品和服务市场的结构。再次，如果家庭的收入大于支出，则家庭成为盈余单位，盈余将用于选择性购买各类金融资产，如为牟取价格波动的收益购买各类证券或者衍生金融商品，或仅为牟取利息收入购买国债、储蓄存款单等。如果其收入小于支出，则家庭成为赤字单位，赤字需要通过信用体系来弥补，如对私人或金融机构的借款，并在将来还本付息。最后，低收入家庭往往能获得政府一定的转移支付，由此来增加家庭的收入流。

2.企业。企业是市场经济中最重要的单位，市场中用于交易的各类商品和服务是由企业创造出来的。企业为了保证其存在和发展，也必须保证有持续稳定的收入，并用收入应付其开支。在市场经济中，首先，企业作为商品和服务的供给者获得销售收入，一定时期内所有企业的收入总和就是国内生产总值。单个企业获得收入的多少取决于商品和服务的稀缺性、商品和服务市场的结构。其次，企业作为生产要素的需求者支付要素价格，形成企业的支出。企业支出的多少取决于要素的稀缺性、要素市场的结构、企业的产品市场结构。再次，如果企业的收入大于支出，则企业成为盈余单位，盈余将成为所有者权益，用于扩大生产规模，进入新的行业，或是购买各类金融资产获取收益，或者直接分配给所有者选择性购买各类金融资产。如果其收入小于支出，则企业成为赤字单位，赤字需要通过信用体系来弥补，如对金融中介机构的借款、发行债券或股票募集收入（这在许多市场经济国家是受限制的）。最后，长期赤字的企业将破产。

3.政府。政府是市场经济中的权力单位。它对私人经济的发展和总体经济的运行有决定性作用。在市场经济中，政府的作用首先表现在对微观经济的管理上。第一，制定市场运行的规则。政府通过立法、司法、执法来规范市场各主体（也包括政府部门本身）的行为，保证市场各主体在追求自身利益的时候，不损害其他主体的利益，提高资源配置的效率，保证社会总福利最大化。政府制定的规则包括两大类，公法和私法。公法用于调节规范政府和家庭、企业之间的行为，如刑法、行政法、经济法等，保证私人行为不损害国家利益，国家行政行为不损害私人利益。私法用于调节规范企业和企业之间、企业和家庭之间、家庭和家庭之间的行为，如民法、合同法、商法等，保证私人行为不损害其他私人的利益。第二，提供公共产品和公共服务。由于公共产品和公共服务的消费具有非排他性、收费困难等特点，市场不能提供足够的数量，需要政府或政府委托私人来提供。第三，管理市场价格。如制定支持价格、限制价格、征收货物税等。第四，解决其他市场失灵问题。如界定产权、颁发许可证、制定相关政策等。在市场经济中，政府的另一重要作用表现在对宏观经济的管理上。第一，通过税收形成政府的收入，通过财政支出保证政府自身的存在和发展，并根据财政政策的目标调节总支出，实现对经济的干预。财政支出和收入的差额形成赤字，需要通过国债弥补。第二，管理货币，通过货币政策和货币供给量的调节影响总产出，实现对经济的干预。第三，建立社会保障体系，改善低收入者的支付能力和生活状况。

（二）市场客体

市场客体是指市场主体在市场活动中的交易对象，体现着市场交换中的经济关系，是各种经济利益关系的物质承担者。市场客体包括有形的和无形的两类。有形的对象有物质商品、劳动力、土地、资本等；无形的对象有劳务、技术、信息、企业产权等。通常所说的消费品市场、生产资料市场、生产要素市场、技术市场、信息市场以及企业产权市场等，都是以上述交易对象为市场客体的子市场或孙市场。

（三）市场行为

有了市场主体和市场客体之后，就可以进行市场交换活动了。市场行为，依内容可分为购买行为、销售行为和竞争行为。

1.购买行为。购买行为是货币追逐商品的行为，它表现为商品生产者、经营者和消费者为满足自己生产或生活对生产资料或生活资料的需求而进行的购买活动。购买行为是需求行为，它是市场行为的一个侧面，只有购买行为而没有其他行为，交换关系仍无法实现。与购买行为相联系的是销售行为。

2.销售行为。商品经营者出卖自己经营的产品,一个人或企业出卖自己使用过而又不需要的物品,都属于销售行为。销售行为是一种供给行为,是商品追逐货币的行为。销售行为是市场行为的一个重要方面,有了销售行为,又有了购买行为,交换关系就可以实现了。但交换过程并不是简单的一买一卖,而是充满了摩擦和竞争。

3.竞争行为。只要有商品经济就必然有竞争。竞争是推动社会进步的因素,竞争的实质是不同的商品或货币所有者之间对经济利益的争夺,或者说是对经济利益的瓜分和再瓜分。市场竞争有三个方面,即卖主之间的竞争、买主之间的竞争、买主和卖主之间的竞争。竞争有正当竞争和不正当竞争之分。例如,卖主之间如果是通过改进技术、改善劳动组织、提高劳动生产率等手段来提高商品质量,减少生产成本,降低商品价格等进行竞争,就是正当的竞争;如果是通过制造伪劣商品、制造假广告、假商标以及造谣中伤等手段进行竞争,就是不正当竞争。

三、市场的功能

(一)交换功能

这是市场的基本功能。商品生产者为了实现其产品的价值,必须在市场上作为卖方让渡自己的产品,而消费者为了满足自己的需要,必须在市场上作为买方购买所需要的商品。这样,通过具体的购销活动,使商品所有权在交换当事人之间转手,使生产者的商品价值得以实现,使消费者的各种各样的需要得到满足。同时,从商品的使用价值实体来看,市场还要组织商品的储存和运输,实现商品在空间上的转移,使商品源源不断地从生产领域进入消费领域。由此可见,市场既有实现商品价值的功能,又有对商品实体进行储存和调运的功能,这些功能统称为交换功能。

(二)反馈功能

这是由交换功能派生出来的重要功能,也称市场信息反馈功能。市场信息,主要是价格变化所反映出的资源稀缺程度,即供求状况。在计划经济中,信息是以纵向传播为主,上情下达,下情上达。在市场经济中,除了纵向传递信息之外,主要靠横向来传播市场信息。商品生产者和经营者,需要在纵横交织的信息网络中掌握信息、分析信息、运用信息。通过市场信息反馈的功能,使各个市场主体了解市场行情,有利于安排生产和消费。

(三)激励功能

这也是由交换功能派生出来的重要功能。市场上的交换是等价交换,优良生产者的个别劳动耗费量低于社会必要劳动量,他的个别价值低于社会价值,但交换是以社会价值为基础的,于是优良生产者的较少劳动耗费被承认为较多的劳动量,他可以得到来自社会的较多的补偿和报酬;劣等生产者恰恰相反,只能从社会得到较少的补偿。劣等生产者在所得不能补偿所耗的情况下，有可能破产而被迫退出市场。这种由市场形成的内在动力和外在压力，不断地激励着每个生产者的进取和创新精神，从而推动社会生产力的迅速发展。

(四)资源配置功能

它是由交换功能、信息反馈功能和激励功能派生出来的重要功能。市场的资源配置功能，就是市场供求价格变化对资源配置的导向作用。任何社会的资源都是有限的，社会各个生产部门之间必须合理配置资源。所谓合理配置资源，是指经济中的各种资源既没有被闲置，也没有被浪费，都能得到有效利用。在社会主义市场经济中，经济资源的配置主要通过市场进行。通过市场供求和价格的不断变化，引起资源在不同部门投入量的变化，从而实现资源配置合理化。

(五)调节功能

市场可以调节社会生产和消费的均衡发展。如果生产大于消费需求，市场价格下降，价格下降对生产的发展起抑制作用，对消费的扩大起刺激作用；如果生产小于消费需求，市场价格会上升，价格上升对生产的发展起刺激作用，对消费的扩张起抑制作用。市场就是通过价格运动和供求机制，来调节生产均衡和消费均衡的。

第二节　社会主义市场经济的市场体系

市场是各种商品交换关系的总和。随着社会分工的发展和商品交换范围的不断扩大，市场的层次、范围和类型也处于发展变化之中，逐步形成了现代市场体系。现代市场体系是指相互联系、相互依存、相互制约的各种市场的总和。现代市场体系已经发展成为一个包含商品市场、服务市场、生产要素市场等各种类型市场的复杂的市场体系。

一、市场体系的特征与作用

(一)市场体系的主要特征

1.完整性。完整性是指市场种类齐全、分布合理、交易形式多样化，各类市场内部门类齐全、互相配套。市场体系的完整性是市场经济运行统一性的重要前提条件。市场体系是一个从时间结构、空间结构到客体结构都十分丰富的复杂系统。从时间结构来看，市场体系具有现货交易市场、期货交易市场；从空间结构来看，市场体系具有区域市场、国内市场和国际市场；从市场客体结构来看，市场体系除了要有消费品市场、生产资料市场外，还要有资本市场、房地产市场、劳动力市场、技术市场、信息市场等。同时，市场体系内部各类市场之间存在着相互联系、相互制约的关系。在市场体系中，如果某一市场发展较为滞后，功能不全，客观上就会影响和制约其他市场的发育及功能的正常发挥,从而影响市场体系的整体效率。

2.统一性。统一性是指各类市场在一国范围内是一个有机的统一体,即在全国范围内既不存在行政分割和地区封锁,也不存在部门、行业之间的人为分隔。所有商品和生产要素在全国统一的市场自由流动,实现资源的合理配置。部门或地区对市场的分割,会严重阻碍商品和生产要素的自由流动,降低市场体系的效率。因此,现代市场体系必须是全国统一的市场体系,是一个不可分割的有机统一体。建立全国统一的市场,就要清除地方保护主义,打破和清除各种分割和非法垄断。为此,要构建覆盖城乡的商品流通网络,制定统一的市场政策和市场法规,在全国范围内保证商品的正常交易,实现资源配置的社会化。

3.竞争性。竞争是市场经济的本质特征之一,市场体系的竞争性就是市场必须利于市场主体之间展开公平竞争。没有竞争的市场是没有活力的市场。如果说市场被少数企业或政府所垄断,市场机制配置的作用就会出现失灵,就无法实现资源的优化配置。因此,为建立高度竞争的市场体系,就要最大限度地限制和防止垄断,从制度和环境上为市场主体开展公平竞争创造有利条件,从而保证市场经济的正常运行。

4.有序性。市场体系的有序性是指市场必须规范化,包括市场主体行为规范,如企业进入、退出市场及市场交易活动的规范化;市场环境的完善化,如市场具有配套、完备的服务体系;市场管理规范化,如管理活动遵循公开、公正、透明的原则,依法进行各种管理活动。因此,不管是市场主体的进入和市场交易的行为,还是市场内部的管理和市场外部的环境,都需要公正交易的市场规则,需要在市场法规的规范下有序的进行各种经济活动。

5.开放性。开放性是指市场体系不是一种封闭体系,而是顺应生产社会化、国际化发展趋势,与国际市场存在着广泛联系的开放性体系。生产社会化和商品经济的快速发展,客观上要求市场体系必须是一个具有开放性的系统。随着经济一体化和贸易自由化进程的加快,现代市场不仅要对国内不同区域开放,而且要对国外开放,把国内市场和国际市场联系起来,积极参与国际竞争和国际分工,在全球范围内配置资源,在发挥比较优势的同时,积极培育竞争优势,充分享受国际分工带来的利益。市场体系的开放性是市场经济的内在要求,没有一个统一的、竞争的、开放的市场体系,市场经济是无法正常运行和发展的。

(二)市场体系的作用

完善的市场体系是市场经济正常运行的必要条件,是建立市场经济的重要环节,其作用具体表现在:

1.完善的市场体系是市场机制发挥作用的基础。市场体系是市场机制发挥作用的重要载体,只有建立起统一的、规范的、完善的市场体系,市场机制的资源配置功能才能得以充分发挥。

2.完善的市场体系是企业搞好资本运营的重要前提。在市场经济条件下,企业作为独立的市场主体,自主经营,自负盈亏,其所有的生产、经营活动都面对市场。只有具备完善、发达的市场体系,才能及时向企业提供正确的市场信息,企业才可根据市场供求的变动搞好资本运营。

3.完善的市场体系是政府进行宏观调控的必要条件。宏观调控是保证市场经济良性运行的重要手段。在现代市场经济条件下,政府对经济进行宏观调控不是直接的,而是通过经济政策和手段进行间接调控。完善的市场体系不仅向政府及时反馈企业的运行情况,使政府获取调控信息,而且通过经济政策向企业和个人传递政府的调控信息。

二、社会主义市场体系的构成

从不同角度观察,市场可以分为许多类型。但是,按照市场上流通的商品属性来进行划分,是人们通常采用的方法。按照市场上的商品属性划分市场类型,可分为一般商品市场和生产要素市场。一般商品市场包括消费资料市场和生产资料市场;生产要素市场除生产资料外,还包括劳动力市场、金融市场、房地产市场和技术、信息市场等。

(一)消费品市场

消费品市场也称为最终产品市场,即生活消费品的交换领域和交换关系的总和。生活消费品指人们为满足生活需要而消费的各种物质资料和精神产品。消费品市场在整个市场体系中占有重要的地位,它的发展不仅直接影响广大人民群众的生活,而且直接或者间接地影响、制约着生产资料市场的发展。因为:“生产消费(生产资料的消费)归根到底总是同个人消费联系着,总是以个人消费为转移的。”①

消费品市场的主要特点是:(1)从交易的商品本身来看,它是供人们消费的最终产品,它必然受到消费者的收入水平、消费习惯、文化素养、心理因素等众多的人为因素的制约。因为对商品的花色、品种、规格、材料的要求复杂而多变,许多产品的生命周期都较短,而且许多消费品都可以互相替代,因而商品的价格需求弹性、收入需求弹性都很大。(2)从交易的规模和方式来看,消费品市场购买人数众多,交换次数极为频繁,而每次交易量又都较零星,因而在整个市场体系中,消费品市场所占用的人力最多,商品机构网点设置最普遍,绝大部分的商品都要经过零售商品市场进入到消费者手中。(3)从购买者行为来看,消费品市场的购买者大多数缺乏专门的商品知识,不十分了解商品的性能和使用、保管、维修的方法,属于非专业购买。购买行为容易受外界因素(如广告、宣传)的影响而引起感情性或

① 列宁.列宁全集:第4卷[M].北京:人民出版社,1958:44.

冲动性购买。(4)从市场的动态来考察,消费品市场的供求关系复杂而多变且购买力的流动性较大。

影响消费品市场的因素主要包括两个方面：一是影响消费品需求变动的因素,主要有:(1)居民的收入水平。居民的收入水平高低是影响消费需求的最基本因素。(2)人口因素,包括人口数量、人口地理分布、人口自然结构、人口社会结构等。(3)市场因素,包括市场供给、市场价格、市场秩序等。(4)社会因素,包括人们的价值观念、审美观念、思维方式、生活习俗等。二是影响消费品市场供给的因素,主要有:(1)价格和成本的因素,这是影响供给的最基本因素。(2)商品生命周期的长短。周期越长,则供给越多;反之,情况则相反。(3)投资规模和科技水平。

(二)生产资料市场

生产资料市场是指为满足社会再生产对物质资料的需要而提供物质条件的商品市场,是生产资料交换的场所和交换关系的总和。

在社会再生产过程中,生产资料既是上一个生产过程的结果,又是进行下一个生产过程的物质要素。可见,生产资料的流通是在生产领域中进行的,产品通过买卖从一个企业转到另一个企业,并没有真正离开生产领域。生产资料市场同消费品市场相比有如下特点:(1)市场较集中,交易是在企业间进行的,交易次数少、批量大。(2)产品的专用性强、技术服务要求高,一般对商品的品种、规格、型号、质量都有严格要求,不能互相替代。(3)供求变动影响的范围较广,因为各部门、各企业之间形成一种投入产出链,一种生产资料供求变动往往会引起一系列连锁反应。(4)买卖双方都要具备专门的商品知识和市场知识。(5)产销关系比较固定。(6)商品的需求弹性较小,需求量比较固定。

在社会主义市场经济条件下,生产资料市场是市场体系的一个重要组成部分,其发展规模和速度影响着整个社会生产的发展规模和速度,完善和发展生产资料市场具有重要意义。(1)在商品货币关系广泛存在的条件下,生产资料作为完全形态的商品,有着一般商品所具有的三个特征:一是有使用价值和价值;二是可以自由流通;三是进行等价交换。生产资料商品的这三个特征,决定了生产资料只有通过市场交易,才能实现其由产品到商品的转化。(2)完善和发展生产资料市场,是转换企业经营机制的需要。企业作为自主经营、自负盈亏的商品生产者和经营者,为了实现自己的各项经营自主权和维持企业正常的生产活动,就要求有一个健全的生产资料市场。只有这样,企业才能根据自己的需要选择各种规格品种的生产资料,才能真正实现自己的经营决策权。(3)生产资料市场的发展有利于理顺生产资料价格,正确评价企业的经济效益,搞好企业之间、企业和国家之间的分配关系。(4)通过开放的生产资料市场来进行资源配置,比单纯计划配置具有明显的优越性。这主要是市场配置生产资料可以形成企业之间的有效竞争。从供给方面看,只有成本低、质量高的产品才能在市场上站住脚;从需求方面看,当产品供不应求时会使价格上涨,这时只有经济效益好的企业才能承受起原材料涨价的冲击,并引导资源的合理流入;相反,单凭计划配置资源则使许多经济关系模糊起来,常常是限制了先进而保护了落后。

(三)金融市场

金融,即资金的融通,是指与货币流通和信用有关的各种金融活动的总称。金融市场是指市场经济主体间相互融通资金的场所和相互关系的总和。由于资金融通的方式是多样化的,又由于资金融通的主体是多层次的,因而金融市场构成一个庞大复杂的体系,可以具体划分为多种类型。

在金融市场的诸多种类中,最重要的是根据融资期限的长短区分的短期资金市场和长期资金市场。短期资金市场也称为货币市场,是进行一年以内的各种资金借贷融通的市场,主要有银行同业拆借,工商企业的商业票据、银行承兑票据和政府发行的短期国库券等。长期资金市场也称为资本市场,是提供一年以上的中长期资金的市场,主要包括政府的长期公债、公司债券、股票等。

金融市场在市场经济中有着非常重要的地位和作用。市场经济在生产过程中的实物周转与资金周转是相互联系又相互矛盾的有机统一体。两种相互统一的周转在实际运行中往往会产生时空上的不一致,特别是在社会分工和生产专业化程度较高的情况下,随着各种产品的生产周期的错位加大,以及资金投入、产品销售、资金回收之间的不同步性的增加,再加之生产和消费之间的时空矛盾的发展,使得资金周转与实物周转日益分离而成为一种独立的经济运转形式。这就使得每一个企业随着自己生产的扩张与收缩、投入与产出的变化,时而急需从金融市场获得大量资金,时而又出现大量闲置资金有待排出。金融市场的产生既解决了企业急需资金时的困难,又解决了闲置资金出现时的出路。首先,金融市场在企业需要补充资金时提供帮助,使再生产不会因资金周转的困难而中断;其次,金融市场通过有效地吸收社会游资和闲置资金,并根据社会需要进行重新分配,对整个国民经济的有序运行有重要意义。

(四)劳动力市场

劳动力市场是指劳动力流动和交换的场所及劳动交换关系的总和。劳动力市场的作用就是运用市场机制调节劳动力供求关系,推动人才的合理流动,实现劳动力资源的合理配置。建立劳动力市场具有客观必然性:第一,建立劳动力市场有利于产业结构的及时调整,是促进社会化大生产顺利进行的必要条件。第二,建立劳动力市场有利于劳动力资源的优化配置,是增强企业活力、发展社会主义市场经济的客观要求。第三,建立劳动力市场有利于激发和保护劳动者的积极性,是劳动者适应现代经济发展、提高自身素质的客观要求。

(五)技术、信息市场

市场经济中的企业竞争,一个重要方面是技术、信息的竞争。企业家的根本任务就是要不断创新,包括创造新的产品,采用新的生产方法,开辟新的能源,创造新的样式,等等。企业只有不断创新,才能在激烈的市场竞争中取得有利地位,而要创新就要不断获取新的技术成果和信息。但在市场经济中,技术和信息作为一种劳动成果不是无偿提供的,而是一种商品,这就要求建立起技术、信息市场。

技术市场是指技术商品交换的场所和交换关系的总和。技术成为一种知识形态的商品,并通过市场交换进行广泛传播,是在社会分工和商品经济比较发达的基础上产生的,是伴随科学技术的进步而出现的。技术作为一种无形的商品,是复杂劳动的结晶,它本身不仅具有使用价值,同时也具有价值。技术市场作为商品市场的重要组成部分,具有一般商品市场的共同特征,但又不同于一般商品市场。其特征表现在:(1)技术市场仅限于知识形态商品的交易。(2)由于技术商品必须具有独创性、新颖性和品种数量的单一性,因而技术市场交易具有专业性特点。(3)技术商品出让人不因出让行为而丧失对技术的所有权,只是在一定范围内丧失对技术的垄断,出让的技术同时为双方当事人所共有。

信息市场是指专门进行信息交换的场所和交换关系的总和,信息是表示事物特征内涵的信号、数据、指令、程序、消息和情报的总称。信息也是一种商品,因为一方面,信息的收集、整理、分析、储存和传递需要投入活劳动和物化劳动,因而具有价值;另一方面,对使用信息的单位和个人来说,信息能给他们带来某种经济效益,因而信息也具有使用价值。信息市场按信息商品的最终用途大致分为商品信息市场、科技信息市场、信息业的物质手段和信息业服务市场三类。

信息交易方式主要表现为有偿转让信息、有偿收集和加工信息、有偿传递信息等。信息市场不受具体场所的限制,它借助现代通讯设备作为流通渠道,往往形成两端直接通向众多生产者和消费者的网络状态。

信息市场的发展对社会经济的发展起着越来越重要的作用:信息市场为社会生产和流通提供了大量有效的信息资源,可以促进经济增长;信息市场为企业提供必要的市场需求信息,有利于提高企业的市场竞争能力和应变能力;信息市场可以为消费者提供有关商品供应的信息,从而成为促进商品销售的手段;信息市场是沟通产、供、销的桥梁,有利于微观经济政策的正确制定和实现宏观经济调控。

(六)房地产市场

房地产市场是指进行房地产交易的场所和交换关系的总和。房地产市场一般没有固定的交易场所,除了买卖和租赁两种基本方式外,还存在典卖、抵押、转租等派生交易方式。房地产指土地、土地上的附着物如建筑物、桥梁、基础设施等,以及与土地、附着物有关的各种权益,其中房产和地产是它的主要内容。

房产市场是住房的买卖、转让、出租、抵押等交换关系和交换场所的总称。房产市场所交换的物质对象是房屋,无论是作为消费资料还是生产资料,房屋都是商品。房产市场的建立有两个基本前提:一是房产产权明确;二是房产的商品化。

地产市场也叫土地市场,它是指对土地的买卖、转让、出租、抵押等交换关系和交换场所的总称。地产市场进行土地使用权的交易和转让,它同一般的商品市场相比,既有共性,又有个性。一般的商品流通是所有权的流通,土地市场上则是土地使用权的流通,而没有土地所有权的让渡。在土地公有制基础上的土地流转,承认土地所有权的有偿转让,但国家或集体并不放弃土地所有权。一般商品买卖是永久的和无限期的,但土地使用权的流转是有期限的,它限制在一定期限内,不可一次购买、永久使用。

房地产市场的主要特征是:(1)交易客体是不能移动的,它不能像一般商品那样通过运输集中在某个场所进行交易。(2)房产与地产通常合一交易,不是地随房走,就是房随地走。(3)交易客体千姿百态,具有非标准化特点,价格确定相当复杂。

房地产市场的组织可划分为土地的一级市场、房地产开发市场、房地产交易市场、商品房销售市场、房地产金融市场、涉外房地产市场等。

三、培育和发展我国的市场体系

(一)我国市场体系发育的现状与问题

我国社会主义市场体系的建立是一个循序渐进的过程。1978 年以后,最先发展起来的是商品市场,而且先是消费品市场,然后是生产资料市场;1992 年之后,要素市场开始得到发展,最先进行试验的是资本市场,相继成立了深圳、上海证券交易所;1997 年党的十五大以后逐渐开放了劳动力市场、土地市场、技术市场和信息市场;2002 年党的十六大以后,我国要素市场进入了一个加速发展阶段。

尽管如此,当前我国市场体系的发育仍然不能很好地适应市场经济发展的客观要求。具体来说,当前我国市场体系发育中存在的主要问题是:

第一,市场秩序混乱。进入 90 年代之后,我国市场秩序混乱的现象越来越引起人们的关注,制假贩假、走私贩私、逃税骗税等现象时有发生,一些企业恶意逃避债务,扰乱金融秩序。而 2000 年以后相继发生的毒奶粉事件、瘦肉精事件、三聚氰胺事件,更是造成了极其恶劣的社会影响。这些混乱现象的出现,使市场主体难以在同一起跑线上开展公平竞争,影响了市场主体的积极性,也影响了市场经济资源配置功能的有效发挥。

第二,市场质量偏低,结构不合理。市场管理、运行技术、市场法规等方面的建设跟不上市场发展的步伐,特别是市场法规建设滞后,成为市场体系发育的瓶颈;高层次的专业市场发展缓慢,如技术市场发育程度低,不利于科学技术转化为现实的生产力,信息市场还处于起步阶段,满足不了生产经营者对信息的需求。

第三,国有企业改革滞后,市场主体独立性较弱,市场机制的调节功能受到限制。在改革中,我们从政企分离,扩大企业自主权开始,到转换企业经营机制,建立现代企业制度,虽然采取了很多措施,也取得了一定成效,但时至今日,产权清晰、自主经营、行为规范的市场主体仍未完全形成。主要是国有企业的改革力度不大,公司治理机制不完善,激励与约束机制不到位,“内部人控制”现象比较严重,从而造成企业活力不足,经济效率低下,使正在形成中的竞争性市场主体出现扭曲变形。

第四,条块分割、地区封锁、行业垄断,严重地制约了各类资源在地区之间、部门之间的合理流动,无法实现资源的有效配置,也影响了国内统一市场的形成,从而造成竞争不充分、市场信号失真。

第五,各地区的市场发育极不平衡,落后地区的市场体系尚未完全形成。在经济发展程度高的东南沿海地区,市场已有相当的发展,形成了市场体系的基本格局,并带有现代市场体系的某些特征。而在中西部一些地区,经济落后、交通不便,市场很不发达,还没有完全形成市场体系。

(二)培育与发展我国市场体系的对策

1.培育与发展我国市场体系的主要措施

市场体系的发展过程是一个客观的自然过程,且具有明显的阶段性特征。从这个角度说,市场和市场体系不能凭借人们的主观意志人为地培育或催化。但这并不是说人们在市场和市场体系的发育中就无能为力,只能坐等其自然发育。在掌握市场经济发展规律的基础上,人们可以积极创造各种有利条件,促进市场体系的发育。根据市场体系发展规律,结合我国实际条件,目前应着重采取以下措施来培育我国的市场体系:

第一,树立市场主体的现代意识,培育其能动性。企业是市场活动的三大主体之一,从生产经营的角度看,它是最重要的主体,市场体系的发育完善程度在很大程度上取决于企业在市场活动中的能动性。为了使企业成为真正的市场主体,首要任务必须使国有企业成为真正的商品生产者和经营者。一是要通过观念转变来帮助国有企业强化市场竞争意识,了解市场经济特征,掌握其运行规律;二是通过体制转换,彻底斩断政府对国有企业的“父爱主义”情结,减少政府对企业的干预,使企业真正成为自主经营、自负盈亏、自我发展、自我约束的经济实体。

第二,采取积极措施,培育完整的市场结构。完整的市场结构是指具备各种商品市场、生产要素市场及必要的特殊市场,同时这些市场又相互联系,形成有机结合的整体。为了培育市场体系,应将企业生产经营所需的各种生产要素纳入市场流通,建立起消费品市场、生产资料市场、资本市场、劳动力市场、房地产市场、技术市场、信息市场等各类市场,在此基础上,建立起结构完整的市场体系。

第三,充分发挥政府的宏观调控职能,培育合理的价格体系。价格是市场活动中最直接的反应信号和最有效的经济调节手段。作为市场变量的价格,应该是市场供求关系变化的信号，应该能灵活、及时、准确地反映市场供求关系的变化。政府应利用宏观调控手段，理顺各种比价关系，使价格真正成为市场信号，直接反映市场供求状况，并对市场活动发挥内在的调节和制约作用。

第四，建立健全市场法规，培育正常的市场秩序。正常的市场秩序是指能保证市场体系正常运行的行为规范。正常的市场秩序不仅为整个经济活动主体创造一个平等竞争、等价交换的条件，而且提供一整套保障经济主体的合法权益、约束其行为的法律法规。政府要运用经济的、法律的、行政的手段，通过宣传教育、舆论引导、政府监督等办法，建立健全市场法规，积极培育正常的市场秩序。

第五，统筹安排，宏观协调，培育市场体系所需要的物质基础。交通运输、信息、技术、基础设施等是市场体系发育所需要的基本条件。国家应从培育完备市场体系的全局出发，统筹安排，宏观协调这些基本物质条件的建设，这是培育市场体系的一个重要内容。此外，市场体系的发育也受到整个社会经济、科学文化发展水平以及人们的观念、素质的制约，这些条件更需要国家统筹规划，培育引导。

2.培育与发展我国市场体系的途径

培育我国市场体系应着重做好以下几项工作：

第一，积极推进价格体制改革，建立适应现代市场经济发展要求的价格体制。现阶段深化价格改革的主要任务是：以国际市场价格为参考系，调整价格，理顺价格关系，建立合理的价格体系；建立和完善国家对少数关系国计民生的重要商品的管理、购销及储备制度，作为平抑市场价格，实现宏观调控的重要物质条件。第二，改革商品流通体制，进一步发展商品市场。这包括在重要商品的产地、销地或集散地建立大宗的批发市场；严格规范商品期货市场，促使其良性发展；转换国有流通企业的经营机制，使其积极、平等地参与市场竞争，在发展和完善批发市场中发挥主渠道作用；根据商品流通的需要，构建大中小结合、各种经济形式和经营方式并存、功能完备的商品市场网络，推动流通现代化。

第三，抓住重点，积极培育和发展要素市场，尤其要注重培育资本市场、劳动力市场、房地产市场、技术市场和信息市场。发展和完善以证券市场为主体的资本市场；改革户籍制度和劳动人事制度、完善社会保障制度，促进劳动力人才的流动，逐步形成全国统一的劳动力市场；规范和发展房地产市场；加快技术、信息市场的发展。

第四，建立健全市场中介组织，发挥其服务、沟通、公证、监督作用。目前要着重发展会计师、审计师和律师事务所，公证和仲裁机构，计量和质量认证检验机构，信息咨询机构，资产和资信评估机构等，并制定相应的法规制度，规范这些机构的中介活动。同时，还要注意发挥行业协会、商会等组织的作用。中介组织要依法通过资格认定，依据市场规则和法规建立自律性运行机构，承担相应的经济责任和法律责任，并接受政府有关部门的管理和监督。

第五，采取积极措施，改善和加强对市场的管理和监督。建立起正常的市场进入、市场竞争和市场交易秩序，保证公平交易，平等竞争，保护经营者和消费者的合法权益。坚决依法惩处生产和销售假冒伪劣产品、欺行霸市、牟取暴利等违法行为。提高市场交易的公开化程度，建立权威的市场执法和监督制度，加强对市场的管理。

第三节　社会主义市场经济的市场规则

市场作为监护商品交换的当事人的复杂经济关系，其运行过程需要有市场规则的导向和规范，离开了市场规则的制约，市场运行过程必然会紊乱甚至出现市场灾变。因此，市场规则作为市场运行机制的基本准则，是市场制度的重要内容，是促使市场行为规范化、制度化和法律化的基本前提。从我国市场的现实状况来看，市场制度的发育和完善，不仅需要通过完善市场机制及市场体系等促进市场有序运行，而且必须通过加快市场规则建设来促进市场规范运行。只有这样，才能使我国的市场经济进入有序的成熟的运行状态，从而迅速健康地发展。

一、市场规则的实质及意义

（一）市场规则的实质

所谓市场规则，就是国家凭借政治权力而按照市场运行机制的客观要求所制定的市场活动诸主体都必须遵守的制度。因此，市场规则实质上就是以法律、法规、契约、公约等形式规定下来的市场运行的准则，这些准则成为各市场主体的市场行为的规范，或者说市场规则的实质就是把各种市场主体的经济行为合理化、有序化、契约化的规章制度。当然，这些旨在规范市场主体行为的市场规则，绝不是人们主观随意的产物，而是市场运行过程的内在要求，是人们在长期的市场实践中逐步探索和总结出来的客观经济规律的反映。也就是说，市场规则是市场运行过程的内在要求的法制化和外在化，是不以人们的意志为转移的。

价值规律是市场经济的基本规律，市场运行过程的内在要求，实质上就是价值规律的内在要求。价值规律的内在要求表现在两个方面；第一，各自独立但又相互依存的商品生产者通过交换商品的形式交换劳动，这种劳动的交换是以社会必要劳动时间为尺度的，因而劳动交换表现为价值交换，形式为等价交换，等价交换是价值规律的最本质要求。第二，商品生产者在进行等价交换的过程中，其劳动能否被社会承认或承认多少，既取决于其劳动的质量和数量，又取决于其劳动是否符合社会劳动的分配比例，因而交换过程表现为竞争，这种平等竞争构成了价值规律的重要内在要求。价值规律的等价交换和平等竞争的要求，具体通过市场运行表现出来，因而等价交换和平等竞争是市场运行过程的最本质要求。作为市场运行过程内在要求的法制化和外在化的市场规则,必须反映等价交换和平等竞争这两个市场运行过程的最主要内容。换言之,等价交换和平等竞争是市场规则中最根本最核心的内容,其他各种规定都是由此而派生和扩展的。

(二)市场规则的意义

正是由于市场规则反映了市场运行过程的内在要求,因而市场规则对于保证市场规范而有序的运行有着重要意义。

1.市场规则是引导商品生产者有序地进行市场活动的重要保证。市场是众多商品生产者进行竞争和交易的场所,它直接涉及每个生产者经济利益的实现。如果没有统一的市场规则,某些人就可能欺行霸市、巧取豪夺,伤害其他当事人的利益,扰乱市场秩序。所以,只有每个商品生产者都在市场规则的制约下活动,市场才能有序地运行。

2.市场规则是市场有效发挥其功能的重要前提条件。市场功能,就是要调节市场供求平衡和促进企业加强管理与技术进步。这一功能的实现需要有等价交换和平等竞争的客观条件,而市场规则正是创造和维护这一条件的有力保证。

3.市场规则是保证市场有序化的最基本手段。市场规则以法制为基础,具有严肃性、强制性和广泛适用性,这就使得市场秩序规范化、制度化、法律化。所谓规范化,就是市场主体在经济关系、经济行为和市场伦理等方面有明文规定的标准;所谓制度化,就是指市场主体必须共同遵守一定的办事规程或行为准则;所谓法制化,就是指国家用强制力约束市场主体必须按市场规则行事。总之,市场规则是保证市场有序运行的最基本条件。

(三)市场规则发挥作用的过程

市场规则发挥作用的过程可以分为两个方面。一方面,是通过对市场主体是否有参加市场活动的资格的判断来规范市场运行过程。也就是禁止那些会给市场运行过程带来紊乱因素的市场主体进入市场运行过程,以此来保证市场的有序化运行。另一方面,是通过确定进入市场运行过程的各市场主体的行为及协调它们之间的关系,来规范市场运行过程。也就是说,市场规则对于市场主体的市场行为都作了具体规定,以防止某些市场主体在追求自身利益中损害他人利益,并且对于市场主体之间的利益矛盾都规定了协调办法,以求得市场的公平与效率。总之,市场规则的作用是体现在整个市场运行过程之中的。

(四)市场规则的基本特征

市场规则作为规范化市场运行过程的规则,必须具有这样几个基本的特征:

1.科学性。即制定市场规则要有科学的依据,不能凭主观行事。市场规则是一种无形的、特殊的公共产品。其主要供给者是国家。国家一定要根据市场经济运行规律的内在要求制定市场规则,使各种法律、法规和政策与市场经济的本质相适应。法国重农学派的代表人物魁奈指出:在人类社会的有机体中,特别是在社会经济生活中存在着不以人的意志为转移的“自然秩序”,即内在的客观规律,只有当人们认识了内在规律,并依此来制定“人为秩序”即各种经济法规和制度时,社会经济运行才会处于健康状态。所以要发挥市场规则优化市场秩序的作用,必须使制定出来的规则具有科学性。

2.普适性。即在市场规则面前人人平等,任何人都不能高居于法律、制度之上,任何制度都不应当把人分为三六九等,不应在不同集团之间亲此疏彼,不能根据人们在财富、影响力、种族或宗教方面的地位,有判别地运用规则或惩罚。普适性要求市场规则的作用是普遍的,任何人、任何组织、任何地区都应在统一的游戏规则下行事,不存在任何超市场、超经济的特权。市场规则的这一特征反映了市场经济平等性的要求。

3.统一性。市场规则是一个庞大的体系,统一性要求体系内的各个组成部分之间不能互相矛盾,要求各种形式之间要互相协调、互相促进,要求市场规则发挥作用时能形成一种合力。比如说法律和道德是市场规则的两种重要形式,统一性要求法律与道德必须兼容, 要求司法系统能支持一个社会的文化习惯、道德、传统,只有这样才能节约制度的运行成本。当市场规则体系内部变得相互矛盾时,规则的作用就无从发挥。

4.稳定性。稳定性有两层含义:一是市场规则必须是明确的,可认识的,它必须能就未来的环境提供可靠的指南。明确的规则意味着一般的公民都能够清晰看懂规则的信号,都知道违规的后果。即规则应是简单的、透明的、易于理解的,对违规的惩罚应得到清晰的传达。任何隐晦的、含糊的法律和秘密法令都形不成有效的规则,都违背了规则的明确性。二是规则应相对稳定,不易多变,不能朝令夕改。稳定的规则有助于提高制度的可信赖度,有助于人们养成习惯,有助于减少制度的执行成本。总在变化的规则,不利于被人了解,会扰乱人们的预期,在引导人的行动上效率比较低。总之,稳定性要求市场规则应是简单、透明、相对稳定的。秘密法令,含糊、多变的法律,违背了稳定性原则,因而不能成为市场规则。市场规则的稳定性一方面有助于提高制度的可信赖度, 另一方面也存在着使制度僵化的危险。为了避免制度僵化,市场规则必须有可调整的余地,必须是开放的。开放性要求随着形势、环境的变化,适时适地调整市场规则,一旦新的环境演化出来,规则必须调整,这样才有利于市场主体通过创新行为对新环境作出反应。

5.强制性。即市场规则一经确立,必须严格执行,不能建立在可商议的基础上。任何人都不能拒绝接受或者违背市场规则,否则就会受到严惩。

二、市场规则的主要内容

如前所述,市场规则是一个包括市场运行过程的各个方面的行为准则的规则体系,其内容构成是极为复杂的。但这并不是说市场规则无主次之分。市场规则的主要构成部分是复杂的市场规则的主干和支撑点，整个规则都是依据这些主要构成部分而展开的。因此，研究市场规则，主要是分析这些构成内容，它包括市场进出规则、市场竞争规则和市场交易规则。

(一)市场进出规则

所谓市场进出规则，就是指市场主体和市场客体(即商品)进入或退出市场的法律规范和行为准则。因此，市场进出规则实际上是对某个市场主体或某种商品能否进入或退出市场进行评判。也就是说，哪些市场主体可以进入或退出市场，哪些商品可以进入或退出市场，都要在市场规则上反映出来，由市场进出规则确定。市场进出规则既可以通过把那些不符合进入市场的市场主体及商品拒之市场之外的方式，来维护市场的有序运行，又可以通过不允许那些应该在市场之中的市场主体及商品退出市场的方式，来维护市场的有序运行，满足居民和厂商的需要。

市场进出规则首先是从规范市场主体行为来保证市场的有序运行。在这方面，市场进出规则的主要功能是：

1.规范市场主体进入市场的资格。也就是说，要对市场主体进行统一的和全面的资格审查和明确市场主体的应有条件，确认各个市场主体的合法身份，并且应由政府有关部门颁发一定的证明(如营业执照、经营许可证、经纪人证书等等)，方能进入市场进行经营活动。一切非正规的市场主体不得进入市场。

2.规范市场主体的经营功能。也就是说，市场主体在进入市场之前，都必须明确其经营范围、经营项目、经营渠道，并且要实现规范化，不能随意变更。

3.规范市场主体的责任和义务。也就是说，市场主体必须按照市场规则的有关规定进行合法经营、照章纳税，必须自觉接受工商管理部门、财政和银行部门的监督管理。

4.规定市场主体退出市场行为。也就是说，市场主体退出市场要符合市场进出规则的有关要求，不能随意进行，以保证市场供求格局的合理性，防止因某些市场主体退出而造成市场垄断和市场缺位。

市场进出规则还要通过保证商品使用价值的有效性，来保证市场运行的有序化。即市场进出规则要对进入市场的商品的使用价值作出明确的质量规定和要求，并采取有力措施防止伪劣假冒商品进入市场。在这方面，市场进出规则要对进入市场的商品作出全面规定：(1) 商品的质量要符合要求，低劣商品不能进入市场，以保证商品使用安全和维护消费者权益；(2)商品的效用要符合社会利益，那些不利于社会安定和有害于人民身心健康的商品不能进入市场；(3) 商品要名副其实，商品的实际质量要与说明书相符，要坚决贯彻商标法，任何假冒商品都不能进入市场；(4)商品的价格、计量和包装等，都要符合要求，否则不能进入市场。

总之，对进入市场的商品从质量到价格等都要作出明确规定，通过净化进入市场的商品来保证市场的有序运行。

市场运行比较紊乱的一个重要原因，就是市场进出规则不健全和执行不力，致使一些不符合要求的市场主体和商品进入市场，扰乱了市场的有序运行。例如，某些不符合要求的市场主体混入市场，他们争利于市、行业不分，随意改变经营范围，结果造成了各种"贸易大战"和"囤积热"不断发生，导致市场极大的波动和紊乱。又例如，某些商品未经物检、质量检查就进入市场，给生产和生活带来很多麻烦；还有不少的假冒商品冲击市场，严重侵害了消费者权益，造成市场混乱。因此，必须严肃市场进出规则。首先，任何市场主体进入市场都必须明确经营范围、经营重点和经营渠道，只有在符合社会主义市场规则的条件下才能进入市场。其次，任何商品进入市场都必须经过严格审查，包括物检、质检、计量检查等，不符合规定的低劣商品和假冒商品一律不准进入市场。

(二)市场竞争规则

所谓市场竞争规则，实际上就是以法律形式维护公平竞争的规则。市场竞争要求市场主体之间进行平等的交换，平等地进行各种市场竞争。即机会均等、公平竞争。因此，作为维护市场公平竞争的市场竞争规则，就是要把超经济制约的行政特权的干预、垄断和市场分割造成的封锁以及拉关系和"走后门"等各种干扰，作为主要反对目标。它要求市场主体靠自己的劳动技能和经营才干，靠对市场信息的捕捉和综合判断，靠提高效率和成本的节约，来获取竞争收益。实践证明，商品是天然的平等品，公平竞争是市场有序化的基本要求，没有公平竞争，就不可能实现优胜劣汰，也就不可能发挥市场的积极作用。

市场竞争规则要反映公平竞争的内在要求，其中主要是：(1)使市场主体都能够机会均等地按照统一市场价格取得生产要素。(2)使市场主体都能够机会均等地进入市场并按照市场状况自主地出售自己的商品，包括机会均等地制定价格和确定销售地区等。(3)使市场主体都能够平等地承担税负及其他方面的负担，没有任何优惠或不公正的负担。(4)维护所有方面的平等竞争，如劳动者之间的就职机会均等和经营机会均等等。也就是说，市场竞争规则必须充分反映公平竞争的全部内在要求，以保证市场的公平竞争。

根据公平竞争的内在要求，竞争规则必须要从三个方面来规范竞争，使公平原则得以贯彻其中。

首先，要保证各市场主体有公平的竞争环境，禁止垄断及各种非公平因素。其中主要包括：(1)消除条块分割和封锁，打破部门和地方政府人为造成的各种阻碍竞争的壁垒。(2)把市场中大量存在的各种特殊待遇和种种照顾，以及"后门关系"和各种保护落后的做法，统统从市场活动中排除掉，防止这些因素造成非公平竞争。(3)使资金、技术、人才等各种生产要素能自由流动，让任何企业都能从市场上顺畅地获得自己所需要的生产要素，打破各种类型的生产要素垄断。(4)破除企业在行政上的各种等级差别，确立所有企业平等相待的观念，并且实行公平税负原则和公平价格原则,以确保公平竞争。(5)反对和防止各种人为造成的垄断,包括幕后交易、排他性规定、价格歧视、不正当的竞争或欺诈行为等,以维护市场的竞争环境。

其次,要规范各市场主体的竞争行为,禁止各市场主体的非法竞争行为。应禁止的非法竞争行为主要有:用虚假广告和欺骗资料来招揽顾客;盗用和模仿别人的商标;强制顾客接受其没有订购的附加物件和其他物件;损害别人的广告和商誉;散布有关竞争对手的不符合事实的流言蜚语;阻止第三者同竞争对手的正常业务往来;采用不正当的手段压价供应;单方面地把风险强加给弱者;把回扣和行贿等不正当行为作为竞争手段。

第三,要规范竞争商品,防止竞争者使用假冒伪劣商品进行竞争,损害竞争的公平性。(1)要求商品包装、规格、商标以及产品"三包"等实行标准化。(2)要求产品质量、计量标准、构成成分、性能及等级公开化。(3)要求产品必须符合卫生物检、质量规定等各方面的要求,通过商品质量竞争而保证竞争的公平性。

总之,市场竞争规则是保证市场公平竞争、维护市场机制正常作用的重要法规。在这方面,发达国家积几百年经验而制定出了较为完善的规定和条例,如反托拉斯法、公共管制、公共产品使用、外部影响和环保政策等,这些我们都应大胆地吸收和借鉴。我国目前在市场竞争规则方面还存在许多问题,其中主要是:规则不完善,有许多应该有的规则并未制定出来;规则执行不力,已有的规则也得不到很好的执行。因此,今后我们应从这两方面着手来进一步健全市场竞争规则,把那些尚未制定的规则尽快地补充上来,同时要严格执行已出台的各项规则,对那些违反市场竞争规则的企业和个人要给予制裁,以维护市场法规的严肃性。

(三)市场交易规则

市场交易规则是市场主体进行市场经营活动的准则与规定,它表明市场主体在市场交易中应遵守的原则和行为规范,是维持市场正常秩序的基本保证。如果没有市场交易规则,市场主体的交易行为就会无章可循,就不可能有良好的市场秩序。

市场交易规则的首要职能是规范市场交易方式,要求市场交易规范化。其中主要包括:(1)交易公开化,即一切交易活动都要在有组织的市场上公开进行,明码标价,公平交易,不允许幕后活动与黑市交易。(2)交易货币化,即交易以货币为媒介,让货币执行价值尺度的职能,以防止不等价交换和不公平交易,使交易建立在货币价值尺度的基础上。(3)信用票据化,即通过信用票据而促进商品交换,并使商业信用规范化。(4)交易规则化,即交换必须依据规则进行,如经营场地规则、计量器具规则、批发和零售规则等,以形成良好的交易秩序。

市场交易规则的第二个职能是规范交易行为。在这方面,市场交易规则主要是要形成自愿的而非强制的公平交易,使买卖双方进行双方互惠和货真价实的买卖活动，反对和禁止强买强卖、巧取豪夺、坑蒙拐骗等非法行为。为此，市场交易规则一方面是要求交易双方规范地进行交易活动，禁止各种非正当交易；另一方面是为双方的规范交易创造良好的环境条件，包括反对各种垄断和改变严重短缺或严重过剩的市场格局，为市场规范交易创造良好的市场环境。

市场交易规则的第三个职能是规范交易价格。价格规范化是市场交易有序化的重要内容和基础，市场混乱往往突出表现为价格的混乱，因而市场交易规则必须把规范价格作为重要的内容。市场交易规则要明确价格形成制度，对于包括作价原则、作价方法、申报和监督制度在内的一整套价格形成过程，都要作出明确规定，不允许任何交易者违背价格形成制度。市场交易规则规范交易价格的重点，是防止无根据定价，牟取暴利及不必要的转手加价，特别是有意识地搞涨价风潮，破坏市场价格的稳定。总之，市场交易规则要通过各种规定而使价格形成机制规范化，通过规范价格而保证市场有序运行。

三、有效发挥市场规则的作用

市场规则发挥作用，需要各方面条件的配合，其中主要有下述几个方面的条件。

（一）良好的市场环境

市场规则要能够很好地发挥作用，就必须有良好的社会条件。而其中最基本的社会条件就是要有比较好的市场环境。所谓比较好的市场环境，就是指：

1.市场供求关系大体平衡，既不是严重的总需求膨胀，也不是严重的需求不足。如果市场处于短缺环境中，产品供不应求，就会形成卖方市场，就很难避免层层倒手、轮番涨价、商品搭配、票证供应、黑市交易、权钱交易等非法手段的发生。而如果市场处于疲软环境中，大量产品积压库存，也难免出现竞相削价、企业亏损、信用危机、债务拖欠等问题。因而应通过宏观政策促使市场供求基本平衡。

2.市场信号清晰化，即市场信号能灵敏地反映市场状况，使市场主体有一个科学的经营依据，从而使市场规则起作用。市场信号首先是价格信号，还有利率、税率等其他市场参数。市场信号是企业经营决策的晴雨表，市场信号清晰而灵敏，就能帮助企业作出正确决断，否则，就会作出错误导向。因此，市场信号清晰状况与市场规则的作用是相辅相成的。

3.市场行为透明化，即市场主体的行为比较公开化，能使整个市场状况清楚地表现出来，从而使市场规则的贯彻和检验能有效地进行。

（二）良好的经济体制条件

市场规则发挥作用还要有良好的体制基础。因此如果经济体制不完善，企业缺乏自主经营、自负盈亏的经营权，就不能按市场规则行事，市场主体的市场行为就失去了规范化的体制基础，必然引起市场关系紊乱。市场规则对于保证市场秩序是重要的,但如果没有良好的体制基础,其作用也是极其有限的。因此,必须为市场规则的作用创造良好的体制基础。一般说来,市场规则发挥作用的体制基础主要包括:

1.企业是自主经营和自负盈亏的商品生产者。只有这样,企业才能在市场上进行公平竞争和等价交换,自觉遵守市场规则。

2.企业产权明晰化。因为市场规则的核心内容是等价交换和平等竞争,而这两者又都是以交换双方有明确的产权为前提的,因而市场规则发挥作用要求企业产权明晰化。我国市场规则作用受限制的一个重要原因,就是企业产权不明晰,结果造成了市场规则作用弱化。因此,必须明晰产权,使市场规则有一个良好的产权基础。

3.资源流动市场化。因为如果资源不能依据市场状况而流动,而是靠行政调拨,那么关卡压的封锁割据,以及拉关系、走后门、行贿受贿等非法市场行为就会盛行,其结果必然破坏市场规则,使市场规则无法起作用。

4.市场关系契约化。因为市场关系契约化,市场主体行为就会受到法律的保护和约束,从而使市场规则所要求的信用关系、合同关系和交换关系,才能通过法制的形式确定下来,保证市场规则的贯彻实施。

(三)良好的保证手段

市场规则的有效作用还需要有一定的保证手段使其得以有效贯彻实施。市场规则的保证手段是多方面的,其中最主要的是法律手段。法律手段包括以下几个方面:

1.立法。包括制定公司法、交易法、商业法、计划法、价格法、竞争法、会计法、审计法、回扣法等。我国在这方面还存在许多问题,其中主要是立法体系不全面,有些市场活动未形成法律规定;产品经济的痕迹比较明显,未能反映市场经济的法律要求;立法的法律效力与范围不明确,难以界定执法与违法的政策界限。因此,我们必须尽快完善市场立法。

2.执法。在这方面,我们面临的主要问题是有法不依。为此,必须加强市场执法。其中主要包括:(1)强化执法部门执行市场法规的约束力,执法部门对于违反市场法规的责任人不仅要追究行政责任和经济责任,而且也要依法追究刑事责任。(2)加强执法部门执行市场法规的职责,排除各种行政干预及不正之风对执行市场法规的干扰,并且加强对执法部门的各种监督。(3)完善诉讼制度,树立法律权威,扩大审判手段在市场纠纷中的适用面,防止以经济处罚代替刑事处罚。(4)加强执法队伍的建设,不仅要在数量上确保执法的需要,而且要注重执法队伍的法律意识和政策水平,以提高执法队伍的素质。

(四)不断提高市场主体的素质

市场规则的有效作用,最终还需要市场主体,即人的素质的提高。因为,市场规则既要由人来制定和完善,也要由人来实施与执行,没有较高素质和具有法制观念的市场主体,市场规则是无法发挥作用的。因此,市场经济越是发展,就越要注重人的培养,注重人的素质的提高。市场发展与人的素质的提高是相互促进、相互依赖的。初级形式的市场经济,市场规则残缺不全,这是与低素质的人相联系的;现代的市场经济要求有内容齐全的市场规则,同时也需要有能执行市场规则的高素质的人。在我国,无论是商品生产者和经营者,还是商品的购买者和消费者,都有待提高市场经济中的法制观念。生产经营者要提高遵守市场规则的自觉性,合法经营;消费者也应学会利用法律手段维护自己的正当权益,促使市场规则的作用得到真正发挥。

第七章　社会主义市场经济的宏观调控

政府对市场进行宏观调控是现代市场经济的一个基本特征。我国要建立的社会主义市场经济体制，就是要使市场在社会主义国家宏观调控下对资源配置起基础性作用。本章主要阐述社会主义国家进行宏观调控的客观必然性，宏观调控的目标、内容，调控的方式和手段。

第一节　社会主义市场经济下政府宏观经济调控的必要性

世界各国经济发展的历史证明，市场经济的稳定发展离不开国家宏观调控。加强国家的宏观调控职能是现代市场经济客观规律的必然反映。

一、社会化大生产要求宏观调控

社会化大生产具有高度发达的社会分工，消费资料与生产资料的生产部门和服务产业部门，在相互联系、相互依存的关系中，构成了国民经济的有机整体。要使这样庞大的国民经济有机整体内的各部门、各地区和各企业之间保持大体合理的比例，就要求有统一的协调和指挥。马克思曾经指出："一切规模较大的直接社会劳动或共同劳动，都或多或少地需要指挥，以协调个人的活动，并执行生产总体的运动——不同于这一总体的独立器官的运动——所产生的各种一般职能。一个单独的提琴手是自己指挥自己，一个乐队就需要一个乐队指挥。"[①]在市场经济条件下，能够实现指挥、协调社会经济职能的只能是国家。市场作为资源配置的基础，具有灵活性和有效性的特点，有利于促进生产和需求的协调，推动技术进步，提高社会资源的利用效率。但是，市场不能反映社会需求的长期趋势，难以自动地实现社会供给与需求的均衡，更难以自动地使经济主体的眼前利益、局部利益与社会的长远利益、整体利益有效结合，容易导致某种程度的自发性和盲目性。可

① 马克思.资本论：第1卷[M].北京：人民出版社，1975：367.

见,市场经济不能完全满足社会化大生产的客观要求,不能自动地使社会再生产按比例地顺利进行,所以必须由国家的宏观调控来协调与指挥。

二、市场失灵需要宏观调控

所谓市场失灵,是指由于市场本身的某些缺陷和某些外部条件的限制,不可能通过单纯的市场机制达到资源有效配置的最佳状态。市场失灵在发达资本主义国家已经得到充分的验证。我国改革开放以来的实践证明,即使在社会主义条件下发展市场经济,也难以完全避免市场失灵的问题。市场失灵或市场缺陷主要有以下几方面的表现:

1.市场竞争的不完全性会导致市场失灵。传统的市场理论总是以完全竞争为假设前提,并认为在市场配置社会资源条件下,供给能自行创造需求,在供给恒等于需求的条件下就能实现资源的最佳配置状态。如果说在自由竞争资本主义时期,这种观点还能够在一定程度上反映市场的实际,那么进入了垄断资本主义后,特别是20世纪30年代资本主义世界的经济危机,则证明了以完全竞争市场为假定的市场理论存在着不可克服的缺陷。首先,完全竞争市场的存在条件是很难实现的。因为一个完全的竞争市场必须具备下列条件:有大量的卖者与买者,他们中的任何一个都不能影响商品的价格;所有厂商供给的产品都是同质的,没有差别的;各种资源的流动是完全自由的;买卖双方对市场的信息具有完全的了解。其次,即使完全竞争市场曾经存在过,但随着自由竞争的发展,最终必将形成垄断。垄断虽然不能消除竞争,但完全竞争的市场结构必然被垄断所打破,以完全竞争为基础的市场理论就失去了赖以存在的前提。再次,某些资源由于地理位置、距离市场的远近、信息畅通与否,以及专有技术的开发和特权获取等差异,也都会引起某些资源或产品在市场上的垄断。最后,即使在现实的市场中,存在着某种完全竞争的特殊市场,其资源配置的有效性也仅仅是一种可能性趋势,并不是一种必然。市场竞争的不完全,必然导致市场在资源配置中的缺陷与不足,与纯粹理性的推论存在着距离。

2. 经济的外部性不可能在一个企业内部表现出来。经济的外部性或外部效应, 是指经济主体的经济决策或行为给其他的经济主体或社会带来的经济影响。例如,某地兴建一个工厂,会对该地区经济的发展带来好的影响,然而这种外部经济并不能体现在该工厂的内部经济核算上;反之,有些经济活动给企业带来了极大的内部经济效益,却破坏了周围的环境,产生了污染,这种环境污染也不能在企业内部的成本中表现出来,所造成的社会损失是一种外部经济。对于这一问题,市场这只“看不见的手”是无能为力的,市场机制不能对这种外部经济进行评价。因此,必须由政府的宏观调控与管理来克服外部经济的缺陷。

3.公共物品的供给不能由市场机制来调节。公共物品或准公共物品是相对于私人物品而言的。私人物品有两个基本特征:一是所有权的排他性,即能够在财产权上明确物品的归属;二是消费上的竞争性。从本质上说,市场是对于私人物品的资源配置方式,只有在私人物品的范围内,市场才能是有效率的。而公共物品的基本特征是,投资规模大、生产周期长、利益分享、成本收益比不对称,如国防产品、消防、城市卫生、文化体育设施等,市场机制无法通过自发调节来解决公共物品的供给,只能由政府的宏观调控方式来进行。

4.市场机制本身不能解决社会目标问题。市场经济遵循的是效益最大化原则,但这一原则会带来许多社会问题,如失业、通货膨胀、两极分化等,这些问题是市场机制带来的与社会目标相矛盾的负效应,必须通过政府的宏观调控加以克服。此外,在社会目标的选择上,社会不同阶层的要求不同,对不同的社会目标就有一个协调问题,这一问题也只能通过政府的宏观调控才能实现。

5.市场对资源配置的调节是一种事后调节,会引起经济波动。在市场经济条件下,企业的生产决策是在分散状态下作出的,这就很难使供求结构始终保持平衡。此外,从企业根据市场价格信号作出生产决策,到生产出产品并出售,有一个时间滞后过程,难以保证企业生产的产品始终与需求相一致。一旦供过于求,就会出现产品积压,产量下降,工人失业,市场萧条,市场经济正是以这种萧条的代价来达到资源的重新配置。可见,这种事后调节所引起的经济波动,是以资源浪费为代价的。在市场经济条件下,凡生产周期较长的产品都免不了发生波动,虽然期货市场能部分地消除短期波动,但不可能完全解决问题。必须有政府的宏观调控来加以引导和调节。

6.市场不能自行维护市场秩序。市场秩序包括保护市场交易双方的合法权益,打击假冒伪劣商品和其他侵权行为,反对垄断,保护竞争,这一切只有通过政府的法律手段才能实现,市场本身是无能为力的。

此外,市场本身不能解决宏观总量的均衡问题。对于宏观经济总量的均衡,必然要通过政府的宏观调控才能解决。

三、宏观调控是世界各国发展市场经济的经验总结

市场经济首先是在资本主义国家中发展起来的。20世纪30年代以前,资本主义各国都信奉亚当·斯密提出的那只"看不见的手"可以自动地、完善地调节整个社会经济,于是亚当·斯密提出的"干预最少的政府就是最好的政府"成为各国政府的信条,政府严格地充当着社会经济"守夜人"的职能。直到20世纪30年代,资本主义世界的经济危机才使经济学家与各国政府认识到在生产社会化程度不断提高的条件下,仅仅依靠市场来调节整个社会经济是不行的,没有政府对经济有效的干预就难以走出危机。于是,凯恩斯主义被各主要资本主义国家的政府所接受。第二次世界大战以后,联邦德国取消了战时统制经济,在发挥市场配置资源作用的同时,实行了政府对社会经济的调节和干预,即实行"社会市场经济"。日本

取消战时统制经济后，在恢复国民经济过程中充分发挥了市场机制的作用，同时也由政府对国民经济进行计划引导，从50年代起实行由中央政府编制五年、七年、十年计划，并取得了良好的效果。法国在经济增长过程中，建立了中央计划委员会，多次制订了中长期计划。即使像美国这样的“分散型市场经济”中，政府的宏观调控也越来越加强。实践证明，现代市场经济的发展，离不开政府的宏观调控。宏观调控是现代市场经济必不可少的条件，它作为一种经济手段，本身不存在姓“社”姓“资”的问题。

四、我国经济运行格局的变化必须加强宏观调控

经过三十多年的改革开放，我国市场经济得到了迅速发展，在市场经济发展水平较高的地区，市场作为资源配置的基础已经初步形成。具体讲，我国经济运行格局的主要变化有：

1.从市场主体看，我国经济运行的微观基础发生了深刻的变化。国有企业随着改革的推进，利益动机增强，市场供求和价格信号已成为生产、经营和投资决策的主要依据。但是，经营机制还没有根本转变，自负盈亏、自我积累的发展机制和约束机制没有完全形成，投资行为缺乏理性，经济效益参差不齐，相当一部分企业生产经营困难，主要原因是企业还没有真正实现由计划经济向市场经济的体制转轨。与此同时，多种所有制经济成分得到了迅速的发展，它们的经济活动主要由市场调节，在利益机制的驱使下，难免出现与国民经济长期发展目标相矛盾的状况。因此，必须有政府的宏观调控。

2.从市场体系看，经过改革，商品市场得到了很大的发展，资本、劳动力、技术、信息、房地产等要素市场也有了一定的发展，市场在经济运行和资源配置中的作用不断扩大。但是，从总体上看，市场发育程度不够，市场规则和组织程度不足，不少产品特别是基础产业的产品和劳务的价格还不能完全反映供求变化，不能灵敏反映资源的稀缺程度，有些要素市场尚未充分发育，流动性较低，妨碍了市场功能的效率。因此，必须加强政府的宏观调控。

3.从地区经济发展与生产力合理布局来看，经过改革开放，我国绝大部分地区的经济得到了迅速的发展。但是，地区之间发展的不平衡状态依然存在，从某种意义上讲，还有继续扩大的趋势。资本、劳动力、技术、信息等基本生产要素趋向于经济发达的地区。市场机制、功能在经济发达地区越来越有效，而在经济落后地区却明显滞后。这种状态如果长期存在下去，势必制约整个国民经济的发展。因此，从地区经济的发展与生产力合理布局的角度看，必须加强政府的宏观调控。

在市场经济中市场作为资源配置的基础，无论从理论上看，还是从我国经济运行格局变化的实际看，都必须加强政府的宏观调控。宏观调控已成为现代市场经济不可或缺的重要内容。

第二节　社会主义市场经济下政府宏观经济调控的目标

政府的宏观调控是指政府作为经济调节的主体，运用一定的调节方式和手段，把微观经济活动纳入符合宏观经济发展所要求的状态，以引导一定的经济运行方向的行为和过程。经济调节总是根据一定的目标进行，并为实现一定的目标服务。宏观调控的目标，即宏观经济调控所要实现的国民经济运行的目的，对整个宏观经济的运行起着导向的作用，是宏观调控的基本依据，各种调节手段的运用和各种宏观经济政策的实施都是围绕着这个目标进行的，所以，它是宏观经济运行的出发点和归结点。

一、宏观调控的总体目标

政府实行宏观调控的总体目标是要保持社会总需求与社会总供给之间的大体平衡，既要防止需求不足导致的生产过剩、经济停滞，又要防止需求膨胀带来的经济过热，在特殊情形下，还要预防通货膨胀、经济停滞同时出现的“滞胀”等不正常状态，这是保持市场经济持续、稳定、协调发展的基本条件，也是促进社会经济目标实现的基本保证。

社会总供给是指一个国家在一定时期内(通常为一年)向社会提供的最终产品和劳务总量，包括国内供给和国外供给(进口量)两个部分。社会总需求是指社会上对生产出来的最终产品和劳务的有支付能力的需求总和，由投资需求、消费需求、政府购买需求和国外需求(出口需求)四部分构成。

社会总供给和社会总需求是否平衡，对于整个国民经济平衡具有头等重要的意义。若社会总供给过分大于总需求，会造成生产相对过剩、社会资源得不到充分利用、企业开工不足、劳动者大量失业，从而使社会经济衰退。若社会总需求大于总供给，就会造成商品紧缺、经济过热、通货膨胀，使人民生活水平下降，社会矛盾加深。为了保持两者之间的大体平衡，政府的宏观调控就必须尽量减弱和避免经济运行中的周期性震荡。当经济出现过热的征兆时，政府应及时干预总需求，减弱总需求过旺的势头；而当经济下滑时，政府应设法刺激总需求，增加投资和消费。

需要指出的是，在一定情形下，还可能陷于经济停滞同时伴随通货膨胀的所谓“滞胀”状态。2008 年，起源于美国次贷危机的金融危机冲击了整个世界，各国经济均受到巨大损失，很多国家陷于内需、外需同时下降的境地。很多国家的政府运用了大规模的扩张性财政、货币政策，全球性货币扩张带来明显的价格效应，导致企业生产成本上升；而同时由于全球需求的整体下滑，企业投资显著下降，各国政府只能求助于扩大内需型的政府投资，而政府投资过大反而引起“挤出效应”，进一步削弱民间投资和消费的比重，经济增长越发依赖于政府投资，宏观经济没有形成内在的增长机制，一旦政府投资下降，经济增长便无法持续，最终陷于物价上涨、经济停滞的“滞胀”状态。

对于经济滞胀，政府需要在实施扩张性财政、货币政策时，注重引导培育经济的内在需求增长机制。经济停滞的主要原因是需求不足，政府无法迅速影响外部需求（即出口需求），但可以对内部需求产生影响，如采取面向个人的扩张性财政政策（如降低个人所得税等）来增加居民收入，扩大居民的消费需求；采取面向企业的扩张性财政货币政策，扩大企业的投资需求，使经济形成一个包括居民消费需求和企业投资需求在内的可持续的内在需求增长机制。

二、宏观调控的具体目标

宏观调控的目标，是指政府在宏观调控方面所要达到的国民经济运行状态的预定目的。宏观调控目标是由若干具体目标形成的一个目标体系。从世界市场经济国家的共同经验看，宏观调控保持社会总供求平衡的总体目标，可以具体化为物价稳定、经济增长、充分就业、国际收支平衡、经济结构优化以及收入分配公平这六大目标。

（一）物价稳定

物价稳定是指保持物价总体水平基本稳定。保持物价总体水平的基本稳定，就是将物价变动保持在经济顺畅运行所允许而居民又能承受的范围内，既不发生严重的通货膨胀，又不发生严重的通货紧缩。这是国民经济持续、健康发展的必要条件。

物价基本稳定对于稳定经济，进而维持社会稳定和调动劳动者的积极性都是十分重要的。物价总体水平稳定的主要标志是：零售商品物价指数上升的幅度应低于银行存款利率的增长幅度、居民生活费用指数上升的幅度应低于平均工资的增长幅度。也有一些经济学家将物价的相对稳定具体化到具体的指标，如：物价指数每年自发上涨的幅度保持在2%～3%，即便考虑到价格的结构性调整，物价指数年上涨率也应保持在5%～7%时，物价水平可视为基本稳定，并把物价指数上涨率达到10%划定为“危险警戒线”①。为了保持价格总水平的基本稳定，政府必须采取各种措施正确处理积累和消费的比例关系、社会总供求的平衡关系、劳动生产率增长与平均工资增长率的比例关系，坚持社会购买力与可供商品量的平衡，生产建设与物质供应平衡，财政、信贷、进出口收支平衡，严格控制货币发行量，使货币的发行与经济发展的需要相适应，逐步形成“国家调控市场，市场决定

① 谭旭孙.社会主义市场经济教程[M].南昌：江西人民出版社，2006：219.

价格,价格配置资源”的良性循环。

(二)经济增长

促进国民经济持续稳定的增长是经济全面发展的主要指标,是国民经济良性运行的结果,也是经济稳定、结构合理、效益提高的一种综合体现。宏观调控的重要任务之一,就是要力争保持和实现持续适度的经济增长。在人口增长速度适中且较为稳定的前提下,经济增长主要表现在国内生产总值的年增长率上。经济增长率的水平应根据一国经济发展状况和具体条件而定,一般认为,在发展中国家,1%～3%的增长率为低速增长,4%～5%的增长率为中速增长,6%～10%的增长率为高速增长。我国宏观调控的经济增长率目标,也要从整个社会经济发展的需要、现实可能性以及一定发展时期的具体情况出发,合理确定。

(三)充分就业

实现充分就业就是在一定的工资水平和现有设备得到充分利用的条件下,把失业率控制在一定水平。就业是民生之本,充分就业既是经济健康发展的标志,也是社会公平和稳定的体现。但充分就业并不意味着实现百分之百的就业或绝对消灭失业。现代经济学认为,失业根据其原因可分为自愿性失业、摩擦性失业、结构性失业、周期性失业和隐蔽性失业等。充分就业并不是要消除这些失业,而是要减少或取消由于需求不足而引起的周期性失业,这种失业的存在减少了产量,是一种资源浪费,还可能引发社会的不稳定。实现充分就业,就是把失业率维持在社会所能接受的一个尽可能低的水平上。一般认为,实现充分就业时的失业率就是所谓的“自然失业率”,自然失业率被控制在4%～5%的范围内可以算是实现了充分就业。我国社会主义市场经济的发展,要为尽可能多的劳动者创造就业机会,国家的宏观调控应根据我国人口多、劳动力过剩并处在加速推进工业化进程阶段的实际情况,合理地确定实现充分就业的失业率指标,尽可能在生产要素优化配置的前提下降低失业率。

(四)国际收支平衡

国际收支是一个国家或地区与其他国家或地区相互之间发生的一切交易的总和,是一国对外经济活动的综合反映。国际收支平衡目标是保持一定时期内(一般按年度计算)整个国家的国际经济关系中收入与支出的基本平衡。国际收支大体平衡是社会总需求与总供给平衡和宏观经济稳定的重要标志。在开放经济条件下,一国的国际收支状况对国内经济的稳定极为重要。无论是国际收支盈余过多还是赤字过多,对经济稳定都是不利的。国际收支盈余过多会使一国的汇率上升,进口增加,失业增加;国际收支赤字过多则会使一国汇率下降,货币贬值,通货膨胀加剧。国际收支失衡还会引起国际经济关系中的贸易战,导致国际经济关系紧张。我国成为世贸组织成员国后,国际贸易数量急剧增加,国际收支将在我国宏观经济管理中占有更加重要的地位。

(五)经济结构优化

经济结构优化,是指经济结构的合理化与高级化。经济结构包括所有制结构、分配结构、产业结构、产品结构、技术结构、地区结构等,其中,产业结构在国民经济结构中处于关键地位。经济结构的合理化,就是使各种经济结构内部各构成要素保持协调的比例关系;经济结构的高级化,就是使各种经济结构内部各构成要素的比例安排,能够体现社会经济发展的方向,能够实现最有效的社会资源配置,能够适应世界新技术革命发展的要求。经济结构的优化是实现市场经济协调发展的重要条件,也始终是宏观调控的重要目标。当然,优化只能是相对的,并且优化结构也是一个不断完善的过程,某一阶段经济结构实现了优化,随着经济环境的变化,曾经协调发展的经济结构可能又会因新问题的出现需要进行新的调整。

(六)收入分配公平

公平的收入分配是关系国民经济能否顺利发展的重要环节。它有利于保持社会的稳定,为改革与发展创造良好的社会环境;同时也能够激发人们的积极性和创造性,促进劳动生产率的提高和经济的发展。通常社会分配不公有两种表现形式:一种是收入分配中的平均主义,干多干少、干好干坏一个样,这是传统计划体制的主要弊端;另一种是收入差距悬殊,主要表现为在大部分居民收入水平很低的情况下,出现了一批高收入阶层,城乡居民及东中西部地区间居民的收入水平差距不断拉大。二者都违反了公平的基本原则。前者需要引入市场机制予以解决,后者则需要政府运用税收和各种福利措施,调控收入分配的差距,促进社会公平原则的实现。

在上述六大经济目标中,前四大目标是社会主义宏观调控的基本目标,其中一些目标是相互促进的,如经济增长与充分就业;也有些目标之间存在一定的冲突,如经济增长、充分就业与国际收支平衡之间则存在一定的矛盾和冲突,如果实行扩张的经济政策来维持经济的高增长率和高就业率,有可能导致通货膨胀和国际收支不平衡;反过来,如果实行紧缩的经济政策来保持物价稳定和国际收支平衡,就会影响经济增长和充分就业。因此,应视不同时期的经济发展形势而有所侧重,并尽量做到统筹兼顾,寻求一个最佳组合。

第三节　社会主义市场经济下政府宏观经济调控的方式和手段

宏观经济的调控目标是通过一定的调控方式和手段来实现的。宏观调控的方式和手段的运用,与一个国家的经济、政治、文化等方面的因素密切相关。在具体运用中,也是根据一定状况来选择的。

一、宏观调控方式

宏观调控方式可分为直接调控和间接调控两类。直接调控就是国家主要运用行政手段和指令性计划,直接调控国民经济运行和企业微观经济活动。间接调控就是国家主要运用经济手段、法律手段和指导性计划,借助市场机制,从经济利益上引导和影响企业的生产经营行为,间接地使之符合宏观经济的总目标。直接调控和间接调控的主要区别在于是否通过市场中介。为适应以市场为取向的改革要求,我国宏观调控方式要由过去的直接调控为主转为间接调控为主,调控对象由过去的调控企业转为调控市场。党的十三大报告要求"逐步健全以间接管理为主的宏观调控体系",并且对间接调控方式作了一个简明的概括和描述:"新的经济运行机制,总体上来说应当是'国家调节市场,市场引导企业'的机制"。在间接调控方式中,企业是根据市场信号自主决策的,国家不再直接管理企业,也不能随便干预企业自主权,因而国家宏观调控的对象只能是市场。

实行间接调控的必然性在于:第一,这是建立社会主义市场经济体制的内在要求。企业作为市场竞争主体和法人经济实体,只能依据市场信号的变化来调整自己的经营计划和资源配置。在这种条件下,国家的宏观调控如果采用原有的直接管理方式,对生产要素实行调拨分配,企业没有自主权,那么市场就难以形成,市场经济体制也就无法建立和发展。第二,我国多种经济成分和多种经营方式长期并存,决定了市场和市场机制是它们之间建立经济联系并实现各自经济利益唯一可行的渠道,因此间接调控是企业最容易接受的调控方式。第三,实行间接调控有利于国家把主要精力放在宏观调控的大局上,从而提高宏观调控的有效性。

间接调控方式有两种:一种是间接的行政调控,另一种是间接的参数调控。前者是国家虽不直接经营企业,但政府机构要通过行政手段直接规定市场信号(市场价格、利率、税率、利润、工资、汇率等),或直接规定市场信号的变动幅度,这实际上是国家模拟市场。后者是国家并不直接规定市场信号,而是用它所掌握的经济参数(可控的宏观经济变量)来影响市场信号,进而影响企业的经济行为。间接参数调控的前提条件是必须有健全畅通的市场传导机制,使市场信号能随供求关系的变化而变化;企业必须是真正的商品生产经营者,能够对市场信号做出合乎常理的反应。在这些条件不具备的情况下,可采取间接行政调控方式作为向市场经济体制转变中的过渡,一旦条件成熟还是应转向间接的参数调控,以尽可能减少国家对市场的行政性限制。

间接调控方式(指间接参数调控)的作用过程是,国家根据计划目标和经济政策的要求,调整国家所掌握的宏观经济变量(如财政收支、税种税目税率、货币发行量、信贷规模、基准利率、政府直接投资额、转移支付额和补贴总额、物资和商品储备量、外汇储备等最宏观的价值形式),来影响作为中介的市场经济变量即市场信号，而市场信号的变化，会从经济利益上影响微观经济变量(如企业投资的方向、规模和结构、产值、成本、产量、工资、利润)。宏观调控以间接方式为主，并不排斥和否定必要的直接调控。直接调控方式具有有效约束性、及时性、速效性等特点。在社会主义市场经济条件下，直接调控有两方面作用：一是对经济总量和宏观资源配置的调控，在调整产业结构、选择增长速度、实施重点建设、克服薄弱环节等方面，仍需发挥直接调控的作用；二是对关系国计民生的某些骨干基础企业的生产经营活动，以及在国民经济发生重大比例关系失衡的情况下，必要时可采取一定的直接调控，以利于尽快实现产业结构的调整和总供需的平衡。

总之，适应建立社会主义市场经济体制的要求，国家宏观调控方式必须进行市场取向的改革，即由直接调控为主转向间接调控为主。这种间接调控为主的方式，主要特征就在于宏观调控是在市场调节的基础上进行的。

二、宏观调控手段

市场经济的宏观调控手段主要有经济手段、法律手段和行政手段，三大手段共同构成一个完整的系统。其中，经济手段是宏观调控的核心手段。它能够充分发挥市场机制的作用，有利于增强信息反馈的准确性、及时性和灵活性；能从物质利益角度调动各方面的积极性，较好地解决经济发展的动力问题，引导经济活动健康发展。但经济手段不是万能的。经济手段是建立在经济主体追求自身经济利益的基础之上的，利益驱动在一定情况下会使经济手段失效。另外，单纯的经济方法难以建立和维持经济的秩序性，因而我们还需要法律手段。

法律手段也是宏观调控的重要手段，它通过确定各种法律规范，为人们的经济活动确立各种准则界限。但法律手段主要调节经济运动过程中出现的不稳定因素，不具备市场动力机制，难以适应复杂多变的市场运动，因此我们还需要行政手段。

行政手段是不可缺少的宏观调控手段，特别是当社会经济活动出现严重的倾向性问题时，采用行政手段，可以很快见效。但行政手段不利于充分发挥市场机制的作用。

(一)经济手段

经济手段是国家运用经济计划和政策，通过对经济利益的调整来影响和调节经济活动的措施。主要方法有财政政策和货币政策的调整，制定和实施经济发展规划、计划等，对经济活动进行引导。

经济手段是实施宏观调控主要的、基本的手段。它是国民经济计划、经济政策和经济杠杆的统一。

1.国民经济计划是宏观经济调控的总体依据。国民经济计划是国家对未来经济发展所作的总体部署与安排。国民经济计划是国家在一定时期经济和社会发展战略目标、战略任务等宏观决策的具体化,是政府从宏观上引导和调控国民经济正常运行的基本依据和原则。国民经济计划是具有整体性、长期性、全局性并具有一定弹性的计划。它一般包括长期计划、中期计划和年度计划。

2.经济政策既是调控宏观经济的指导方针,也是实行宏观间接调控的重要手段。经济政策直接调整的是各种经济变量,通过各种宏观经济变量达到调节市场机制运行的目的。经济政策主要包括财政政策、货币政策、产业政策、收入分配政策等。

3.经济杠杆主要包括价格、信贷、利息、税收、工资、汇率等内容。经济杠杆的特点是同社会各方面的经济利益密切相关,它们的变动会引起各经济主体利益的变化,从而引导、调节和控制各经济主体的经济活动,并将其纳入宏观调节的预定轨道。

(二)法律手段

法律手段主要通过法律法规来调整各种经济关系,维护市场秩序,为国民经济的良性循环创造条件。

对宏观经济的调控除了经济手段外,往往同时采用法律手段。这是因为:(1)法律是统治阶级意志和利益的集中表现,具有权威性、强制性和普遍的约束力,可以弥补市场经济的缺陷和不足。法律由国家制定或认可,在一个主权国家范围内普遍有效,有普遍的约束力和最高权威性,并通过专门机关实施,以专政工具(如军队、警察、法庭)作后盾,对违法行为实施不同形式的强制和制裁。因此,在运用其他宏观调控政策措施的同时,还要运用法律手段弥补市场经济的缺损、缺陷和不足,才能保证其他政策措施发挥充分的作用。(2)法律具有规范作用,可以规范经济主体的经济行为,调整经济关系,规范市场经济秩序。自古以来法律就是一种调整人们行为和相互关系的规范。它规范着政府、企业、个人的市场经济行为,规范着市场经济中生产、分配、交换、消费的相互关系,维护经济主体各方的正当权益和经济秩序,从而保证市场经济健康发展。(3)法律具有引导和教育作用,可以为市场经济创造良好的社会环境。法律是人们行为和关系的规范,它告诉人们该做什么、不该做什么,如果违反法律规定应当承担哪些法律后果等,这可以引导人们按法律规范行事。通过各种法律的实施,对违法者予以制裁,不仅对被制裁的人是一种教育,对社会所有的人都具有教育作用。这一方面可以维持市场经济秩序的稳定性、连续性,另一方面也有利于增强人们的法律意识和法制观念,维持社会秩序,为市场经济健康发展创造良好的社会环境。(4)法律具有评判和保障作用,市场经济运行中的许多重大问题和矛盾必须靠法律来解决。法律作为一种社会规范,可判断、评判人们的经济行为是合法或违法,如果违法会受到什么样的法律惩罚。这不仅可以保障市场经济主体的平等地位和合法经营的正当权益,而且可以对违反市场经济规律、破坏经济正常秩序、违反法律的行为予以处罚,以其权威性、强制性来处理和解决用其他手段难以处理和解决的矛盾或问题。充分发挥法律的评判作用和保障作用,才能保障市场经济健康发展。法律手段是世界各市场经济国家干预经济所不可缺少的。

(三)行政手段

行政手段指国家通过行政机构,采取带强制性的行政命令、指示、规定等措施,来调节和管理经济,如利用工商、商检、卫生检疫、海关等部门禁止或限制某些商品的生产与流通。行政手段的特点在于:第一,具有统一性。行政手段的实施,一般有一定的范围、时间、对象。在此范围、时间及对象之内,各级政府、政府的职能部门、企事业单位和居民个人,必须按国家行政指令和行政指示的统一要求从事经济活动。第二,具有强制性。行政手段是依靠权力和权威的力量实现对经济的调节,接受调节的经济单位必须无条件地接受和执行上级机关下达的命令、指标、指示和任务,不能打折扣,更不能阳奉阴违,因为它具有很强的约束力。第三,具有快速性。行政手段的强制性和统一性的特点,决定了行政手段调节过程短,见效快。

行政手段能够补充经济手段和法律手段的不足,并同它们共同构成有效的调控体系,从而保证市场经济的有序运行。行政手段对宏观调控的作用主要体现在:(1)依靠行政手段可以有效而及时地解决全局性的问题。国民经济和社会发展中许多具有全局性的问题,如总供给与总需求的平衡、外汇收支平衡、通货膨胀的抑制、统一市场的形成、市场秩序的维护、环境污染的治理、社会保障体系的建立以及人口的控制等,单纯用经济手段或其他手段,往往会持久拖延、收效缓慢,有的则难以奏效甚至完全失效。而行政手段依靠国家行政权力,有各级政权组织保证,见效快,作用显著。(2)依靠行政手段能够有效而及时地推进有关国计民生和国防的重大项目。国家重大的工业和能源建设项目,特大水利工程、大型港口和机场及重要交通干线的建设、重大科学研究项目等,采用行政手段,辅之以经济手段,往往能集中人力、物力和财力,保证它们以及与之配套的项目按质、按量和按期完成,从而调整产业结构与产品结构。(3)依靠行政手段,可以使社会经济运行中出现的不正常状况得到迅速遏制,并使局势得到较快扭转。由于行政手段权威性强、约束力大,因而运用行政手段调节各方面经济关系,制止市场主体的短期行为,打击经济领域中违法活动往往比其他手段更易见效。同时,在发生战争、危机、灾害等特殊情况下,使用行政手段也可以迅速有效地控制国家经济生活,保证国民经济在非常时期不受损失或减少损失。

行政手段也存在着自身不可克服的局限性,主要是缺少灵活性、适应性,缺乏激励机制。凡行政手段所涉及范围内的机关团体和企事业单位,必须按统一的政策要求办事,不允许有任何特殊的经济利益。因此必然对各经济主体的自主性、积极性产生一定的抑制作用。

总之,在市场经济运行中,三大宏观调控手段很有必要,也各有局限。因此,在实际操作中应以经济手段为主,并根据不同经济发展时期的特点,综合运用法律手段和行政手段,发挥它们的总体功能,以保证对宏观经济的有效调节和控制。

三、宏观调控政策

宏观调控政策是政府为达到一定的宏观经济目标而制定的方针、原则和行为准则,它通过各种调控手段的具体运用来体现。相对于目标来说,政策也是一种手段、一种工具,但同一般调控手段不同的是,它表现了一种体现明确目标的原则和行为准则,这种原则决定了其他手段的运用,或者说,其他调控手段的运用都是在一定的调控政策的原则下进行的。

政府的宏观调控政策是一个体系,包括财政政策、货币政策、国际收支政策、产业政策、区域发展政策和收入分配政策等。

(一)财政政策

财政政策是指政府在一定时期内,为了实现社会经济持续稳定发展,通过变动财政收入和支出,以影响宏观经济活动水平的政策。它由财政收入政策和财政支出政策组成。

财政收入的主要来源是税收,税种的多少和税率的高低直接影响着税收的多少,因此,财政收入政策主要是围绕着这方面展开的。财政支出政策反映财政收入的使用情况,包括政府的拨款、转移支付、公共支出等。

财政政策的主要任务是调节社会总供给和社会总需求。根据财政政策在经济运行中调节总供给和总需求的不同功能、不同作用方向,可将其划分为平衡性财政政策、紧缩性财政政策和扩张性财政政策。平衡性财政政策是指根据财政收入的多少来安排财政支出,既不要有大量的结余,也不要有大量的赤字,通过保持财政收支基本平衡,来实现社会总供给和总需求的平衡。紧缩性财政政策是指通过增加税收来扩大财政收入,或压缩政府支出等方法来调节政府的收支,达到抑制社会总需求,使社会总供给和总需求平衡。扩张性财政政策是指通过减税来减少财政收入,或通过扩大财政支出来刺激社会总需求,从而使社会总供给和总需求平衡。

财政政策要实现调节社会总供求的目标,必须借助各种财政政策手段才能实现。这些财政手段主要有以下四种:

1.国家预算

国家预算是指经法定程序审查批准的国家对集中性资金进行统筹分配的年度财政收支计划。它是以收支一览表形式表现的具有法律地位的文件。国家预算的调节功能主要表现在两个方面:一方面是通过国家预算收支的规模来调节社会总需求的规模及其与总供给的关系;另一方面是通过预算收支结构的变动来调节供需结构的平衡和国民经济发展中的一些比例关系。由于国家预算是财政调节手段中具有计划特征的一种基本的手段,是一种按照年度制定与调整的事前的调控手段,因而它的灵活性、针对性较差。

2.国家税收

国家税收是指国家为了实现其职能,凭借政治权力按照法律规定的标准,对社会产品所进行的强制的、无偿的分配。其特点有三:一是具有强制性;二是具有无偿性;三是具有固定性。税收分配涉及社会的方方面面,既是国家直接掌握的重要经济手段,又是市场经济运行中的一个重要参数,它的变动直接影响着各个经济主体的利益。税收作为重要的调控手段,其作用主要表现为:调节生产和流通,促进市场供需平衡,保证物价基本稳定;调节国民收入分配,协调利益主体之间的关系等。

3.国家信用

国家信用是指国家按照有借有还的信用原则筹集和供应财政资金的一种分配形式,其主要形式是国家公债。国家公债一般具有有偿性、非强制性等特点。国家发行国债,通过对发行和偿还的数量、发行对象和国债利率的调整,达到对社会总供给和总需求的总量与结构进行调节的目的。在总需求不足时,国家发行国债主要以中央银行和专业银行为对象,在偿还方面,首先偿还企业和个人的国债,这将导致流通中货币的增长,刺激需求的扩张。在总需求过度时,国家发行国债,但不用其安排财政支出,形成预算盈余,就可压缩需求。如果国家向个人发行国债,所筹资金用于重点建设投资,就会导致消费需求减少和投资需求增加;如果国债由企业购置,筹资用于社会公共消费支出,则会引起投资需求减少和消费需求增加。

4.财政补贴

财政补贴是国家为某种特定的需要而将一部分财政收入直接转移给特定的经济组织和居民的一种分配形式。它包括价格补贴、投资补贴、利息补贴、职工生活补贴等形式。其中,价格补贴是最主要的形式。财政补贴的作用是:可以使那些微利行业得以存在和发展,而这些行业往往是社会需要的行业;可以扶持重点发展的行业或产品,实行产业结构和产品结构的调整;可以在一定程度上调整分配不公的现象;等等。财政补贴也有其局限性,例如,价格补贴会使商品价值与价格脱离,造成价格扭曲,使价值规律的作用受到限制。另外,过多的财政补贴会形成财政的沉重负担,还会起到"奖惰惩勤"的效果,形成新的不公平。

(二)货币政策

货币政策是指中央银行为了实现一定的宏观经济目标所制定的通过综合运用各种货币手段,来调节货币供给和利率,进而影响宏观经济的方针和措施的总和。

货币政策是国家重要的宏观经济政策,货币政策分为三种类型,即平衡的货币政策、紧缩的货币政策与扩张的货币政策。平衡的货币政策是指保持货币供应量与经济发展相适应的货币政策；紧缩的货币政策是指通过提高利率、紧缩信贷规模、减少货币供应量的方法，抑制社会总需求，达到协调社会总供给和总需求目的的政策；扩张的货币政策与紧缩的货币政策相反，是指通过降低利率、扩大信贷规模、增加货币供应量的方法，刺激社会总需求，达到协调社会总供给和总需求目的的政策。

货币政策要实现调节社会总供求的目标，必须借助各种具体的手段来完成。货币政策发挥作用的主要手段有：

1.公开市场业务

公开市场业务是指中央银行在金融市场上购买或出售政府债券，以调节货币供给，协调社会总需求和总供给的行为。当社会总需求大于社会总供给时，中央银行卖出政府债券，回笼货币，会引起利率上升，从而减少贷款需求，减少市场货币流通量，压缩社会总需求。反之，当社会总需求小于社会总供给时，中央银行购买政府债券，投放货币，由此引起利率下降，贷款增加，从而增加货币供应量，扩大社会总需求。公开市场业务对货币供给量的调节是及时的、直接的，因而成为中央银行进行宏观调节的主要手段。

2.再贴现率

再贴现率是指商业银行持有未到期的票据向中央银行再贴现时所支付的现利率，实际上是中央银行向商业银行的再贷款利率。再贴现率的调节功能主要有两个方面：一是通过提高或降低再贴现率调节各商业银行向中央银行的贷款数量，从而起到调节货币供应量的作用；二是再贴现率的变动是中央银行货币政策松紧程度和运动方向的信号，能起到指导各商业银行贷款行为的作用。当社会总需求大于总供给时，中央银行提高再贴现率，进而影响各商业银行的贷款成本，使商业银行相应提高贷款利率，增加贷款成本，从而使整个社会的货币供应量减少，抑制社会总需求的增长。当社会总供给大于社会总需求时，中央银行降低再贴现率，降低商业银行的贷款成本。同样，商业银行的贷款利息也进一步降低，投资者的投资意愿上升，投资规模扩大，增加社会总需求。

3.存款准备金率

商业银行或金融组织把自己吸收的存款按照法律的规定，以一定的比例存入中央银行，这种存款比例或比率，称为存款准备金率。中央银行在法定的授权范围内可以提高或降低存款准备金率。降低存款准备金率，可以提高商业银行的贷款能力，扩大货币供给量；提高存款准备金率，可以降低商业银行的贷款能力，紧缩货币供给量。按照货币流通规律，银行创造货币的多少与存款准备金率成反比，即存款准备金率较高，银行派生的货币存款减少。存款准备金率的微小变动，都会带来派生存款数量和货币供应量的明显变化，因此，存款准备金率是一个较强的调节手段,不宜频繁使用。

4.利率

在市场经济条件下,利率是调节资金供求的重要手段。中央银行可以通过降低和提高利率调整流通中的货币量,来促使货币资金的供需平衡。一般来说,货币供给大于需求,利率会下降,反之则上升。

(三)国际收支政策

国际收支政策指国家在一定时期内管理对外贸易和非贸易收入及支出的宏观调控方式, 即用各种法令和措施鼓励或限制进出口而保持国际收支平衡的政策。国际收支一般分为三部分:一是经常项目,包括对外贸易收支和非贸易收支。前者是商品出口的收入和商品进口的支出;后者是运输、保险费、旅游费等劳务进出口的收支,还包括对外投资和外国在本国投资的利息、股息、红利以及汇款、年金等收支。二是资产项目,包括国际投资、借款等资本往来的收支。三是平衡项目,包括官方储备资产变动与错误遗漏项目。国际收支差额反映一国对外的债权和债务情况,是影响本国货币在国际市场上地位强弱的主要因素。

(四)产业政策

产业政策是指政府根据国民经济发展的内在要求所制定的对一些特定产业进行支持、引导、限制,以实现经济结构和组织合理化的政策措施。它是一项中长期性的经济政策。产业政策一般是由产业结构政策、产业组织政策、产业技术政策、产业布局政策组成,其中产业结构政策处于核心地位。

1.产业结构政策

产业结构政策是指政府按照产业结构合理化和高级化的演变规律,规定各产业部门在国民经济中的地位、比例、作用,促进经济增长和发展的政策措施。具体涉及如何确立重点产业、支柱产业、主导产业、瓶颈产业等,以及如何扶持这些产业。产业结构政策主要侧重于调整产业结构,通过对产业结构的调整而调节供给结构,促使供给结构较好地适应需求结构的变化,协调需求结构与供给结构的关系。

2.产业组织政策

产业组织政策是指政府为了获得理想的市场效果,实现产业内资源的有效配置而制定的调节市场结构和各个企业关系的政策措施。产业组织政策一般分为反垄断政策、反不正当竞争政策等。其作用是:防止垄断性市场结构的形成,禁止企业的勾结行为,维护市场的竞争秩序,反对过度竞争和恶性竞争;通过许可证、法律授权等手段对企业的进入和退出进行规制。产业组织政策的主要目的是解决企业在市场上的行为规范问题。

3.产业技术政策

产业技术政策是指政府制定的用以引导、促进产业技术进步的政策措施。产业技术政策的内容一般包括引进新技术、开发新技术的方法,积极推进技术进步等政策和相关的奖惩措施。

4.产业布局政策

产业布局政策是指政府从全局出发,针对各个地区的综合条件,结合产业经济技术条件特点,对产业进行地区或空间的布局而制定的政策措施。产业的空间布局是否合理直接涉及国民经济的整体协调发展。

(五)区域发展政策

区域发展政策指国家依据生产力的合理布局,协调和促进各地区经济顺畅发展的宏观调控方式。实施区域政策的基本方针是兼顾效率与公平,促进优势互补、实现共同发展。区域政策的实质在于从不同经济区域的实际出发,不断调整和优化生产力布局,促进各地区各种优势资源的合理利用,在全国范围内实现资源的最佳配置。在考虑生产力的总体布局时,首先要考虑生产力宏观层次的布局,全面分析整个国民经济范围内生产力的地区分布现状、基本特征和存在的主要问题,综合评价全国及各地区的自然资源、社会经济资源及其开发利用的程度与潜力,确定解决全国生产力布局中主要问题的途径、政策和方法,实现全国生产力整体布局的总蓝图和总框架。从国家和全局看,经济的均衡发展是必要的;但从生产力发展的实际看,非均衡发展是必然的。各地区的发展应当允许有差距,坚持国民待遇原则不是市场经济的重要原则。可见,正确的区域发展政策必须把握好其中的"度"。

(六)收入政策

收入政策指政府为了影响货币收入或物价水平而采取的措施,其目的通常是为了降低物价的上涨速度。它是国家为实现宏观调控总目标和总任务在分配方面制定的原则和方针,与财政政策、货币政策相比,收入政策具有更高一层次的调节功能,它制约着财政政策和货币政策的作用方向和力度,而且收入政策最终也要通过财政政策和货币政策来实现。

收入政策目标可分为收入结构和收入总量目标选择两大类。政府在制定收入政策目标时需要考虑整个社会收入差距的可接受程度,在平等和效率之间作出选择。因为如果社会成员之间的收入过分悬殊,可能会影响到社会安定和社会需求总量,从而影响到宏观经济的健康、稳定、长期发展;反之,如果收入过于平均,则会影响到劳动者的积极性,导致宏观经济效率低下。所以,政府制定收入政策时,应在公平和效率之间作出选择,以保障国民经济的稳定增长。

为促进收入政策目标的实现,政府一般会采取以下几种措施:(1)以法律形式规定工资标准。这是为了保障社会成员的最低生活水平,保证社会安定的措施。(2)进行税收调节。政府通过完善个人所得税制度,开征遗产税、财产税等税种,调节过高收入,促进社会公平目标的实现。(3)实施工资和物价管制。这是政府在特定情况下为了实现收入政策目标而实施的非常措施。(4)增加转移支付和其他各种福利措施。例如,政府对贫困地区拨付扶贫款、对科技专家支付政府津贴,对失业者和低收入阶层发放失业补助金和救济金等。此外,政府还可以通过征收高额财产税和遗产税等,防止收入过分悬殊;通过举办公共工程等,来增加就业机会,以提高某些个人和阶层的收入。

科学、合理的收入政策在市场经济运行中起着十分重要的作用,它能促进社会公平分配,避免由于收入分配过度不均衡而带来的各种经济和社会问题。

四、国家宏观调控的基本原则

国家对于市场经济的宏观调控,应遵守以下基本原则:

1.以市场为基础。社会资源的合理配置和供需的基本协调都要通过市场来实现。宏观经济调控既要适应市场经济发展的要求,又要随时弥补市场的缺陷。这就必须突出市场配置资源的基础性作用,密切关注市场的变化,以便通过调控市场来达到引导市场主体的活动,使之与宏观调控的政策要求协调一致。

2.间接调控为主。调控市场经济,是要充分发挥市场机制对市场主体生产经营活动的调节作用、激励作用、促进作用,以及通过对资源配置的评价与导向作用间接影响市场,而不是直接干预生产经营活动。只有那些关系国计民生的重要和关键产品,以及重点工程项目或特别时期,政府才直接干预。

3.宏观效益与微观效益相统一。宏观调控应反映包括各种经济主体和各种资金等在内的整个经济活动的全貌。各项宏观调控指标口径应立足全社会,重点反映总量、结构、比例等宏观效益的情况,调控的数量界限对各经济主体应具有普遍的指导意义和约束力;注意激励市场主体微观效益的提高。宏观调控要适当集中,防止演化为过多层次的盲目干预和管制,实现宏观效益与微观效益的统一。

4.多种调控方式协调运用。宏观调控的方式和手段是多种多样的。概括地说,可分为法律的、行政的和经济的三类。前两类多表现为直接调控,后一类则多表现为间接调控。它们各有其用途和长处,也各有其自身的局限性。只有对它们协调、配合运用,才能产生较好的整体调控功效,避免顾此失彼、互相矛盾而削弱或抵消其应有的调控功效。

5.把握时点与力度。在宏观调控过程中,调控的手段与政策何时出手为好,出拳多重为好,都是需要反复考虑和认真对待的。“出手快、出拳重”不是任何时间、任何场合都需要的,也不是任何时间、任何场合都适合的。把握好宏观调控的“时”与“度”是宏观调控政策客观与科学的具体化。

第八章　社会主义市场经济中的个人收入分配制度

收入分配是经济理论中的重大问题,本章我们主要分析社会主义市场经济条件下的收入分配理论,了解现阶段以按劳分配为主、多种分配方式并存的收入分配制度所具有的长期性与客观性,了解效率与公平的关系,更深入地认识党的十七大报告中关于收入分配理论的论述。

第一节　社会主义初级阶段的个人收入分配制度

坚持按劳分配为主体、多种分配方式并存,把按劳分配与按生产要素分配结合起来,允许和鼓励资本、技术等生产要素参与收益分配,是我国社会主义初级阶段必须遵循的分配原则。按劳分配与按生产要素分配相结合是与社会主义市场经济的建立和发展紧密联系在一起的。允许和鼓励资本、技术等生产要素参与收益分配有利于提高资源利用效率,减少生产要素的闲置和浪费,优化资源配置,有利于促进科学技术转化为现实的生产力。

一、我国个人收入分配制度的变迁

我国分配制度的改革,就是要把在传统计划经济体制下形成的以平均主义为特征的分配制度,逐步转变为同社会主义市场经济要求相适应的以按劳分配为主体、多种分配方式并存的分配制度。因此,分析我国个人收入分配制度的变迁首先要了解传统计划经济体制下的个人收入分配制度。

(一)计划经济体制下的收入分配制度及其改革

从1956年生产资料所有制的社会主义改造完成到1978年中共十一届三中全会召开的二十多年时间里,我国的生产资料所有制结构中只有公有制,公有制只有全民所有制和集体所有制两种形式。与之相应的,在个人收入分配方面,按劳分配是唯一的分配方式。在全民所有制企业、城镇集体企业、国家机关和事业单位中实行工资制;在农村集体经济组织(生产队、生产大队)中实行工分制。

这时期全民所有制企业实行的工资制度有三个特点。一是工资等级、工资标准、工资水平均由国家制定。二是同一部门、同一产业、同一行业的工资等级、工资标准,基本上全国都一样,只是在不同部门、不同产业、不同行业、不同地区之间略有差别。三是企业职工的工资同本企业经营状况的好坏、经济效益的高低没有关系。不论企业是盈还是亏,职工都按工资级别照拿工资。在企业之间,只要工资级别相同,无论是经济效益好的企业还是经济效益差的企业,都是拿同样工资。

在农村集体经济组织中,农民按工分取得劳动报酬,工分的价值则取决于生产队或生产大队的纯收入。生产队或生产大队的纯收入又取决于农产品的数量和质量,但是,当时绝大部分农产品的价格是由国家计划调节(国家定价)的,所以农民的收入水平实际上也是受国家计划调节的。

总之,在十一届三中全会以前,我国的收入分配制度是一种高度集中的计划分配制度,存在严重的平均主义倾向。人们的收入与其劳动多少、劳动好坏没有关系,因而这种制度严重挫伤了人们的劳动积极性,阻碍了我国社会生产力的发展。在 1978 年 12 月召开的中央工作会议上,邓小平作了重要讲话,他提出"在经济政策上,我认为要允许一部分地区、一部分企业、一部分工人农民,由于辛勤努力成绩大而收入先多些,生活先好起来。一部分人生活先好起来,就必然产生极大的示范力量,影响左邻右舍,带动其他地区、其他单位的人们向他们学习"。[①]邓小平的这一讲话,尖锐地指出高度集中的计划分配制度和由此造成的严重平均主义、"大锅饭"分配方式阻碍了国民经济的发展。要实现让一部分人、一部分地区先富起来的目标,就必须对我国旧的分配制度进行变革。

我国对分配制度的改革首先是从农村开始的。1978 年 12 月召开的中共十一届三中全会专门讨论了农业问题, 针对因平均主义造成的劳动者缺乏积极性、生产力发展缓慢的状况,决定首先以农村为突破口进行分配制度的改革。全会提出了公社各经济组织必须认真执行按劳分配的社会主义原则,按劳动数量和质量计算报酬,克服平均主义。三中全会以后,农村普遍推行了家庭联产承包责任制。家庭联产承包责任制一方面是农业经营体制的根本性改革,即由原来的集体经营转变为家庭经营,家庭成为基本的农业经营单位;另一方面,又是农村分配制度的重大改革,"缴够国家的,留够集体的,剩下都是自己的"。这一分配方式极大地调动了农民的积极性。

1984 年以十二届三中全会为标志,全面开始推进城市分配制度改革。十二届三中全会通过了《中共中央关于经济体制改革的决定》,《决定》对深化分配制度改革,进一步贯彻落实按劳分配的社会主义原则,作出了若干具体规定:一是"企业职工奖金由企业根据经营状况自行决定,国家只对企业适当征收超限额奖金税"。二是"采取必要措施,使企业职工的工资和奖金同企业经济效益的提高更好地挂起钩来"。三是"在企业内部,要扩大工资差距,拉开档次,以充分体现奖勤罚懒、奖

① 邓小平.邓小平文选:第 2 卷[M].北京:人民出版社,1994:152.

优罚劣。充分体现多劳多得、少劳少得,充分体现脑力劳动和体力劳动、复杂劳动和简单劳动、熟练劳动和非熟练劳动、繁重劳动和非繁重劳动之间的差别。当前尤其要改变脑力劳动报酬偏低的状况"。四是"国家机关、事业单位也要改革工资制度,改革的原则是使职工工资同本人肩负的责任和劳绩密切联系起来"②。

十二届三中全会以后,随着城市经济体制改革的深入,我国在分配制度改革方面也采取了一系列重大举措:

一是改革国有企业工资管理体制,实行企业工资总额同经济效益挂钩的制度。1985年1月,国务院发布了《关于国有企业工资改革的通知》,决定改变过去高度集中的工资管理体制,实行新的工资管理体制。《通知》规定,从1985年开始,在国有大中型企业中实行企业工资总额同经济效益按比例浮动的办法,国家对企业的工资实行分组管理的体制,不再统一安排企业职工的工资改革和工资调整,企业之间因经济效益不同工资水平也可以不同。根据国务院文件精神,劳动人事部、财政部等部委共同制定并印发了《国营企业工资改革试行办法》,对企业工效挂钩如何实施的问题作了具体的规定。实行工效挂钩制度,一方面国家只对企业的工资总额进行调控,使企业有了内部分配自主权,可以根据本企业的情况选择适合自己特点的工资形式和分配办法;另一方面,企业职工工资的增长只能依靠企业经济效益的提高,克服了企业吃国家"大锅饭"的弊端,因而调动了企业生产经营者和全体职工的积极性,促进了国有企业经营管理水平和经济效益的提高。

二是改革机关事业单位的工资制度,实行结构工资制。1985年6月,国务院决定改革机关事业单位的工资制度,主要内容是实行结构工资制。所谓结构工资制,就是把机关事业单位工作人员的工资分解为四个组成部分,即按维持本人基本生活需要确定的基础工资、按担任的职务确定的职务工资、工龄工资和奖励工资。

三是开征个人收入调节税。为了调节收入分配关系,国务院于1986年制定并发布了《中华人民共和国个人收入调节税暂行条例》和《中华人民共和国城乡个体工商户所得税暂行条例》。个人收入调节税只适用于我国公民,根据来源的不同,分别按照超额累进税率和比例税率征收。

(二)以按劳分配为主体,其他分配方式为补充

通过上述分配制度改革,按劳分配原则得到进一步贯彻。同时随着所有制改革的进行,出现了一些其他的分配方式。1987年10月中共十三大召开,在收入分配问题上,十三大明确指出:第一,"我们必须坚持的原则是,以按劳分配为主体,其他分配方式为补充。除了按劳分配这种主要方式和个体劳动所得以外,企业发

① 中共中央文献研究室.十一届三中全会以来党的历次代表大会中央全会重要文件选编:上册[C].北京:中央文献出版社,1997:358-359.

行债券筹集资金,就会出现凭债权取得利息;随着股份经济的产生,就会出现股份分红;企业经营者的收入中,包含部分风险补偿;私营企业雇用一定数量劳动力,会给企业主带来部分非劳动收入"。第二,这些非劳动收入,"只要是合法的,就应当允许"。第三,"对过高的个人收入,要采取有效措施进行调节;对以非法手段牟取暴利的,要依法严厉制裁"。第四,"当前分配中的主要倾向,仍然是吃大锅饭,搞平均主义,互相攀比,必须继续在思想上和实际工作中加以克服。凡是有条件的,都应当在严格质量管理和定额管理的前提下,积极推行计件工资制和定额工资制"。①中共十三大在分配制度问题上取得了重大突破。第一次在党的代表大会报告中提出了以按劳分配为主体、以其他分配方式为补充的原则,提出了允许合法的非劳动收入。

(三)以按劳分配为主体、多种分配方式并存制度的确立

1992年10月召开的中共十四大把我国经济体制改革目标确定为建立社会主义市场经济体制,这标志着我国的经济体制改革进入了一个新阶段。十四大提出,"在分配制度上,以按劳分配为主体,其他分配方式为补充,兼顾效率与公平。运用包括市场在内的各种调节手段,既鼓励先进,促进效率,合理拉开收入分配差距,又防止两极分化,逐步实现共同富裕。"1993年11月召开的中共十四届三中全会作出了《关于建立社会主义市场经济体制若干问题的决定》。在《决定》中,对同社会主义市场经济体制相适应的个人收入分配制度作了详细阐述,提出了如下基本原则:第一,"个人收入分配要坚持以按劳分配为主体,多种分配方式并存的制度"。这一说法明确了其他分配方式和按劳分配是并存的,而不仅仅是一种补充。第二,在社会主义市场经济条件下,"劳动者个人劳动报酬要引入竞争机制,打破平均主义,实行多劳多得,合理拉开差距"。第三,"坚持鼓励一部分地区一部分人通过诚实劳动和合法经营先富起来的政策,提倡先富带动和帮助后富,逐步实现共同富裕"。第四,"国家依法保护法人和居民的一切合法收入和财产,鼓励城乡居民储蓄和投资,允许属于个人的资本等生产要素参与收益分配"。第五,"逐步建立个人收入应税申报制度,依法强化征管个人所得税,适时开征遗产税和赠与税。要通过分配政策和税收调节,避免由于少数人收入畸高形成两极分化"。②

1997年中共十五大在分配制度上提出了一系列重要观点,明确了按劳分配和按要素分配相结合的思路。十五大提出,在分配制度上:第一,"坚持按劳分配为主体、多种分配方式并存的制度"。第二,"把按劳分配和按生产要素分配结合起

① 中共中央文献研究室.十一届三中全会以来党的历次代表大会中央全会重要文件选编:上册[C].北京:中央文献出版社,1997:467.

②中共中央文献研究室.十一届三中全会以来党的历次代表大会中央全会重要文件选编:上册[C].北京:中央文献出版社,2002:293-294.

来”。第三,“依法保护合法收入,允许和鼓励一部分人通过诚实劳动和合法经营先富起来,允许和鼓励资本、技术等生产要素参与收益分配”。第四,“整顿不合理收入,对凭借行业垄断和某些特殊条件获得个人额外收入的,必须纠正”。第五,“调节过高收入,完善个人所得税制,开征遗产税等新税种”。第六,“规范收入分配,使收入差距趋向合理,防止两极分化”。①

2002 年 11 月召开的中共十六大,专门阐述了如何深化我国分配制度改革的问题。第一,要“理顺分配关系,事关广大群众的切身利益和积极性的发挥。调整和规范国家、企业和个人的分配关系”。第二,要“确立劳动、资本、技术和管理等生产要素按贡献参分配的原则, 完善按劳分配为主体、多种分配方式并存的分配制度”。第三,“以共同富裕为目标,扩大中等收入者比重,提高低收入者收入水平。”

2005 年中共十六届五中全会通过的《中共中央关于制定国民经济和社会发展第十一个五年规划的建议》进一步提出:“完善按劳分配为主体、多种分配方式并存的分配制度,坚持各种生产要素按贡献参与分配。着力提高低收入者收入水平,逐步扩大中等收入者比重,有效调节过高收入,规范个人收入分配秩序,努力缓解地区之间和部分社会成员收入分配差距扩大的趋势。注重社会公平,特别要关注就业机会和分配过程的公平,加大调节收入分配的力度,强化对分配结果的监管。”

二、按劳分配为主体、多种分配方式并存的分配制度

(一)以按劳分配为主体,多种分配方式并存的客观必然性

以按劳分配为主体,多种分配方式并存的分配制度是由社会主义初级阶段的客观经济条件决定的,它适应了现阶段生产力发展的要求,能够从分配关系上调动各方面的积极性,使社会经济资源和各种生产要素可以得到充分的利用。

1.以公有制为主体,多种所有制形式并存是以按劳分配为主体、多种分配方式并存的决定性因素

“消费资料的任何一种分配,都不过是生产条件本身分配的结果。”②所谓生产条件的分配,是指生产资料归谁所有。也就是说分配形式取决于所有制形式,所有制形式不同,分配方式也就必然不同。按劳分配是公有制所要求的分配方式,在社会主义初级阶段的所有制结构中,公有制是主体,决定了按劳分配必须要在分配结构中居于主体地位。除公有制之外,社会主义初级阶段还存在着多种非公有制经济成分,它们要求有与自己相适应的分配方式。因此,以公有制为主体、多种所

---

① 中共中央文献研究室.十一届三中全会以来党的历次代表大会中央全会重要文件选编:上册[C].北京:中央文献出版社,2002:430.

② 马克思,恩格斯.马克思恩格斯选集:第 3 卷[M].北京:人民出版社,1972:306.

有制经济共同发展的所有制结构，决定了以按劳分配为主体、多种分配方式并存的分配结构。

2.多种经营方式并存是以按劳分配为主体、多种分配方式并存的重要条件

不同的所有制形式具有不同的经营方式，即使是在公有制经济中，经营方式也是多样的，如国家经营、承包经营、租赁经营、股份制经营等。在不同的经营方式中，所有者、经营者和劳动者的职能以及他们的相互关系存在着差别，这就决定了他们获得收入的方式也是不相同的。

3.按劳分配为主体、多种分配方式并存是社会主义市场经济的客观要求

在社会主义市场经济中资源配置主要靠市场进行，通过市场配置资源意味着各种生产要素的使用都要遵循市场经济原则，要向生产要素的所有者支付代价。资本、劳动力、土地、技术、信息等生产要素的投入，都应取得相应的收入。比如通过发行股票和债券来扩大投资，就要支付一定的股息、红利和利息，劳动者购买股票、债券要获得一定的收入等。

(二)按劳分配主体地位的含义

在社会主义市场经济中，以按劳分配为主体意味着：

1.在整个社会的收入分配中，按劳分配是主体。在全社会范围内，虽然存在多种分配形式，但由于在国民经济中公有制是主体，在公有制经济中就业的劳动者占多数，因此，按劳分配在所有的分配方式中必然居于主体地位。

2.在公有制企业劳动者的收入中，按劳分配收入占主体。公有制企业中的个人收入分配不是纯粹的按劳分配，还存在着其他分配方式。如股息和利息收入、经营收入、技术转让收入等。但是，从其他非按劳分配形式中获得的收入只是公有制企业中劳动者个人收入的补充部分，体现公有制本质的按劳分配依然占较大比重。

3.公有制企业中劳动者按劳动分配的收入量，是其他所有制形式下劳动者收入水平的参照标准。

坚持按劳分配的主体地位是社会主义公有制主体地位的客观要求，也是社会主义公有制经济主体地位的标志和实现形式。否定或削弱按劳分配原则在社会主义初级阶段分配方式中的主体地位，必然会损害与削弱社会主义公有制经济的主体地位，从而动摇社会主义共同富裕的基础。社会主义的目标是实现共同富裕，这一目标的实现只能以生产资料公有制和实行按劳分配为前提。

(三)多种分配方式的类型

目前，我国各种非按劳分配方式大致有以下几种：

1.按经营收益分配

这是指企业的经营者，由于生产、销售等经营状况较好而取得的收入。经营本身也是劳动，经营作为生产管理过程中的一种综合性决策活动，它需要多方面知

识和能力的综合,其实质是一种较高级的复杂脑力劳动,这种劳动能够在同样多的时间内物化为较多的价值。因此,经营者(厂长、经理等)理所应当根据自己所付出的经营性劳动,参与经营收益的分配,获取相应的经营收入。此外,随着职工收入同企业经济效益挂钩,职工收入的多少也不仅仅取决于个人提供的劳动量,而且还取决于企业的经营者管理水平、整体劳动效率和市场机会,因而职工的收入中,也会包括一部分经营收入。

2.按资分配

按资分配是根据资本所有权和投入经济活动的资本数量,依一定比例参与社会产品的分配。这种分配方式既存在于公有制经济中,也存在于非公有制经济中。由于按资分配在市场经济中也要受资金市场供求状况的影响,因而,按资分配也是市场化的分配机制。在我国现阶段,按资分配主要有这样几种形式:(1)个人存款利息;(2)购买股票、债券而分得股息、红利;(3)租金,即财产所有者因把自己的财产租赁给他人使用而获得的收入;(4)"三资"企业和私营企业雇主的资产收入。在市场经济中,资本作为一种不可缺少的生产要素,其最大的特点在于它的增值性和盈利性。资金所有者必然要凭借其所有权取得对一部分社会产品的索取权。所以,个人资金所有权的存在是产生个人收入按资分配的原因之一。按资分配的存在有利于动员闲置资金投入经济运转,有利于刺激劳动者结存的货币收入从消费领域转移到生产领域,促进社会主义市场经济的发展。

3.按劳动力价值分配

这主要是指在外企和私营企业中工作的劳动者得到的工资收入。劳动者同企业之间是雇佣关系,靠出卖劳动力得到工资,实际就是劳动力价值或价格的转化形式。

4.按社会保障原则分配

按社会保障原则分配,是指国家为了保障社会公平,保障各部门、各地区和各行业的协调发展而采用的一种分配方式。按社会保障原则分配中的一部分要受市场分配机制调节,大部分要靠行政机制来分配,而且在很大程度上是属于平均分配。按社会保障原则分配主要表现为四种形式:(1)福利性收入。包括病、产假期间支付的工资、公费医疗、劳动保险、独生子女费、消费品价格补贴等。(2)扶持性收入。包括价格补贴、优惠贷款和财政拨款等。(3)鼓励性收入。主要是鼓励科技人员到艰苦、贫困地区或山区去工作的各种补贴。(4)救济性收入。它包括自然灾害救济、伤残人救济,以及困难户的救济等。

此外,还有按劳动成果分配,如城市个体户的收入,是他们的劳动所得。

第二节 社会主义市场经济中的按劳分配

按劳分配是马克思对未来社会个人消费品分配原则的理论概括，是社会主义公有制经济中个人消费品分配的基本原则。它体现了社会主义公有制的经济关系和社会主义阶段劳动的社会性质，是对各种剥削制度的否定。

一、社会主义市场经济条件下按劳分配存在的客观必然性

一个社会采取什么样的分配方式，是由该社会的生产力发展水平和与之相适应的经济制度，特别是生产资料所有制的性质决定的。社会主义社会个人消费品分配采取按劳分配原则，是由下列经济条件决定的：

1.生产资料社会主义公有制是实行按劳分配的前提条件。生产资料的社会主义公有制是实行按劳分配的前提条件。因为，生产资料社会主义公有制的确立，改变了生产资料所有制的性质，生产资料已不是少数资本家的私有财产，而成为劳动者的公共财产。在生产资料公有制的条件下，人们在生产资料占有关系上平等，任何时候任何人都不能凭借公有的生产资料无偿地占有他人的劳动。另外，在公有制基础上，劳动者所给予社会的，所能进行比较的，只有他们的劳动。劳动数量的多少、质量的高低，自然也就成了个人消费品分配的唯一依据。同时按劳分配也是生产资料公有制的实现，没有个人消费品的按劳分配，生产资料公有制就失去了其经济意义，劳动者对生产资料的共同占有就不能实现。

2.劳动分工，特别是旧式劳动分工的存在是实行按劳分配的重要原因。劳动分工，特别是旧式劳动分工的存在，不仅束缚了劳动者的全面发展，而且也引起劳动差别的长期存在，这种差别在分配上应予以承认，并在个人消费品分配上反映出来，要求按照劳动者向社会提供的劳动数量和质量分配个人消费品。

3.劳动是谋生的手段，也是实行按劳分配的直接原因。社会主义社会，每个劳动者不可能不计报酬地为社会劳动，人们要把劳动看做获取收入、维持生活的手段。因此，人们要把劳动同收入联系起来。

4.社会生产力水平相对低下，是实行按劳分配的终极原因。恩格斯曾指出：分配方式本质上毕竟要取决于可分配的产品的数量。社会主义社会生产力发展水平还比较低，生产的社会产品数量有限，能够用来分配的个人消费品也是有限的。因此，只能采取对全体劳动者来讲都比较公平的方式，即按劳动者为社会提供劳动量的多少来分配个人消费品，并以此来促进社会生产力的不断提高。

二、按劳分配的内涵

马克思在《哥达纲领批判》中提出，在共产主义的第一阶段即社会主义社会，

由于生产力发展水平还不够高,物质财富还没有达到充分涌流的程度,劳动仍然是人们谋生的手段,还没有成为生活的第一需要,个人消费品的分配未能实行按需分配,只能实行按劳分配,即在社会总产品中由社会做了各种必要的扣除之后,按照劳动者为社会提供的劳动数量和质量分配个人消费品。按劳分配的原则是等量劳动相交换,即劳动者以一种形式为社会提供劳动,以另一种形式(消费品)从社会领回来,即它不仅要求劳动是有报酬的,而且要求劳动报酬能体现劳动差别,即多劳多得,少劳少得。

根据马克思的论述,我们对按劳分配的含义可以作如下概括:按劳分配是社会主义公有制经济中个人消费品的分配方式。它的主要内容可概括为:第一,个人消费品的分配只能以劳动为尺度,而不能以生产资料的占有状况和其他条件为尺度。第二,在社会总产品中由社会做了各种必要的扣除之后,按照劳动者为社会提供的劳动数量和质量分配个人消费品。多劳多得,少劳少得,不劳不得。第三,按劳分配通行着等量劳动相交换的原则。所谓等量劳动相交换是指劳动者所能提供的劳动量,经过为满足社会和集体需要的必要扣除之后,同社会分配给劳动者的个人消费品所包含的劳动量是相等的。

三、市场经济条件下按劳分配的特点

按劳分配虽然与社会主义制度相联系,但它也可以与商品经济相联系。市场经济条件下的按劳分配与马克思所设想的按劳分配相比较,有如下特点:

1.实现按劳分配时,不是直接以劳动者提供的个别劳动量作为分配个人消费品的依据。在商品生产中存在个别劳动量与社会必要劳动量的矛盾,按劳分配时,劳动报酬要取决于劳动者能提供多少社会必要劳动量。这样,每个劳动者得到的劳动报酬所代表的劳动量(被社会承认的劳动量)同他们实际提供的劳动量(个别劳动量)也就可能出现不一致。

2.实行按劳分配时,不是由社会直接向每个劳动者进行分配。在市场经济条件下,按劳分配要以企业为基本单位,先从企业总劳动量(表现为企业纯收入)中作一定的扣除(表现为税金),然后从剩下的归自己支配的劳动量中划出适当部分作为企业全体劳动者的劳动报酬总额,最后根据每个劳动者向企业提供的劳动量来确定每个劳动者在劳动报酬中应得的份额。这样,由于各个企业的经济状况和经济效益不同,其提供和实现的总劳动量是不同的,劳动报酬总额也是不同的。因而即使向企业提供了相同的劳动量,但在不同企业工作的劳动者所得到的劳动报酬量也可能是有差别的。这就是说,按劳分配还不可能在全社会范围内进行,只能在企业的范围内进行。

3.实行按劳分配时,不是以社会向劳动者发放劳动证书或劳动券的形式直接实现等量劳动相交换。在市场经济条件下,包含在商品中的社会必要劳动量是不能直接以劳动时间来计量的,而是表现为价值,通过货币来计量,于是商品的交换要以货币为媒介来进行。劳动者为了获得消费品,必须用货币去购买,企业也就只能以货币的形式向劳动者支付劳动报酬。劳动者先是以劳动换得货币,然后用货币去换取消费品。这样,劳动者实际得到的劳动报酬不仅决定于他向企业提供的劳动量,也不仅受制于企业的劳动报酬总额,而且还受货币价值与消费品市场价格变化的影响。由于价格的变化,劳动者实际提供并得到企业承认的劳动量,与他能购买的消费品所包含的劳动量又可能出现不一致。也就是说,货币报酬与实际报酬可能是脱节的。

4.按劳分配是通过市场来实现的。在市场经济条件下,实现劳动者的个别劳动向社会劳动的转化,企业局部劳动向社会总劳动的转化必须由市场来决定,按劳分配的尺度表现为商品交换关系。劳动者报酬的多少,形式上由企业决定,而企业的经济效益受市场决定,因此企业无法直接实现按劳分配,最终只能依赖市场来实现。

第三节　社会主义市场经济中的按生产要素分配

党的十六大强调,“确定劳动、资本、技术和管理等生产要素按贡献参与分配的原则,完善按劳分配为主体,多种分配方式并存的分配制度”,这一精神深化了人们对劳动价值论的认识,是对我国现阶段分配理论和分配制度的重大突破。

一、按生产要素分配的内涵

在现代化大生产条件下,生产要素是指进行生产经营活动所需的各种资源,如劳动力、土地、资本、技术、信息、经营管理才能等。按生产要素分配,就是指按生产要素所有者在生产经营中投入的各种生产要素的质量和数量进行收益分配。按要素分配是与市场经济相适应的一种分配制度,是在社会主义初级阶段与按劳分配并存的一种分配方式。为了科学地理解按要素分配,必须纠正两个常见的误解:

第一,把按要素分配理解为投入生产的各种生产要素本身按自己在生产中的作用参加生产成果的分配。这样,生产要素本身就成了有生命的主体。这种从字面含义理解的按要素分配,并不符合实际,因为生产成果并没有分配给要素本身,而是分给了生产要素的所有者或者提供者。所以,按要素分配,实际上是一种在生产要素的所有者或者提供者之间分配生产成果的关系,是生产关系的一个方面。以下所说的按要素分配,都应当从这种实质含义来理解。

第二,把按要素分配的对象理解为物质财富或者使用价值。这样按要素分配的财富就成了没有一定社会形式的财富,从而按要素分配就成了永恒不变的非历史的分配关系。唯物史观揭示了这样的真理,即财富是人类劳动的结果,是满足人类生存、发展和享受需要的东西。不论在何种历史条件下,“使用价值总是构成财富的物质内容”①,但是,在社会发展的不同历史阶段,财富具有不同的社会形式。在自然经济社会,在原始共同体、庄园经济和独立农户中,财富的社会形式是劳动产品的自给自足。在商品生产社会或者市场经济的条件下,财富的社会形式则是劳动产品作为价值而相互交换。只有市场需要,通过交换能够实现的有用劳动产品或商品中凝结的人类劳动,才具有价值。换句话说,劳动产品只有实现为价值,才是有意义的、现实的财富,才能作为现实的生产成果进行分配。马克思把价值称为“抽象财富”,把商品和作为货币的资金分别称为“抽象财富的独立存在”和“抽象财富的物质存在”②。所以,在市场经济条件下,现实的可以作为分配的财富是价值。作为抽象财富的价值才是分配的对象。在市场经济中,利润、利息、地租、股息、工资这些收入分配形式和国家税收,无一不是价值这种抽象财富的货币形式。如果有意义的财富仍然是使用价值,分配的也是使用价值,那只能意味着又回到自然经济的实物生产和分配时代。因此,人们的财富观念就应当坚决地更新,从使用价值财富观念转换为价值财富观念。

二、坚持生产要素参与分配制度的意义

按生产要素分配的实质,就是强调生产要素的所有者有权参与生产成果的分配。它的存在不仅有其理论上的合理性,而且对社会主义市场经济体制的建立有着不可忽视的意义。

1. 坚持生产要素参与分配的制度是社会主义市场经济条件下分配制度不断完善的需要

人类社会的任何生产活动都离不开劳动力、资本、土地和技术等生产要素,在市场经济条件下,使用这些要素不是无偿的,对每一种要素都必须支付一定的报酬,这种报酬就形成各类要素提供者的初次分配收入。所以,生产要素参与分配是市场经济的内在要求。1992 年党的十四大确立了建立社会主义市场经济体制的改革方向。多种所有制结构决定了生产要素的多种所有制,在分配上也必须把按劳分配与按生产要素分配结合起来。党的十四大报告提出收入分配要“以按劳分配为主体,其他分配方式为补充”,在此基础上,党的十四届三中全会进一步明确,“允许和鼓励资本、技术等生产要素参与收益分配”。党的十五大报告提出:“允许和鼓励资本、技术等生产要素参与收益分配”。党的十六大报告强调,要“确立劳动、资本、技术和管理等生产要素按贡献参与分配的原则,完善按劳分配为主体、多种分配方式并存的分配制度”。党的十七大报告提出,“健全劳动、资本、技术、管

① 马克思,恩格斯.资本论:第 1 卷[M].北京:人民出版社,1975:48.

② 马克思,恩格斯.马克思恩格斯全集:第 13 卷[M].北京:人民出版社,1962:114.

理等生产要素按贡献参与分配的制度”。把各类生产要素按贡献参与分配由确立原则上升为健全制度，是对社会主义市场经济条件下收入分配制度的完善，是经济领域深入贯彻落实科学发展观、促进国民经济又好又快发展的客观要求。

2.坚持生产要素参与分配的制度是完善社会主义市场经济体制的客观要求

党的十四大确立建立社会主义市场经济体制改革方向以来，随着所有制结构的变化，各类生产要素逐步开始以不同形式参与分配。这些都从分配制度、分配方式上为充分发挥各类生产要素持有者发展生产力和创造社会财富提供了体制条件，客观上也提高了市场配置资源的效率。党的十七大报告在完善社会主义市场经济体制总的部署中，提出了要从制度上更好地发挥市场在资源配置中的基础性作用的要求。因此，大力发展各类生产要素市场，完善市场机制决定生产要素价格的制度，使生产要素按贡献参与分配的成熟做法进一步规范化，增强稳定性，在各个领域广泛应用，就会推动资源配置效益最大化并使之成为完善社会主义市场经济体制的重要基础，焕发出社会主义市场经济的强大生机和活力。

3. 坚持生产要素参与分配的制度是充分发挥科学技术作为第一生产力的作用、增强综合国力的要求

进入新世纪、新阶段，如何应对新的科技革命的挑战是我们必须面对的重大课题。增强自主创新能力、推进科技进步已成为我国经济发展战略的核心。体制创新是科技创新的基础，必须从体制上特别是从分配体制上为创新活动提供有利激励机制，生产要素尤其是技术和管理等要素按贡献参与分配的制度就是其中的重要举措。

4.坚持生产要素参与分配的制度是逐步形成合理的收入分配格局的要求

形成中等收入者占多数的收入分配格局，是理顺分配关系、促进社会稳定的需要，也是全面建设小康社会的重要目标。扩大中等收入者比重，关键是要完善劳动、资本、技术、管理按贡献参与分配的制度，使劳动付出的多少、资本配置效率的高低、技术的先进程度、管理的优劣，能够根据统一市场经济规则，按照对价值形成的贡献大小，获得相应的收益分配。这样，劳动付出更多特别是掌握复杂劳动能力的人，掌握一定的资本和先进技术、先进管理经验的人，就会逐步进入中等收入行列，壮大中等收入者队伍，他们创造的社会财富也会大量增加，社会的稳定性也会进一步增强。

三、按生产要素分配的具体形式

（一）资本收入

资本收入就是凭借资本的所有权或占有权参与劳动成果的分配而形成的收入，是资本所有权或占有权在分配上的实现。从目前看，按资本要素分配主要包括以下具体形式：一是将资金用于银行储蓄，获取利息收入；二是将资金用于购头各

种债券、股票等有价证券,获取利润、红利、股息以及有价证券买卖收入;三是将资金以独资、合资等形式从事实业投资以获取投资利润;四是将自有房产、车辆等出租获取租金收入。

(二)土地收益

土地作为一种自然资源,是生产活动必不可少的要素。土地收益包括土地所有权收益和土地使用权收益两个层面。投入土地要素参与生产收益的具体形式是地租。由于土地资源具有稀缺性、有限性、固定性等特点,一定时期土地的供给量是有限的,而随着经济发展,对土地的需求会不断增加,土地资源的这种供求状况决定了地租在总体上有逐步上升的趋势。

我国实行社会主义公有制,土地归国家和劳动者集体所有。长期以来,由于我们在观念上错误地把地租与土地私有制联系在一起,认为社会主义土地公有制条件下不存在地租,因而在实践中实行的是土地无偿使用制度,结果造成土地使用效率低下,土地资源大量浪费。改革开放后,我国开始实行土地有偿使用制度,国家以土地所有者的身份向土地使用者、经营者收取土地租金(简称地租)。它包括绝对地租和级差地租两种形式。社会主义地租存在的原因在于土地所有权的垄断。从理论上讲,地租是土地所有权在经济上的实现,如果取消地租,就等于取消了土地所有权。因此,使用社会主义国家所有或劳动者集体所有的土地仍要支付地租。

社会主义经济中的地租,来自对社会剩余产品价值的扣除,是超额利润的转化形式。土地作为自然资源,既不创造价值也不转移价值。但是,土地数量的多少和质量的优劣直接影响到劳动的自然生产力的变化。在存在着土地所有权和土地经营垄断的条件下,由劳动的自然生产力所决定的收益变化应该作为绝对地租和级差地租转交给土地所有者。社会主义地租不仅是社会主义土地公有制在经济上的实现,而且是调节土地供求、实现土地资源优化配置的手段。

(三)经营才能收入

企业家或经营者的经营才能也是一种要素,它是实现生产过程中劳动、资本、土地等生产要素有效组合的决定性因素。企业家的经营才能在于能掌握市场动向,抓住市场机会,实行经营创新,开发潜在市场,获取潜在利润。经营者不仅需要有专门的技术并熟悉企业的全面情况,还要有经营能力、管理经验、创新意识和不失时机捕捉市场机会并作出准确决策的能力。因此,经营劳动与简单劳动相比是一种更高层次的脑力和体力支出。作出正确经营决策的劳动是能给企业带来巨大经济效益的劳动,企业家或经营者的劳动成果或贡献,既不表现为劳动时间,也不表现为个人的实物成果,而是以企业的总体经济效益即利润率和资产增长率来体现的,其劳动的成效或贡献大小最终由市场来检验或评价。企业家或经营者的劳动还是一种风险劳动。由此决定了企业家或经营者的经营才能收入必然包括了经营性劳动收入、风险收入和机会收入等多种收入。

(四)技术要素收入

科学技术是现代社会生产力发展必不可少的一个要素,技术成果的所有者自然就可以凭借技术成果的所有权参与收益的分配,获得相应的收入。技术要素收入是技术所有权或占有权在分配上的实现。

技术作为生产要素参与收益分配的方式大致有以下几种：一是一次性买断,即对科技人员的技术开发成果一次性支付报酬;二是股份式分成,即将技术作价入股,在该技术成果使用期间逐年按其所创收益分成支付报酬;三是将技术开发成果作为商品,在专利市场或技术市场上买卖成交。

确认并鼓励技术作为生产要素参与收益分配,有利于调动科技工作者的积极性,使他们多出成果,多获收益;有利于科学技术较快地转化为现实的生产力,加快企业的技术改造和技术进步,促进产业结构的升级换代,从而加快国民经济的发展速度。

需要指出的是,由于生产要素具有生产有用性、产权明确性、功能特定性、使用增值性、发展变化性等特点,因此按生产要素分配的具体形式也不是固定不变的,它会随着经济的发展和时代的变迁而不断变化。

第四节　收入分配中的效率与公平

关于公平与效率关系问题的争论,在某种意义上说来自于对公平和效率概念的不同理解。相对而言,人们对效率的理解是比较一致的,而对公平的理解就不那么一致了。

一、效率与公平的含义

(一)效率

在经济学中，效率是指社会利用现有资源进行生产所提供的效用满足的程度,它不是生产多少产品的简单的数量概念,而是一个社会效用或社会福利概念。效率通常包含以下三层含义：

1.技术效率,又称为生产效率。它是指生产活动中根据各种资源的物质技术联系,建立起符合生产条件性质的经济关系,合理地组织各种生产活动,充分有效地利用资源,提供尽可能多的产出。技术效率用来表明企业有效率地配置资源以及选择具有技术效率的生产计划的能力，它要求企业生产满足要素投入的最小化。

2.资源配置效率。这是经济学上用得更为普遍的含义,它不仅包括企业内部的资源配置效率,而且包括整个社会要素和产品的有效配置是否实现最优。这一效率概念的具体标准就是帕累托效率原则。19世纪末,意大利经济学家帕累托将最有效率的状态描述为:如果资源在某种配置下不可能由重新组合生产和分配来使一个人或多个人的福利增加,同时不使其他人的福利减少,那么这种配置就是最有效率状态。我们把这种状态又称为帕累托最优状态。具体来说,帕累托最优状态要满足三个条件:(1)消费者之间的商品分配达到帕累托最优,即此时不可能通过改变商品的分配使一部分人的福利增加,同时不使其他人的福利减少;(2)生产要素在生产者之间的分配达到帕累托最优,即此时不可能通过生产要素的重新分配使某些生产者的产量提高,同时又不使其他生产者的产量减少;(3)消费与生产的帕累托全面最优,表现为生产者与消费者对任意两种商品的评价是相同的,此时不可能通过改变生产要素投入和产品的分配使一部分人的福利增加,而同时又不使其他人的福利减少。

3.制度效率。这是指某种制度安排能够在成本最小化的状态下运行。新制度经济学关注制度运行的效率,它说明了任何一种制度运行都是有成本的,对于完成同样的交易,或者说资源流动和配置,人们总是寻找运行成本最低的制度。制度运行的成本又称为交易成本,交易成本的高低是衡量效率的重要标准。

(二)公平

公平是一个伦理学上的概念,是指人们对既定社会中人与人之间各种关系的认识和评价,其原则和标准因时代和社会制度而异,内容涉及政治、法律、文化等各个领域。考虑到公平很难衡量,经济学家常用平等作为测量公平的近似指标。虽然公平和平等是两个有区别的概念,关于公平的理解也充满争议,但很多经济学家倾向于从两个方面来理解公平或平等:

1.机会平等。是指人们在生活、自由和追求幸福的权利平等的基础上,有平等的机会选择和从事不同的经济活动,在经济活动中有平等的机会按其贡献获得相应的报酬,有平等的机会消费社会产品、积累私人财富和取得经济成就。也就是说,社会向一切人给予同样的对待,提供相同的机会。

2.结果平等。是指人们获得的实际收入和拥有的财富平等。

机会平等不等于结果平等。即使社会实现了机会均等,通常也会出现结果不平等。因为在经济活动中,每个人的努力程度、才能甚至运气不同,因而即便面临平等的机会也会出现获得收入和财富的较大差异,这符合市场经济的规律。但是,经济生活中出现结果的普遍不平等,在很大程度上是由于机会不平等而造成的,比如市场机制不完善,存在垄断、特权等等。因此,经济学家们普遍认为,社会应当努力地消除机会的不平等,而容忍结果在一定程度上的不平等。

二、收入分配中的效率与公平

分配方式和分配制度对经济效益和社会公平会产生较大的影响。分配制度通过影响经济当事人的切身利益而影响他们的经济行为，从而影响经济活动的效率。有些分配方式和分配制度会对经济活动当事人产生正面的激励作用,从而有助于增进经济效益,而有的分配方式和分配制度则产生负面作用,从而降低经济效益。经济学家普遍认为,为了保证效率,分配制度应当满足三个条件:一是分配以市场为导向;二是要有一个完善的市场体系,保证各种市场机制的运行,消除市场中存在的各种垄断因素,使各种要素充分流动;三是要素的报酬由市场决定,不仅要反映要素的贡献,而且要反映要素的稀缺程度。总之,只有市场导向的分配才能保证市场的效率。

不同的分配方式和分配制度对社会公平或平等也会产生显著的影响。有些分配制度为当事人提供了公正的程序和平等的机会,有助于增进平等;而有些分配制度则带有歧视和不公正的程序,不能为当事人提供平等的机会,从而有损于社会公平。另外,即便市场化的分配制度完全符合机会均等的原则,也会因为当事人天赋、能力、努力程度、运气等方面的差别而导致收入结果的较大不平等。正因为市场化的分配制度有可能扩大分配结果的不平等,现代政府通常会实施再分配政策,调节初次分配的结果,缩小收入差距。而政府的再分配政策又引来新的责问:再分配政策把一部分人的收入转移给另一部分人，这符合机会均等的公平原则吗？再分配政策会不会损害社会经济的效率与活力?

毫无疑问,分配方式和分配制度会对效率与公平产生影响,而作用机制是非常复杂的。那么,有没有一种合理的分配方式,既能增进效率,又能增进公平(平等)?很多经济学家认为,能够同时兼顾效率与公平的分配方式是一种“乌托邦”式的幻想,收入分配中效率和公平(平等)存在着难以改变的交替性,即追求效率总是以某种程度的平等损失为代价，而追求平等则要以一定的效率损失为代价,效率和公平(平等)之间存在难以调和的矛盾。

在现代市场经济中,效率和公平之间的矛盾的确是存在的。在市场经济中,要追求效率,就必须给生产要素所有者以相应的报酬,这些报酬构成他们的收入。由于人们占有要素的状况存在很大差异,有人占有的资本、土地等要素多些,有人则少些甚至完全不占有,有人天赋和能力强些,有人则差些,因此,按照市场经济通行的要素贡献原则来分配收入,人们的收入和财富必然出现差别和不平等。如果取消或缩小这种差别以实现收入均等化，则必然损害经济活动当事人的积极性,从而降低经济效益。比如,如果在工资收入分配上搞平均主义,就会伤害人们工作的积极性,降低工作效率。如果税收政策中个人所得税率过高,虽有助于缩小贫富差别,但也会妨碍人们工作、储蓄和投资的积极性,影响经济效益。另外,在现代市场经济国家普遍实行的社会保障制度中,保障的人数越多,保障项目越全,保障待遇越高,虽然有助于实现收入均等化,但也会损害经济效益。这是因为:(1)社会保障支出所需经费归根到底来自各种税收,税负越重,人们工作和投资的积极性就越低;(2)保障待遇过高,还直接影响人们就业的积极性,当失业救济标准偏高时,人们会觉得就业不如失业,就业不就业照样都可以生活;(3)社会保障支出增长过快会使国家财政负担过重,因而形成赤字和通货膨胀,也会影响经济效益。

现代经济社会面临许多两难选择:是以效率为主要目标,还是以公平为主要目标?当效率和公平发生矛盾的时候,是以效率优先,还是以公平优先?是牺牲公平换取效率,还是牺牲效率换取公平?是把蛋糕尽可能做得大一些,还是把蛋糕分割得均等些?针对这样的两难选择,经济学家们的观点大致可以归纳为三种:

1.效率优先

这种主张效率优先的观点,反对把收入分配平等作为社会福利最大化的一个必要条件。他们认为,效率是与自由不可分割的(这里的自由指自由经营、自由竞争和要素的自由转移),而这种自由是市场机制正常运行从而实现资源配置效率的前提条件。如果因追求平等牺牲了自由,必将破坏市场机制的正常运行,由此损害效率,那么这种平等就是不可取的。同时他们认为,如果通过立法和行政手段,把一部分人的收入转移给另一部分人,实际上是把部分人的努力移作另一部分人所得,把一部分人的偏好强加给另一部分人,这种做法本身就不公平。如果人们的所得是靠平等而不是靠努力来决定,社会将缺乏激励人们努力工作增加产出的机制,社会将面临巨大的效率损失。

2.公平(平等)优先

另一些经济学家则认为,平等应当放在优先地位。他们认为,平等本来是人们的天赋权利,竞争引起的收入差别是对这种权利的侵犯。不仅如此,人们在市场上本来就没有在同一条起跑线上开展竞争,各人拥有的资源不同,受教育的机会也不均等,竞争引起的收入差别不是由勤奋和懒惰造成的,因而是不公平的。再说,市场本身并不公平,一些经济因素如市场中的垄断和非经济因素如对性别、种族、年龄、宗教信仰等的歧视也影响人们的收入,而由此产生的贫富差别便更不公平了。主张平等优先的经济学家中还有人认为,不平等的收入有可能导致权利和机会的不平等(因为市场经济中金钱可以和权力相交换,权力又可以成为收入和财富的源泉),这一阶段的不平等将会带来下一阶段更大的不平等,社会应努力消除不平等,以便为人们带来平等的权利和机会。

3.效率与公平兼顾

这是一种折中的观点,既不赞成效率优先,也不赞成平等优先,而是主张二者兼顾。他们认为收入过度不平等不是一件好事情,而收入完全平等也不是一件好事情。市场自发形成的收入分配有可能过分不平等而令人难以接受,但市场机制又有利于提高经济效益。而兼顾效率与公平的途径是通过政府适度干预来弥补市场缺陷,改善收入分配的平等状况。这些经济学家试图找到一条既能保持市场机制的优点,又能消除收入差距过分扩大的途径,使效率和公平同时增进。

三、收入分配中正确处理效率与公平的关系

党的十七大报告指出,要坚持和完善按劳分配为主体、多种分配方式并存的制度,健全劳动、资本、技术、管理等生产要素按贡献参与分配的制度,初次分配与再分配都要处理好效率与公平的关系,再分配更加重视公平。

改革开放以来,如何处理效率与公平的关系问题在理论界和实践层面都在认真探索。党的十四大确立了建立社会主义市场经济体制的改革方向,并第一次明确提出要"兼顾效率与公平"。党的十四届二中全会提出,收入分配要"体现效率优先、兼顾公平的原则"。党的十五大报告和党的十六大报告都明确提出,要坚持效率优先、兼顾公平。党的十六大还提出,初次分配注重效率,再分配注重公平。这就确立了正确处理效率与公平关系的基本原则, 目的就是既要适当拉开收入差距,以发挥收入分配的激励功能,又要防止收入差距过大引起社会不稳定。党的十六届五中全会提出,要"注重社会公平,特别要关注就业机会和分配过程的公平"。党的十六届六中全会进一步指出,要"在经济发展过程的基础上,更加重视社会公平"。党的十七大报告进一步提出,"初次分配和再分配都要处理效率与公平的关系,再分配更加注重公平"。

初次分配是指在生产活动中,企业作为分配主体,将国民生产总值在国家、企业、个人间进行分配,生产要素的提供与报酬支付的关系是最基本的初次分配关系。在市场经济条件下,初次分配关系主要由市场机制形成,生产要素价格由市场供求决定,政府通过法律法规和税收进行调节和规范,不直接干预。再分配是指在初次分配结果的基础上政府对要素收入进行再次调节的过程。主要通过税收、提供社会保障和社会福利、转移支付等调节手段进行,重点调节地区之间、城乡之间、部门之间、不同群体之间、在职与退休人员间的收入关系,防止收入差距过大,保障低收入者的生活。

国民生产总值的分配总原则,就是要正确处理好国家、企业、个人间的利益关系,进行合理分配。在社会主义市场经济条件下,合理分配具有两层含义:一是收入分配有利于充分调动经济活动参与者的积极性,提高经济效益;二是收入分配相对公平,保证每个社会成员最基本的生活需要,保护合法收入,调节过高收入,取缔非法收入,防止收入差距过大。在自由竞争、优胜劣汰、价格机制、利益驱动机制下,初次分配收入存在一定差距是不可避免的,也有助于提高效率,但如果分配中存在的问题过多,再分配很难纠正过来。因此,在初次分配中处理好效率与公平的关系十分重要。除了初次分配的规则和秩序要规范,还要高度重视机会公平,这是涉及初次分配公平的基础条件:一是受教育机会公平,一般来讲,受教育水平高的人收入也高;二是劳动机会的公平,劳动力自由流动是市场机制在保证效率的前提下保障公平、有效地调节收入分配的必要条件。再分配具有社会公平功能,党

的十七大报告强调再分配更加重视公平，就是要加大税收等经济杠杆对收入分配的调节力度，促进社会公平。当然，再分配也要注意促进效率，如果把再分配调节力度搞得过大，出现奖懒罚勤效应，就会既损害初次分配的公平性，从而也会损害效率，反过来影响再分配的调节能力和社会公平的功能。所以，只有初次分配和再分配都促进效率与公平的有机结合，才能促进国民收入合理分配，最终既有利于生产力发展，又有利于促进社会和谐。

第九章　社会主义市场经济中的社会保障制度

社会保障制度是现代市场经济体制的重要构成要素之一，是市场经济有效运行的保险网和减震器。建立和完善社会保障制度对于社会主义市场经济体制的建立和完善具有十分重要的意义。本章在分析市场经济下社会保障制度一般规律性的基础上，主要介绍西方国家社会保障制度，阐述我国建立社会保障制度的历程和发展方向。

第一节　社会保障制度概述

社会保障制度是国家通过社会立法和国民收入再分配而实施的一项重大社会政策，也是现代市场经济的一个重要特征。

一、社会保障制度的含义

社会保障制度的原意是为维护社会安全，由政府专门管理机构根据国家社会保障法和其他有关法律所实施的一系列公共措施，并为由于各种原因造成短期、长期或永久性的中断生计的社会公民提供实物救济、资金资助或生活服务，以保证其维持一定水平的社会生活保障的各项制度总和。

现代市场经济关于社会保障的含义，已经突破了社会保障仅仅是扶贫济困的范畴，强调社会保障的社会公平内涵。现代社会保障制度以国家社会保障法律为依据，以政府社会保障政策为指导，以适合社会生产力发展状况为基础，以社会公平为原则，以社会保障网的构建为平台，以保障全体公民生活和社会安全为目的。社会保障制度是现代市场经济运行的必要条件。

社会保障制度产生于19世纪80年代实行市场经济体制的西方国家。第二次世界大战之后，按照联合国的规定，社会保障制度由社会保险和社会服务两大部分组成，1948年12月10日通过的《世界人权宣言》第二十二条规定，“每个人，作为社会的一员，有权享受社会保障，并有权享受他的个人尊严和人格的自由发展所必需的经济、社会和文化方面各种权利。”第二十三条规定，“每一个工作的人，有权享受公正和合适的报酬，保证使他本人和家属有一个符合人的生活条件，必要时并辅以其他方式的社会保障”。第二十五条规定,“人人有权享受为维持他本人和家人的健康和福利所需的生活水准,包括食物、衣着、住房、医疗和必要的社会服务,在遭到失业、疾病、残废、守寡、衰老或在其他不能控制的情况下丧失谋生能力时,有权享受保障。”①我国从20世纪50年代开始实行一定范围的社会保障制度,即在城镇国有单位和集体单位,以及农村五保户等特殊困难群体中,实行一定范围的基本生活、医疗等保障,而且这种一定范围的基本保障的基础比较薄弱,涵盖面也较窄,保障的水平较低,城镇非国有单位的职工、城镇一般居民和人口众多的农民并未纳入这种保障范围。改革开放之后,从20世纪90年代开始实行社会保障制度改革,由点到面逐步推开,通过建立与完善社会主义市场经济体制,中国社会保障制度获得了前所未有的发展。到目前为止,全国已经建立了以省级统筹为主的社会保障制度,社会保障基金稳步发展,并逐步把广大农民和农民工纳入社会保障范畴,以社会公平和社会安全为核心的社会保障体系基本确立起来。

在社会保障制度研究方面,理论界把社会保障制度概括为由国家和社会组织对特定社会群体成员在生、老、病、死、伤、残、丧失劳动能力或因自然灾害面临生活困难时给予的物质帮助,以此保障每个社会公民的基本生活需要和维持劳动力再生产而建立的一种保障制度。这是关于社会保障的比较传统的理论认识,是以特殊社会群体保障为重点,以公民基本生活需要保障为目标。显然,这种理论认识是对以保障公民基本生存需要为重点的较低层次的社会保障的反映。较高层次的社会保障不仅保障特定群体公民的基本生存需要,而且要保障全体公民的社会安全和社会公平的需要,关注全体公民的社会保障制度、水平的提高,关注通过社会保障促进社会安定、和谐、发展,社会安全和社会公平是社会保障制度的核心。

概括起来,可把社会保障制度的含义表述为:社会保障制度是以政府或政府授权的社会保障基金组织为主体,依据国家社会保障法、其他相关法律法规和社会保障政策,通过社会保障基金的运作和风险评估,对社会公民的生活权利和发展权利给予基本保障,以调节社会群体或阶层的利益关系,促进社会和谐、维护社会稳定、保障社会公平的一种制度体系。具体表现为:(1)社会保障制度的主体是政府或政府授权的社会保障基金等组织。对社会公民实行生活安全保障,必须借助于政府和社会的力量,而社会保障基金筹集和管理的责任主体只能由政府或政府授权的社会保障基金组织承担。任何个人或部门都无法独立承担社会保障的角色,只能是政府或政府授权的社会保障基金组织。(2)社会保障制度的基础是一定时期的经济发展状况、水平。根据经济发展状况、水平,通过国家财政预算、企业缴纳和个人账户等筹集方式,形成社会保障基金。社会保障基金是社会财富分配的

① 1948年12月10日第三届联合大会通过《世界人权宣言1948》[M].中国人权研究会,译.成都:四川人民出版社,1999:50.

一种特殊形式，属于社会分配范畴，体现特定时期的经济社会发展及其社会分配关系，是社会生产方式发展和经济生活市场化的必然要求。(3)社会保障制度由国家立法予以保护。通过国家立法建立社会保障制度，使社会保障成为国家和社会的一种使命、责任和制度。即根据国情和社会生产力发展水平及要求，以国家立法形式发展社会保障制度，推进社会保障事业，形成社会保障机制，这是建立与完善社会主义市场经济体制的需要，是社会发展和进步的必然结果。(4)社会保障制度的对象是全体社会公民。政府或政府授权的社会保障组织，例如社会保障基金等组织，有责任、义务通过建立与完善社会保障基金制度，构建稳固的社会保障体系，使社会公民普遍享有安全感、快乐感、幸福感和公平感。(5)社会保障制度的目的是建立以社会化为标志的生活安全网和社会公平机制。通过社会保障制度，消除因自然灾害或社会波动所引发的各种不安全因素，有效解决因市场自发调节所产生的种种社会利益矛盾、社会差距、社会不公平等问题，保障社会生活稳定、和谐发展。

二、社会保障的主要内容

社会保障的主要内容是社会保险、社会救助、社会福利和社会优抚。

(一)社会保险

1.社会保险的含义

社会保险是社会保障制度的核心，它是指由社会成员、单位和政府多方筹资，以帮助社会成员及其亲属在遭遇工伤、死亡、疾病、年老、失业、生育等风险时获得基本生活保障。

按照保障对象和具体要求的不同，社会保险包括五项内容：

(1)工伤保险。当劳动者因工伤致残，丧失劳动能力时，由国家或社会保障机构向其提供必要的生活费用或服务。

(2)医疗保险。劳动者患病时，由国家或保障机构向其提供必要的治疗费用和服务以及生活津贴。

(3)失业保险。当劳动者因非自愿原因失去职业时，由国家保障机构向其提供一定的失业津贴和社会服务。

(4)养老保险。劳动者在达到法定退休年龄、离开工作岗位后，可从国家或社会保障机构获得一定数量的退休金和社会服务。

(5)生育保险。妇女劳动者在怀孕、生育和产后抚育婴儿期间，可从国家或保障机构获得收入补助。

2.社会保险的特点

(1)国家、经济组织和社会成员个人共同分担风险。与社会保险有关的风险，是指国家立法所规定的、劳动者因丧失劳动能力和中断劳动所造成的生活困难与经济损失的可能性,年老、伤残、疾病、失业等都是社会保险的内容。分担风险就是国家、经济组织和社会成员个人共同对风险承担责任,即社会保险基金由三方共同承担。一般由社会保险的执行机构依据一定的法令、法规,从国家财政获得一部分,同时采取强制性手段从经济组织、个人那里征缴一部分。

(2)义务履行在先,权利享受在后。承担社会保险责任的经济组织和劳动者个人,必须首先履行缴纳社会保险金的义务,才能以此为前提而后获得享受社会保险待遇的权利。这是因为社会保险不是在福利原则基础上建立的。例如医疗保险待遇,只有在企业工作期间生病的职工才能享受,未到企业工作的人不能享受,即使企业录用书下达后未到企业报到而患病的劳动者也不能享受。这里就体现着义务在先、享受在后的原则。

(3)保险待遇公平合理。社会保险规定,所有参加社会保险的劳动者,在符合享受待遇条件的情况下,都能按规定享受法定待遇。这对参加社会保险的劳动者来说,确实是人人有权、机会均等、公平合理。同时,公平合理还表现在保险待遇的标准方面,一是有保险待遇的最低限规定。二是保险待遇随着经济发展和社会进步适时进行调整。三是计发各项待遇时相应反映劳动者所尽义务的实际情况。四是保险待遇适当均等化。

(4)补偿与预防相结合。从整体上看,社会保险是一种风险发生后的补偿机制,即一旦风险发生,保险制度自动对当事的被保险人作出相关补偿,因而事后补偿是社会保险的直接作用。但社会保险同时也注重事前的预防,即在风险发生前,采取各种有效措施减少甚至制止某些风险的发生,如提倡、监督安全作业,加强劳动防护、采取健康保护措施等。风险的预防通过减少或制止某些风险的发生,可以减少劳动者的负担和痛苦,也可以减少费用支出,以便用于更多职工的保险。

3.社会保险与商业保险的区别

商业保险是保险公司和参保人在商业利益驱动下自愿达成的保险协议。社会保险与商业保险在性质、作用、对象、支付形式等方面都有明显区别。具体来说,社会保险由国家依法强制实施,而商业保险则实行自愿参加原则;社会保险是非营利性质的,而商业保险则是经营者的营利行为,它遵循利润最大化原则;社会保险的参保对象是全体社会成员,具有普遍性,而商业保险的对象则是购买者;社会保险紧密依附于劳动者本人,其待遇不得转让别人,而商业保险受补偿的权利是可以转让的。

(二)社会救助

1.社会救助的含义

社会救助是指国家和社会对遭受自然灾害、不幸事故和社会贫苦者提供物质帮助的制度。社会救助是一种低层次的社会保障,属于社会保障制度要实现的最低目标,是国家和社会给予特定对象提供满足其最低生活需求的一种物质帮助。

2.社会救助的对象

社会救助的对象是处于绝对贫困和相对贫困的个人与家庭。在实际生活中一般划分为三类情况：一是无依无靠无生活来源的鳏寡孤老残者；二是遭受天灾人祸的严重侵袭而使生活一时陷于拮据状态的家庭和个人；三是生活水平低于国家规定的最低标准的家庭和个人，属于相对贫困者。这些家庭和个人尽管有生活来源，按期获得稳定的收入，但生活水平低于社会的最低保障标准。在我国，第一类救助对象主要是农村的“五保户”；第二类救助对象即天灾人祸造成的贫困者尤其是灾民；第三类救助对象经常存在，他们是社会救助的重点。

3.社会救助的原则

社会救助的实施必须遵循三条原则：一是反贫困原则。通过社会救助应力争在一定时期内消灭绝对贫困现象，尽可能减少相对贫困。二是生存权原则。在现代市场经济中，社会成员因无法维持最低生活而获得社会救助，是生存权的体现，每个社会成员都有权获得。三是积极救助原则。社会救助不同于简单的贫民救济，要把扶贫和自力更生有机结合起来，尽量使被救助者经过扶贫走向富裕。

4.社会救助的标准

社会救助的目标在于保障被救助者享有当时当地最低的生活水平，如果考虑到社会救助的重点对象将越来越集中于相对贫困的家庭与个人，科学地确定最低生活标准就在社会救助中具有重要的意义。发达国家确定最低生活标准有三种基本的方法：一是按成年劳动者人均纯收入确定最低生活标准。这种方法规定最低生活标准相当于成年劳动者人均纯收入的半数，达此标准的劳动者及其抚养的家庭便属于贫民或贫困户，构成社会救助的对象。这是欧洲经济委员会成员国普遍采用的方法。二是以恩格尔定律为依据确定最低生活标准。恩格尔定律表明，食品开支在家庭总开支中的比例与家庭贫富负相关，美国便依此确定最低生活标准(“贫困线”)。美国把食品开支占家庭开支1/3以上的家庭作为贫困户对待，据此给予社会救助。三是北欧国家普遍采用的基数方法。基数是保证最低生活所需要的商品和服务的金额。在瑞典，劳动者除享有普遍退休金外，还享有与工资挂钩的退休金，以确保退休者的基本生活。

我国在完善社会救助制度的过程中，可考虑借鉴这些计算最低生活标准的方法，从国情出发，制定出符合中国实际的最低生活标准。

(三)社会福利

社会福利是国家或社会在法律和政策范围内，在居民住宅、公共卫生等方面向全体社会成员普遍提供资金帮助和优价服务的社会保障制度。社会福利表现为国家及各种社会团体举办的多种福利设施，提供的社会服务以及举办的各种社会福利事业。社会福利主要包括国家为改善人民生活、提高公民收入而建立的各种福利设施和各种补贴。主要有公共医疗、环保设施、公共住房、财政补贴、集体福利、社区福利等项目。在现代社会中,社会福利是一种高水平的社会保障措施,一国社会福利水平的高低,基本上是由国民经济发展水平所决定的。

在我国,社会福利包括公共医疗卫生设施、住房福利、集体福利、个人生活福利、财政补贴福利等多项内容。我国实施的社会福利属最高层次的社会保障,因为它不像社会保险只能对职工失去工资给予一定程度的补偿,也不像社会救助只能起到"雪中送炭"的救急作用,更不是如社会优抚仅对特殊对象服务的社会保障,而是要促进全体社会成员的生活福利普遍增进,改善人民的生活,提高人民的生活质量。

(四)社会优抚

社会优抚也是社会保障制度的重要构成部分,属于对特殊对象实行带有特殊意义的社会保障措施。它是指国家和社会按照规定,对法定的优抚对象,如现役军人、公安干警、武警官兵及其家属和遗属,为保证其一定的生活水平而提供带有褒扬、优待、抚恤性质的资助和服务的特殊社会保障制度,是公民因服兵役而相应获得的物质补偿权利。军人在役期间为整个国家的经济发展、社会安定做出了贡献,同时也因此而减少了收入,国家应该在国民收入分配过程中专门集中一定数量的优抚基金,对军人及其家属进行补偿。

三、社会保障制度的基本功能

社会保障制度的功能是指社会保障的作用,主要有:

1.保障功能

社会保障功能能使竞争中处于不利地位的劳动者,依据法定的给付条件和标准获得基本物质资料,维持基本生活水平,从而保护劳动力的生产和再生产。另外,依法建立的全社会统一的社会保障制度,打破了靠血缘维持家庭保险的格局,超越了劳动者自我保障和企业保障的局限,既消除了劳动者自主择业的后顾之忧,又有利于企业在建立现代企业制度过程中顺利地解决富余职工、退休职工、失业职工的分流和安置问题,促进了劳动力资源的合理流动,实现了劳动力要素的有效配置。

2.稳定功能

在市场经济条件下,按生产要素及商品的市场价格分配的方式,虽然有利于促进社会资源从经济效益低的部门、地区和企业流向效益较高的部门、地区和企业,实现资源的优化配置,但由于这一分配机制与竞争机制相联系,社会成员拥有生产要素的数量或质量又不同,必然造成他们竞争机会的不均等,从而产生收入分配的不均。而由个人的财富和个人天赋的差别所产生的机会不平等和收入分配的不均,是市场机制本身难以克服的,这就需要借助政府的力量来干预社会经济生活。政府依法向社会成员提供社会保障措施,对社会成员的收入进行再分配调节，按政府、用人单位和个人三方共同负担的原则，为那些在市场竞争中因各种原因丧失劳动力或中止收入的劳动者提供社会保险，在一定程度上缩小社会成员在收入和生活水平上的差距，以弥补市场机制的不足，从而实现社会公平。

3.分配功能

建立和完善社会保障制度有助于纠正初次分配的不均衡，促进国民收入的再分配。社会保障制度的这种对国民收入进行再分配的作用，主要通过两种方式来实现：一种是“垂直性再分配”，即财富从高收入阶层向低收入阶层转移；另一种是“水平性再分配”，即财富在劳动时与非劳动时、健康时与伤病残疾时之间进行转移。社会保障制度所具有的这一再分配功能的经济意义在于：第一，对初次分配的修正有利于维持收入分配的合理性；第二，对初次分配的调整有利于扩大产出。

4.经济调节功能

建立和完善社会保障制度有利于调节投融资、平衡社会供求关系。社会保障资金直接来自保险税、保险费和资产运营收入，具有较高的稳定性。社会保障基金的运用，主观上是为了保值增值，但客观上却具备调节投资、改造产业结构的功能，它是对一国经济实行计划和宏观调控的有力手段。此外，当经济增长时，劳动者收入增加，失业率降低，社会保障费收入多，支出少，从而缓解总需求的增长，抑制经济过热现象的发生。反之，在经济基础发展缓慢时，劳动者的收入降低，失业率提高，社会保障费收入少，支出多，有利于增加总需求，促进经济加快发展。

第二节　发达国家的社会保障制度

迄今为止，世界上已有将近150多个国家和地区建立了社会保障制度。由于世界各国的社会制度、经济实力和文化背景等不同，推行社会保障制度的时间有先有后、有长有短，各国社会保障制度在政策取向、制度设计、项目多寡、具体标准及实施办法等方面既有共同点，也有差异之处。为了建立具有中国特色的新型社会保障制度，有必要对现存各种社会保障制度的实践模式和理论模式作一比较，以便总结经验，吸取教训，作出适合我国国情的正确选择。

一、英国的社会保障制度

英国的社会保障制度经过历年的补充修改和逐步完善，逐步建立起了一整套“从摇篮到坟墓”的社会保障体系。1948年，英国正式宣布第一个建成“福利国家”。所谓“福利国家”，就是使公民普遍地享受福利，使国家担负起保障公民福利的职责。英国的社会保障制度主要包括以下几个方面的内容。

(一)社会保险

英国的国民保险法案规定，凡是中等教育毕业后(或16岁)已经就业，但还没有到领取养老金年龄(男 65 岁、女 60 岁)的公民,都必须参加统一的国民保险,缴纳保险费;按照规定缴纳保险费的公民,可以享受养老金,疾病、残疾和生育津贴、工伤津贴等社会保险待遇。社会保险缴费标准为:工薪劳动者按其收入的 9%缴费,雇主按工薪总额的 10.45%缴费,独立劳动者每周缴纳 4.75 英镑。缴费年限为一生工龄的 9/10,并且必须每年缴足 50~52 周。社会保险的主要项目有:

1.养老保险。英国退休养老制度规定,男性满 65 岁、女性满 60 岁的公民可以退休,每年缴纳 50 周以上保险费,累计缴纳 20 年者可以享受退休养老金待遇。养老金包括基本养老金(每周 35.80 英镑)和收入关联养老金(相当于退休前全年收入的 1.25%),养老金随物价变动而调整。目前,英国近 1 000 万老人领取养老金,约占全国人口的 1/5。

2.失业保险。失业保险是一种强制性的保险制度。凡每周收入在 17.5 英镑以上的雇员,都必须参加失业保险。享受失业保险待遇的条件是:按规定缴纳保险费,失业非个人主观原因造成,已经在职业介绍所登记失业的有工作能力者。

3.医疗保险。医疗保险包括疾病、残疾和生育津贴等。因患病而不能工作者可享受疾病津贴(每周 30~44.35 英镑),28 周后如未痊愈,改为领取残疾津贴(每周 34.25 英镑),受其供养的妻子和子女还可以享受一定数额的家属补助。因生育而不能工作者,享受生育津贴。

4.工伤保险。工伤保险分暂时性工伤津贴和永久性工伤津贴。暂时性工伤津贴按疾病津贴标准发放,永久性工伤津贴每周为 54.4 英镑,此外还有 34.25 英镑的“不能受雇”补助;因工死亡的,其遗属可享受遗属补助,每周 50.1 英镑,可以领取 26 周。

(二)社会福利

主要包括全民免费医疗和各种津贴。英国国民医疗保健法案规定,所有公民都可以享受免费医疗服务,其经费的 85%由政府财政拨付。英国实行普遍的津贴制度,对子女年龄在 16 岁以下的家庭发放家庭津贴,对完全丧失劳动能力者发放严重残疾津贴,凡是年满 80 岁而无资格领取养老金者可以享受老人年金和高龄老人津贴。

(三)社会救助

它是以国民救济法为基础建立起来的,主要是对社会保险进行补充,对无收入者或低收入者因无能力参加社会保险而遇到的各种风险给予救助。对申请社会救助的人,要进行生活状况调查,只有符合官方规定的贫困线标准者才有资格获得救济。另外,领取社会救济还有许多附加条件,比如参加劳资纠纷的工人,不得享受社会救济,只能领取家属的社会救济。领取失业津贴期满的失业者申请社会救济,还必须以登记就业、接受当局提供的任何工作为前提条件,否则取消或降低其社会救济金标准。实际上,名目繁多、百般挑剔和伤害申请者人格尊严的所谓

"生活状况调查",使许多申请者深感厌恶、望而却步,许多穷人被拒于社会救济的大门之外。

英国的社会保障制度有这样几个特点:第一,国家统一管理。英国的社会保障事业由国家设立的卫生和社会保障部(20 世纪 60 年代以前为国民保险部)管理,有 8 000 个工作人员,还有上百万的人员在各地区、地方机构中服务。529 个中央、地区和地方机构开展社会保障工作。全国划分为 12 个区,每区设一个委员会,在地方设立办事处。第二,保障项目齐全。英国社会保障制度号称"从摇篮到坟墓"均给予保障,覆盖面广,项目齐全,考虑到社会各个阶层的保障需求。例如,一个婴儿从出生时起直至 16 岁,都普遍享受家庭津贴和儿童津贴,并可免费接受教育;产妇享有生育津贴;16 岁以后如找不到工作,可领取失业救济金;参加工作后如失业,可享受失业保险或失业救助;患病有免费医疗,还可领取疾病津贴或补助;到了退休年龄,有养老金和老年津贴;死了还有遗属补助。第三,社会保障开支庞大,社会负担重。英国实行高福利的社会保障制度,支出越来越大,负担沉重。一般由雇主和雇员各负担 25%, 国家财政负担 50%。国家预算支出占国民生产总值的 40%以上,社会保障支出又占预算支出的 1/3 以上。这种状况不利于国民经济的进一步发展,影响了经济发展的后劲。

二、德国的社会保障制度

德国是世界上最早推行社会保障制度的国家之一, 至今已有 100 多年的历史。德国社会保障制度的主要内容包括:

(一)养老保险

养老保险分为法定义务保险和自愿保险两种。除国家公务员外,所有工资收入超过最低限额的雇用从业人员,都是法定义务保险对象。部分收入不高的独立经营者和自由职业者,也是法定的义务保险人。自愿保险者主要是医生、律师、零售商等,他们不受法定义务保险的约束。一般来说,体力劳动者参加工人老年保险,脑力劳动者参加职员老年保险。受保人每月缴纳的保险费,最高不得超过工资限额的 18%,如果受保人每月收入低于限额,保险费全部由雇主负担。德国法定养老保险的资金,主要有两个来源:一是企业雇主和雇员缴纳的法定养老保险费,这是养老金的主要来源;二是政府的财政补贴。享受养老金的条件主要是:(1)年满 65 岁的男性和 60 岁的女性投保人, 分别缴足 15 年和 10 年以上的保险费者,可以领取退休金;(2)年满 60 岁的男性投保人,如在满 60 岁前的一年半时间里已失业 52 周以上,也可以领取退休金;(3)提前退休者、为教育照顾子女而退休者、在丧失就业能力前缴纳了 180 个月以上保险费者,也可以享受退休金或丧失劳动能力养老金。公务员退休的最低工龄条件为 10 年,公务员养老金全部由政府财政负担,政府把这项支出列入国家年度财政预算。年满 65 岁、缴纳保险费在 180 个月以上的农民,也可以申请领取养老金,但享受养老保险的农民必须把本人财产如农具、土地、场院等的一部分转给后代或他人。农民缴纳养老保险费和领取养老保险金的水平都相对低一些。

(二)失业保险

根据《失业救济条例》,失业保险属于强制性保险制度。失业保险的覆盖范围包括每个工资超过最低限制的雇员,不论其工资高低,均有义务参加法定失业保险。国家公务员和军人不是法定的失业保险对象。失业保险分为失业补助和失业救济两种。此外,还包括就业介绍、职业咨询、职业培训、职工教育、提供帮助就业的福利和康复福利、制定增加新的就业机会措施等。领取失业补助金的条件和办法是:法律规定每周工作不到18小时即为失业,失业者在失业前的3年内缴纳了1年以上的失业保险金,失业后亲自到联邦劳动局登记才能成为官方承认的失业者,并具有资格申请失业补助金,领取失业补助金的最短时间为半年,最长为2年零8个月。根据失业前净工资(扣除各种税收和社会保险费)和就业年限等情况,再套用相应的失业补助金等级,一般可以领取到相当于就业时净工资2/3的失业补助金。凡不具备领取失业补助金的失业者,可以申请领取失业救济金,其条件是在提出申请领取失业救济金前1年内, 就业时间只有10周或领取失业补助金超过1年者,失业救济金相当于失业前净工资的58%。

失业保险基金有三个来源:一是依法征收的相当于雇员工资6.8%的失业保险金,由雇主和雇员各负担50%;二是雇主的"摊款",即雇主参加互助会,并缴纳相应费用,当企业倒闭时由该互助会支付雇员的工资;三是政府财政补贴。

(三)医疗保险

工资超过最低限度(周工资不高于480马克)而每年又少于58 500马克,或每月少于4 875马克的所有雇员,均属法定医疗保险对象。农民、家庭手工业者、失业者、大学生、残疾人、退休人员、投保人的配偶及其子女,只要他们的收入不超过最低限额,就可以免费保险。年收入超过58 500马克的雇员,可以自愿参加法定医疗保险,也可以到私人保险公司投保。公务员、自由职业者、独立经营者不属法定医疗保险对象。法定医疗保险的资金来源是投保人和雇主缴纳的保险费,国家一般不给直接补贴。企业雇员的投保,由雇主和雇员各负担50%,但如果雇员的收入每月只有481~610马克时,医疗保险费全部由雇主缴纳。

在投保人及其家属生病时或采取预防措施时, 医疗保险提供费用或服务,承担的费用包括外科、内科和牙科的治疗、药品,以及无力支付的住院费用等。如果患病职工丧失了工作能力,按规定发给病假费。

(四)工伤保险

德国工伤事故保险承担工伤事故和职业病所带来的风险。工伤事故是投保人在工作中及上下班路上所出现的事故。职业病指投保人由于从事该职业所得的疾病。投保人一旦发生工伤事故,保险机构应提供下列待遇:补偿工伤事故给个人造成的经济损失;工伤医疗费;工伤补助金,即在13周内付给与其本人工资相等的工伤补助金;抚恤金,工伤或职业病使投保者的劳动能力损失20%以上者可以获得该项补助;丧葬费,寡妇鳏夫抚恤金,一般占退休养老金的30%;孤儿补助,18岁以下子女可得到相当于死者每年收入20%的生活费;父母抚恤金,死者生前供养父母,其父母可以得到死者年收入30%的抚恤金。此外,还包括预防工伤事故和职业病措施,以及为投保者提供的就业帮助等。

德国法定工伤事故保险对象是雇员、农民、从事社会福利的人。自由职业者和独立生产者可以根据情况自愿加入法定工伤事故保险,国家公务员和军人不在法定工伤事故保险的范围之内。法律观定:企业雇主有义务保证劳工的安全,企业应缴纳的工伤事故保险金全部由雇主独自承担。1990年雇主缴纳的法定工伤事故保险金相当于雇员收入的2.15%。支付方式是雇主必须把工伤事故保险费缴纳到同业公会,由同业公会负责对发生工伤事故的投保者赔偿。

(五)社会救助

德国的社会救助除失业救济外,还有对病人、残疾者和老年人的救济。这类救济的申请者,或为维持最低生活,或是解决特殊需要,如残疾人和老年人的旁人照料等。社会扶助分两类,即生活扶助和特别扶助。享受的条件是根据社会扶助的原则,只有自身没有能力和财力获得生活费的人才有资格享受社会扶助。扶助的内容包括食品费、生活费、燃料费及杂费等日常生活费。扶助的方法有短期津贴和长期津贴、普遍津贴和特别津贴等。

三、美国的社会保障制度

美国的社会保障制度起步比较晚,在20纪30年代之前,美国并没有系统的社会保障制度,只有一些零散的局部的济贫事业,而且是以私人自愿兴办为主。真正意义上的社会保障制度是20世纪30年代才建立起来的。罗斯福亲自主持制定并通过的《社会保障法》是世界上第一部社会保障法典,标志着现代社会保障制度正式形成。后来,美国的社会保障制度又经历多次变革,使项目更加齐全,保障水平逐步提高。美国现行的社会保障制度主要包括:

(一)老年、遗属和残废保险

这是由联邦政府举办的一项全国性的社会保险项目,凡是法定部门的工作人员都必须投保,因此强制性很强。老年保险的受保对象,是从事有收入工作的劳动者,包括独立劳动者。一般不包括农业临时工人、家庭雇用的临时工、铁路员工、政府雇员等。被保险人男性年满65岁、女性年满62岁。投保人还可选择提前或推迟退休年龄,目前法定退休年龄为65岁,每提前退休一个月,养老金减发0.56%,每推迟一年退休,养老金增加3%。退休后如继续从事有收入的工作,将视其取得收入的多少决定是否扣减养老金。遗属保险是从1939年开始推行的。遗属保险是社会保险参保职工死亡后其家属，包括符合条件的配偶、未成年子女和父母享有津贴的一种社会保险制度。残废保险主要是向非因工伤残者及其家属提供的保险。

(二)医疗保险

美国医疗保险于1966年开始实行，保障对象从65岁以上的老年人扩大到任何年龄的残疾金领取者，属于强制性保险。按规定，凡参加老年、残废、遗属社会保险的企业和个人，都必须参加医疗保险。保险费由雇主和雇员按一定的比率平均分担(1985年为1.35%)，包含在社会保险税中。这一保险又可分为两部分：一是住院保险，投保者因疾病短期住院，可报销大部分医疗费用，一般住院一次不得超过90天；二是补充性医疗保险，属自愿性保险，实施范围比住院保险宽，投保者可向保险机构报销一般就诊、治疗费用和药费等。

(三)失业保险

由各州政府举办。保险范围包括一般工商企业雇员，后来又扩大到农业工人、小企业雇员和佣人等。保险资金的筹集除少数州由雇主和雇员缴纳税款外，大多数州只向雇主征税，一些州还对就业状况好的企业减免失业保险税。享受失业保险待遇通常要符合4个条件：一是失业时间在一周以上；二是失业前至少曾经工作过一年以上的时间；三是失业者必须到就业安置机构登记并积极寻找工作；四是对自动离职者不予提供。失业保险金一般为失业前原工资的50%，领取期限为20—34周。

(四)工伤保险

由各州政府举办，约有2/3的州实行强制保险，1/3的州实行选择性保险。保险范围包括一般工商企业雇员和大部分政府雇员，主要针对因工作遭遇不幸或从事有害职业的劳动者。资金来源于由雇主按行业风险程度缴纳的全部或大部分保险费，平均约为工薪总额的1.7%，大多数州由雇主负担全部费用。雇员遭受工作伤害和职业病就可享受工伤保险。一般有三项待遇：一是暂时伤残抚恤，属一种短期津贴，约为被保险人原收入的60%～66.7%，一些州对供养亲属另有补助；二是永久伤残抚恤金，约为被保险人原收入的60%～66.7%，某些州还提供经常护理和家属补贴；三是部分残疾抚恤金，支付金额随收入损失而定。此外，还支付遗属抚恤金、医疗津贴和丧葬费等。

(五)福利补助

福利补助也是由各州政府负责，补助对象是低收入者和贫困线以下者。主要包括收入保障补充津贴、抚养儿童家庭的补助、医疗补助和食品券补助等。收入保障补充津贴是针对享受不到社会保险的65岁以上的贫苦的老年人、盲人和残疾者实施的救济措施。开始由各州举办，从1974年起改由联邦政府举办。救济金额低于官方公布的贫困线的金额。抚养儿童家庭的补助，主要向只有父亲或母亲的单亲家庭的儿童提供,补助金也低于官方的贫困线标准。医疗补助是对收入低于贫困线的老年人、残疾人和低收入家庭患病时提供的一种医疗费用补助。食品券补贴是政府发放的一种食品救济,主要向低收入者和低收入家庭提供,可用于购买政府规定的食品。补贴的食品券数量取决于家庭的月净收入和人数。此外,还有住房补贴以及给低收入家庭发放的中小学生的免费午餐福利。

四、瑞典的社会保障制度

瑞典自1948年开始,也致力建设"福利国家"。按照普遍性和统一性的原则,所有公民都有权获得基本生活保障,并由国家承担多种风险。保障内容除生育、疾病、伤残、失业、养老外,还有儿童、遗属、单亲家庭、住房、教育和培训津贴。除现金津贴外,还提供医疗、护理等项服务。这种全民性保险和广泛而优厚的补贴制度,使瑞典获得了"福利国家橱窗"的美称。瑞典社会保障制度的主要内容如下:

(一)养老保险

瑞典的养老保险分为基本养老金、附加年金和一般补助金等三部分。基本养老金又称人民养老金,凡年满65岁的退休职工,不论退休前收入水平如何,都有权领取基本养老金。基本养老金的计发以"基数"为基础,"基数"每年由政府决定,单身者可以领取"基数"的96%,双职工可以领取"基数"的152%。另外,也可以提前到60岁或推迟到70岁才领取,但给付金额要按一定比例减少或增加(提前,每月减少0.5%;推迟,每月增加0.68%)。基本养老金制度的出发点,是建立一种普遍的起码的年金制度,对每一个丧失劳动能力的、达到退休年龄的,或死亡者的遗属,提供一种最低生活水平的保障。基本养老金不需要雇员缴纳保险费,但雇主和独立劳动者必须缴纳应征收入的8.4%,另一部分则来自于政府财政拨款。

附加年金则与个人退休前收入密切相关。附加年金的基金,来自于雇主按工薪总额的12.25%所缴纳的保险费。一般补助金是对那些无权获得充分附加年金而只能取得部分附加年金者所进行的补偿。

(二)医疗保险

瑞典公民和居住在瑞典的他国公民,均可享受保险待遇,可领取三种津贴:医疗费津贴、病假津贴和双亲津贴。参加医疗保险者的医疗保健采取报销制度,即先由患者自己付款,然后向保险机构报销。医疗费用包括医生治疗费、住院费、药费、往返医院或诊所的路费等,由保险机构按规定的标准报销。病假津贴用于弥补患者因病而减少的收入损失,相当于正常收入的90%。家庭妇女每天可领取8克朗的病假津贴,如自愿参加医疗保险,则每天的津贴提高到48克朗。孕妇产前可领取50天的妊娠津贴,产后领取12个月的双亲津贴(头9个月为其收入的90%,后3个月只有产前就业者方可领取,每天48克朗)。

(三)失业保险

瑞典的失业保险津贴向加入工会自愿建立并经批准的失业基金会的成员发放。领取者必须符合下列条件:参加该基金会一年以上,有劳动能力,已向地方就业介绍所登记,对所分配的合适工作不得拒绝,等等。领取失业津贴最长时间为300天,55~65岁的职工可延长到450天。发放标准由失业保险基金会根据失业者本人的收入情况确定,均为原收入的92%。领取失业保险津贴的时间超过300天者,可领取失业救济金,不再领取失业保险津贴。失业保险基金的来源:一是参加失业保险者的交费;二是企业主按企业工资总额的0.8%提供基金;三是政府拨款,约占90%;四是基金的资产收益。没有参加失业保险基金会者失业后,可以从社会保险局每天领取一定数额的失业补贴,期限为150天。

(四)工伤保险

工伤保险针对在工作时由于事故或其他有害因素造成的伤病 (传染病除外)而设立。瑞典的工伤保险包括所有在瑞典有收益职业的人。工伤保险的基金由雇主和个体经营户缴纳,政府财政只对最初90天的疾病(工伤)保险费给予补偿。因工致残的永久残废者的抚恤金为原收入的100%,残疾程度在1/15及以上者按残废等级发给抚恤金。

工伤保险还要对因工死亡者的未亡人(不含鳏夫)以及受其供养的父母与未成年子女负责,将给予他们一笔年金,以维持生计。此外,对工伤致死的丧葬也给予补助。

(五)社会救助

瑞典的社会救助是根据有关立法,对那些无收入或收入很低不足以维持最低生活需要的家庭(或居民)实施的救助。以前社会救助主要是提供实物(如提供食品、衣服、住房等),现在以现金支付为主。此外,瑞典还对残疾人就业给予了有力的支持。

(六)社会福利

瑞典是个高福利国家,福利项目很多。主要有:家庭补助(又称儿童补助)、教育福利、孕妇搀扶福利等。家庭补助也覆盖了被雇用的外国人家庭,不管其收入水平高低,16岁以下的儿童均可得到,并且不需要经过家庭状况调查。瑞典实行中小学教育完全免费,高等教育实行部分免费,国家还对学生给予资助。孕、产妇福利方面,孕妇产前检查和分娩实行免费,新生婴儿的母亲或父亲可以享受一年的假期(由父母轮流享用,从1989年起可以休假18个月),并领取原工资的90%。此外,还有结婚贷款和儿童保健方面的福利。

(七)住房补贴

自1969年起实行。瑞典规定, 领取基本养老金的退休人员及享受残废抚恤金、遗孀抚恤金。低收入的家庭经收入调查后,由地方政府规定标准不同的住房补助。自建住宅和修缮住宅可以获得低息贷款。政府还通过修建老年人专用公寓和向老年人提供住房津贴以改善老年人的居住条件。

瑞典的社会保障制度有几个明显的特点：一是社会保障制度是由国家立法强制实行的。每一个公民从出生到死亡，都处在社会保障网之中。这些社会保障措施并不是一种施舍，而是公民应有的一项基本权利。如果个人应该享受的福利待遇没有兑现，是可以依法提起诉讼的。二是高福利，高福利是靠高税收来维持的。瑞典的社会福利开支约占国民生产总值的1/3，且呈不断增长的趋势。这种高福利式的社会保障政策，主要靠国家财政和雇主来支撑，其中国家财政拨款约占50%。财政收入实际上又取之于福利受益者本人，因此税率也是相当高的。一般来说，瑞典人工资收入的大约50%要用来缴税和社会保险费，管理阶层则要用工资的60%～70%来缴税。三是社会保障开支的刚性比较强。瑞典的社会保障水平本来起点就比较高，一经增加又很难降下来，呈现出很强的刚性。这种“福利刚性”对经济的长远发展是不利的。

五、新加坡的社会保障制度

新加坡社会保障制度的主体是中央公积金制度。它是通过国家立法，强制所有雇主、雇员依法按工资收入的一定比例，向中央公积金局缴纳公积金，由中央公积金局加上每月应得利息，一并记入每个公积金会员的账户，专户专储。会员所享受的待遇，只在其账户的公积金金额内支付。最初，中央公积金制只是一种简单的养老储蓄制度。后来，随着社会经济的发展和收入水平的提高，逐步发展为综合性的包括养老、住房、医疗在内的制度。会员的养老金只有在达到退休年龄时才能领取，但在退休前，可以在特准范围内用公积金支付购买住房、医疗和教育费用。

中央公积金制度的要点是：

第一，中央公积金的筹集。中央公积金由雇主和雇员共同缴纳，政府规定所有新加坡公民和永久居民都必须缴纳公积金，并存入个人账户。自1955年建立中央公积金制度以来，随着经济的发展，公积金缴费比例进行了多次调整。1995年，55岁以下雇员和雇主共同缴纳的总比例为40%，55岁以上者缴费比例要低一些。另外，对缴纳公积金的基数有最高限制，也就是雇主和雇员每月缴纳的公积金最高不得超过1 200新币。从1992年开始，中央公积金计划推广到所有年收入超过2 400新币的自雇者，规定他们必须将营业收入的5%存入医疗储蓄账户，并享受医疗保健方面的福利。

按照不同的用途，中央公积金分别记入三个不同的个人账户：(1)普通账户，可以用于购置产业、获批准的投资、保险、教育、转拨款项以供父母退休账户使用；(2)医疗储蓄账户，可以用于支付住院和医药方面的费用；(3)特别账户，可以作为晚年养老和应急之用。随着雇员年龄的变化，三个个人账户的记入比例也相应地调整。

第二,中央公积金的使用。主要用于三个方面:(1)养老保险。新加坡政府规定,除完全丧失工作能力和永久离开新加坡这两种情况下可以提前支取公积金外,必须在年满55岁并且在退休账户中保留一笔最低存款,才能领取公积金。但退休账户中保留的最低存款并不要求都是现金,而可以有部分产业作抵押。最低存款的数额是不断调整的。如果年满55岁而退休账户中的存款没有达到最低存款额,可以通过四种途径来解决:一是55岁以后继续工作,可以用缴纳的公积金存款中的一半来填补最低存款;二是可以将普通账户中的存款转入退休账户;三是在子女存有超过父母最低存款两倍以上的公积金存款的前提下,可以用超过部分填补父母的最低存款;四是用现金填补自己的最低存款。如果一对夫妻联合保留最低存款,则只需要保留共有存款的150%,并指定对方为最低存款的受益人,一旦一方去世,最低存款就转入另一方的退休账户,以填补最低存款退休账户内的最低存款。退休账户内的最低存款可以在三种投资方式中作出选择:一是向获准的8家保险公司购买养老保险,保险公司按月支付养老金,直到被保险人死亡;二是存入指定的23家银行;三是继续保留在中央公积金局。如果选择后两种方式,那么受保人在年满60岁,也即达到法定退休年龄后,每月按一定数额领取养老金,直到用完最低存款为止。(2)医疗保险。医疗储蓄账户主要用于支付个人或家人的住院费用,包括病房费、医疗费、外科手术费、各种治疗检查费等。中央公积金中的医疗储蓄账户存款,最高限额为19 000新币,超过这个限额的缴费便自动转入普通账户。如果住院费用超过医疗储蓄账户存款,不足部分用现金支付。为了保证退休者有一定的资金支付医疗费用,新加坡政府规定雇员在55岁退休时,其医疗储蓄账户中必须保留14 000新币的存款。(3)住房保障。中央公积金可以用于两项购屋计划:一是公共住屋计划,可以用普通账户中的公积金按期偿还,这项计划还允许用公积金来支付由建屋发展局组织的祖屋翻新费用;二是住宅产业计划,也就是用普通账户存款购买私人住宅产业及相关的费用。

第三,公积金的投资和管理。公积金可以用于投资。会员可以根据自己的公积金储蓄情况,在中央公积金局提出的投资计划基础上,独立选择自己的投资计划。为防止滥用公积金结余,政府还规定会员要将选择投资计划后公积金余额的99%购买政府债券。为了加强对公积金的管理,政府设立了中央公积金管理局。公积金管理局设理事会,由政府、职工代表、雇主、社会保障专家四方组成,主席由政府委任,公积金管理局日常工作由总经理负责。政府对公积金存款无权动用,只能以政府债券的形式有偿借用并如期归还。

为了弥补单纯公积金制度存在的缺乏保险机制的弱点,新加坡政府采取了这样几项措施:一是在养老和医疗账户方面,如前所述,规定了最低存款限额;二是在医疗保险方面,1990年开始实行健保双全计划,1994年又推出增值健保双全计划，这两项计划相当于大病医疗保险；三是在家庭保障方面，实行了家属保障计划(旨在使会员和他们的家属一旦发生不幸事件，能有一定的经济保障渡过困难。投保年龄可达60岁，每年的保费在36～360新币之间，最高投保额为36 000新币)和家庭保障计划(旨在保证会员在永久性丧失劳动能力或死亡时，不致因付不起住房贷款而失去住宅。凡是在公共住屋计划中动用公积金分期支付购房款的会员，必须参加该计划，但60岁以上者和健康欠佳者不能参加这项计划。一旦投保人发生意外，公积金局将为会员支付没有付清的住房贷款，但支付的最高限额不能超过所投保的保额)。

新加坡的中央公积金制度有这样一些特点：一是强化了人民的自我保障意识，上一代不给下一代留下任何包袱，避免了代际转嫁负担带来的各种社会问题；二是由于筹资模式是完全积累式的，避免了人口老龄化的影响和困扰，不致使国家和企业背上沉重的养老负担，不会出现退休金的支付危机和困难；三是公积金记入个人账户，使这一制度的透明度大，监督和约束机制很强；四是由于把每个人的公积金存款与本人的劳动贡献和工资收入紧密结合在一起，公积金存款越多，所享受的养老金和医疗保健待遇也越多，因此具有很强的激励作用；五是中央公积金结余的绝大部分用于购买国家债券，保证了资金的安全。但是，这一制度也存在一些问题，主要是仅限于家庭内部互济，难以达到社会共济的保障目的和“安全网”、“稳定器”的作用，相对较高的缴费率对新加坡企业在国际上的竞争力也有一些负面影响。

第三节　我国社会保障制度的建立和完善

社会保障制度的建立和完善是现代市场经济的客观要求和重要特征。要保证社会主义市场经济的正常运行和发展，必须从根本上改革传统计划经济体制下的社会保障制度，建立适应社会主义市场经济体制的新型社会保障制度。

一、我国社会保障体系的现状及问题

自新中国成立以来，我国的社会保障制度，从无到有，先后经历了四个发展阶段，初步形成了自己的社会保障制度体系。

(一)创建阶段(1949年10月至1957年底)

1951年2月，国家正式颁布实施《中华人民共和国劳动保险条例(草案)》，对职工的医疗、生育、养老、病假、伤残、死亡、失业等待遇作了低标准规定，并逐步扩大了实施范围。

(二)发展阶段(1958年至1968年)

这一时期，我国的社会保障制度与计划经济体制相适应，在实施方法、保障水

平、享受范围等方面都有了改进。如统一退休、退职规定,制定批准职工病伤、生育假期办法,加强职业病保障等。

(三)受挫折阶段(1969 年至 1978 年)

十年动乱期间,社会保障制度受到严重干扰和破坏,鉴于当时形势,财政部于1969 年 2 月发出通知,国营企业一律停止提取劳动保险金,企业的退休职工、长期病号和其他劳保开支一律改在营业外列支。至此,社会保险失去了统筹调剂的职能,社会保险变成了"企业保险"。

(四)改革完善阶段(1979 年至今)

党的十一届三中全会以来,随着经济体制改革的不断深化,社会保障制度的地位、作用日益突出。党和政府在"七五"计划、"八五"计划中都明确提出了改革和完善社会保障制度的目标和任务。改革和完善社会保障制度的工作已全面展开。

我国原有的社会保障制度,已初步形成了包括社会保险、社会救济、社会福利和社会优抚四个方面的社会保障体系,它在保障广大职工的养老、健康和应付各种意外事故、解除职工的后顾之忧、调动职工劳动积极性等方面,起了重要的作用。但是,原有的社会保障制度也存在较多弊端:

1.从保障对象来看,社会保障的覆盖面狭窄

社会保险主要是对城镇国有单位职工的社会保险,非国有企业和机构的就业人员,如一部分集体企业、私营企业、三资企业和个体户,基本上还没有建立养老保险、医疗保险、失业保险等基本社会保险制度。

2.从保障性质来看,以企业保障代替社会保障

严格地说,改革开放以前,中国没能建立起真正的社会保障制度,而是以企业保障代替了社会保障,只有在国有企业就业,才能享受到养老、医疗等保障,一旦不能在国有企业就业,便无法获得这些基本的社会保障。也正因为如此,才不会有失业和国有企业的破产制度。

在这种保障制度下,会带来一系列的矛盾:首先,它会加剧国有企业人浮于事的现象。人们为了获得相应的社会保障,都希望到国有企业工作,加大了国有企业劳动力分配供给压力,国有企业作为政府主办的企业,也有义务去帮助政府解决就业问题,于是,必然导致国有企业冗员沉重。其次,离开国有企业,职工便丧失了基本的生活资料来源,于是,也就无法形成有效的国有企业职工流动机制和失业压力,以及企业的竞争机制。第三,导致国有企业负担沉重,企业之间不能平等竞争。随着时间的推移,国有企业负担日益增大,特别是那些老企业,它们的退休职工众多,退休金和医药费支出负担非常沉重,使得它们的成本较高,财务上困难日趋加重,甚至难于自拔。而新企业职工平均年龄低,需要负担的退休职工人数少,社会保障负担轻。这使老的国有企业在竞争中处于不利地位。与此同时,

由于不同的企业间社会保障水平不同,也阻碍了职工在企业之间的正常流动。第四,不能适应改革的需要。在经济体制改革期间,经济结构处于变动之中,企业重组经常发生,如果以企业保障替代社会保障,会丧失其真正的社会保障功能,无法形成吸收改革震荡的社会安全网,会增加改革的阻力和成本,甚至导致社会不安定。

3.从分配机制来看,实行的是现收现付制,难以有效应对老龄化带来的压力

以受益为基准的现收现付制,实质上是在业劳动者对退休离职劳动者进行的转移支付。在老龄化达到较高程度时,在职人员在现收现付的社会保障体制下就要赡养过多的老年人,从而损伤他们的劳动积极性。在我国,由于两个方面的原因,使得现收现付制下在职职工的负担沉重:一是20世纪80年代就开始出现老龄化迹象,现在已经进入老龄化国家的行列,并且在计划生育政策下,人口老龄化正在加速发展。二是几十年来国有企业积累起来的冗员沉重。目前一些老国有工商企业,领取退休金的退休人员与在职人员的比例往往很高,有的多达1/3乃至1/2,甚至是100%。同时,由于老年人是医疗保健的主要对象,人口老龄化还会造成医疗费用的迅速增长。在这种形势下,如果继续采取现收现付方式支付退休金和医疗费用,甚至以企业保障代替社会保障,那么,企业的退休金和医疗费用负担会变得愈来愈沉重,这将严重影响在职人员的积极性。

4.从给付基准来看,我国实行受益基准制,受益人与向社会保障体系的缴款脱钩,容易导致"大锅饭"

在传统的社会保障制度下,国有企业和国家机关职工的社会保障特别是养老保险、医疗保险,全部由企业和国家承担,个人基本不负担费用。不但企业和国家负担太重,企业间的负担很不平衡,而且造成保险金使用的很大浪费。"一人看病,全家吃药"现象相当普遍。

5.从管理方式来看,以政府机构统一管理为主,管理混乱,效率较低

社会保障机构政企不分,部门分割。劳动、卫生、民政、农业等部门和保险公司各管一摊,集立法、收钱、花钱和监督于一身;各部门职能划分不明确,往往是只收钱,不服务。钱要企业出,事还要企业办,就像有人形容的,是"五龙治水,天下大旱。"

各项社会保障基金,从资金筹集、发放、使用到对保障对象的管理,都缺乏社会化、科学化的管理,资金运用分散,对挪用和滥用资金现象缺乏严格监督机制。在我国过去的社会保障体系中,社会保障开支是在国家行政机关监督下由企业报销。这种管理方式导致资源大量浪费,也容易滋长官僚主义和增加社会保障系统的运营成本。

面对这样的社会保障制度,不进行彻底的改革,就会制约中国经济体制改革的总体进程。

二、社会保障制度建立的基本原则

我国社会保障制度的改革需要遵循以下一些重要原则：

1.建立多层次的社会保障体系。社会主义市场经济要求社会保障体系多层次化，包括社会保险、社会福利、社会救济、社会优抚、社会互助、个人储蓄积累等。建立多层次的社会保障体系，既是建立社会主义市场经济体制的基本任务，也是深化国有企业改革，转变政府职能，保持社会稳定和促进经济社会持续发展的重要举措。

2.社会保障水平要与社会生产力发展状况及其各方面承受能力相适应。必须从社会主义初级阶段的实际出发，并与社会生产力发展水平相适应，与社会各方面的承受能力相适应，渐进推动社会保障体系建设。即社会保障体系应由点到面，通过试点，逐步展开，不能急于求成；社会保障体系及项目应由少到多，精心操作，逐项落实，稳步增长，不能随心所欲；社会保障体系及标准应由低到高，循序渐进，重点推进，不能主观想象。只有如此，才能逐步建构具有中国特点的、反映市场经济要求的社会保障体系。

3.坚持社会保障的权利与义务、效率与公平的相互统一。要充分发挥经济与社会的双重功能，一方面满足社会公民最基本的生活需要，以及每个公民应享有的平等的社会保障权利，形成稳定的社会保障机制；另一方面充分发挥社会公民的主动性和创新精神，积极为社会贡献、为他人服务，履行应尽的社会责任、义务，形成积极的社会保障创新机制。在权利与义务相统一的基础上，坚持义务先行的原则，在效率与公平相结合的基础上，坚持效率优先的原则，使社会保障体系建立在经济与社会功能有机联系、协调发展的基础上。

4.按照社会保障体系的不同类型确定保障基金的来源和保障方式。原则上应实行国家、企业或其他组织、个人三方面按比例负担，提倡社会互助、社会统筹和个人账户相结合，建立覆盖城乡的社会保障基金体系。

5.重点建立与完善社会养老制度体系和失业保险制度体系。强化政府的社会保障统筹功能和服务功能，硬化养老基金和失业保险基金的指标体系，约束企业缴纳指标，优化企业结构，促进企业发展，提高企业竞争力。

6.建立统一的社会保障管理机构，提高社会保障基金的监督管理水平，形成社会保障基金筹集、运营、监管的内部治理机制。社会保障管理机构和社会保障基金运作要依法分离，社会保障机构主要行使社会保障的行政管理职能，社会保障基金运作要规范化、法制化，防范风险，保持透明度，形成社会保障基金运作的内控机制和外部监督机制。社会保障政策的统一化、一体化，社会保障监管的法制化、制度化，社会保障基金运作的内控化、透明化，成为建立社会保障体系的基本原则。

三、我国社会保障体系的完善

随着经济全球化以及我国经济体制转轨、经济结构转型进程的加速进行，我国现有社会保障制度面临严峻的挑战，社会保障的压力非常大。要逐步减轻社会保障的压力，我们必须进一步改革和完善现行的保障制度。

1.扩大社会保障覆盖范围，逐步建立覆盖城乡所有劳动者的社会保障体系

从发达国家社会保障制度的发展看，社会保障最初只覆盖工业工人，随后依次逐渐扩展到商业和第三产业的劳动者、公务人员和农业工人、个体劳动者和小业主，甚至工薪劳动者的配偶。扩大社会保障范围，使之逐步覆盖城乡所有劳动者，这是我国社会保障制度建设的长期奋斗目标，也是实现社会保障制度公平性的必然要求。

2.合理确定支付水平，使社会保障水平同经济发展水平相适应

我国是一个发展中国家。根据我国人口众多、年龄结构老化、人均国内生产总值较低、未来社会保障负担沉重的现实情况，再考虑到国家层面上的社会保障资源严重不足、社会保障具有刚性、经济不景气时社会保障支出反而会急剧增长等情况，在扩大社会保障覆盖范围的同时，支付起点应相对低一些，社会保障制度的受益者从整体上只能享受低层次的社会保障水平。低保障、广覆盖应成为我国社会保障制度的一项长期政策选择。

3.针对国民保障需求的多元化，建立多样化的社会保障模式

社会保障在不同时期、不同文化、不同经济条件和不同制度的国家中表现为不同的模式。我国应在借鉴国外先进经验的基础上，注重结合自己的国力与国情，建立中国特色的社会保障模式。我国经济社会发展的现状决定了国家建立的基本保障制度只能起到基础性作用，解决国民在遇到收入风险时的基本生活问题，尚无法满足人们多元化的需求。这样，补充保险或政府鼓励的基本保障以外的其他保障就显得十分重要。建立多样化的社会保障模式，一是能满足不同个体和家庭对社会保障的不同需要，有助于在坚持公平的基础上促进效率的提高；二是有利于解决低保障、广覆盖所造成的公平有余而保障不足以及可能存在的效率损失问题。多样化的社会保障模式由多功能的社会救助体系和包括国家强制的最低水平的社会保险、由缴费决定或自愿购买的补充保险在内的多层次的社会保险体系构成。

4.扩大筹资渠道，实现社会保障基金来源多元化

社会保障基金的筹集，以往主要采用现收现付制。这种模式既不公平，也不能筹集到足够的基金以备未来之需。随着经济社会的发展，人均寿命延长，老龄化社会到来，人们对生活质量和健康质量的要求进一步提高，要求社会保障既能体现自己养活自己的原则，又能够筹集到足够的资金以备将来使用。这就要求实行多

样化的筹资模式,即实行以部分积累制为主体,现收现付制和完全积累制并存,个人账户制、捐赠、发行彩票和可降低管理成本的志愿者服务等形式相结合的多种来源渠道的社会保障基金筹集模式。

5.加强社会保障立法,形成法制化、规范化、高效化的社会保障运行管理体制

依法办事是完善社会保障制度的基本要求。社会保障制度的改革、运行、管理,只有以法律为依据,才能公平、高效、健康地发展。

第十章　建设社会主义新农村

人类社会发展史表明，农业是国民经济的基础，农业在国民经济发展中具有举足轻重的地位。20世纪中后期以来，我国的农业、农村、农民问题日益突出，主要表现为农业生产经营出现了多年的“增产不增收”现象，乡村治理方面出现了一系列的治理性危机，农民在生活中面临着日益加重的物质和精神压力，这些现象被形象地表述为“农民真苦、农村真穷、农业真危险”。为破解“三农”问题，党的十六届五中全会提出了建设社会主义新农村的战略举措。本章着重分析建设社会主义新农村的时代背景，阐述新农村建设的目标要求、主要模式及对策建议。

第一节　建设社会主义新农村的时代背景

“社会主义新农村”这一概念，早在20世纪50年代就提出过，此后多次出现在党的有关文件中。2005年10月召开的党的十六届五中全会提出的建设社会主义新农村的战略举措，是在我国农村经济社会发展的新阶段提出的，具有深刻的时代背景。

一、非农化发展战略的实施让农民付出了沉重的代价

新中国成立以来，我国农村经济社会的发展走过了不平凡的历史过程，这其中既有人类社会从农业社会向工业社会发展过程中的一些共性的东西，也有我国自己的特点。

新中国成立以后，以美国为首的西方国家对我国进行了封锁和制裁，为了迅速摆脱我国经济落后的局面，必须建立自己的工业体系，即要加速实现工业化。众所周知，工业化是需要巨额资金和资源的。在历史上，工业化的资金和资源筹集有两条道路，一个是西欧式的工业化道路，通过对外掠夺来为工业化筹集发展资金，如英国、法国、西班牙等西欧国家；另一条是外部资金注入，如韩国、日本等国家的工业化。而我国当时是新生的社会主义国家，历史上两种工业化的筹集资金渠道我国都不可能利用，只能通过国家内部解决。新中国成立初期，我国的社会经济发展水平相当低。1952年，全国人均国民生产总值仅50多美元，资金极度匮乏，农

业劳动力份额达83.5%,农业净产值的比重为70%。

面对资本供给严重不足,而农业劳动力又极为丰富的现实,如果经由市场机制决定资本和劳动的价格,其结果必然是资本价格(利率水平)会相当高,而劳动力价格又相当便宜。按照市场机制,发展资本密集程度高的重工业,无疑会支付高昂的成本,即用市场的力量很难将资本引入到重工业部门,反倒极有可能诱导以劳动密集型为特征的轻工业部门优先发展,这同我国的战略选择大相径庭。为确保将社会经济资源快速、集中投向工业,进而又重点投入重工业,实现国家既定的工业化目标,我国建立了一套可集中动员和配置资源的计划经济体制。

第一,对分散的小农经济实行社会主义集体化改造。采取行政强制手段将农业初级社迅速发展成高级社进而快速过渡到人民公社,为国家工业化能从农业中顺利获得低廉的农产品供给和原始资本积累提供组织制度保障。

我们知道,土地是农业的主要生产资料,也是传统社会农民赖以生存的基本保障。我国农村计划经济体制的选择就是从土地开始的。

在新中国建立初期, 我们根据新中国建立前在解放区进行土地改革的经验,结合新中国成立后的新情况, 于1950年在全国范围内开展了大规模的土地改革运动。其核心是剥夺地主的土地、房屋、牲畜等财产,分给无地或少地的农民,使农民“耕者有其田”。

农民获得土地后,产生了前所未有的生产积极性,大多数农民的生活也由此得到改善。但是,在生产过程中也产生了一些问题。如,在人多地少的地区,一家一户生产经营规模小,生产分散,不能合理利用土地、劳动力、牲畜以及农具,也无力采取新技术,抵御自然灾害能力弱,劳动生产率明显不高;在土地相对较多的地区,由于耕种、收获季节集中,人畜以及农具利用矛盾突出,一家一户生产经常延误农时,影响土地生产率。在此情况下,为克服上述矛盾,全国许多地区的农民自发组织起来, 开展各种互助合作活动, 一些地方农民临时联合起来共同插秧、打谷;一些地方农民实行临时变工换工,合用牲畜和农具;有些地方农民索性成立了常年固定性质的互助组织即互助组,他们共同制定劳动、生产资料互换和互助计划,并定期记工算账。中央也于1951年9月制定了《中共中央关于农业生产互助合作的决议(草案)》,支持农业广泛开展互助合作运动。但是,互助组在发展过程中也暴露了一些问题,比如劳动力有弱有强,耕畜农具有多有少、有好有坏,使得变工换工不对等;耕作和收获时间比较集中,而变工换工有先有后。这些都成了产生矛盾的焦点所在。

为解决互助组中个体经营与集体劳动之间的矛盾,在东北、华北、安徽等地区农村出现了初级农业合作社。合作社将农民的土地、耕畜、大型农具等折价入股,统一经营,收入按劳动和土地等生产资料分配。起初,初级农业合作社基本上是由农民自愿、渐进式组织起来的,发展过程比较健康,效果比较好。但在1953年6

月，毛泽东在中央政治局会议上提出过渡时期总路线，即要在一个相当长的时期内，初步实现国家的社会主义工业化，并初步实现对农业、对手工业和对资本主义工商业的社会主义改造。10月，中央发布了《中共中央关于发展农业生产合作社的决议》，提出中国农业要走由初级社到集体所有的高级农业生产合作社的路子。1956年10月，党的七届六中全会上，中央又作出了加速发展农业合作化的决议。在这一系列会议精神和文件决议指导下，农业生产合作社的发展高速推进，各地在初级社立足未稳的情况下纷纷向高级社过渡。高级农业合作社实行土地集体所有，耕畜和大农具也作价归公，收入按劳动分配。到了1956年全国加入高级社的农户比重已经达到96%。至此，我国农村基本实现了由半社会主义性质的初级社向完全社会主义性质的高级社的转变。

农业合作化刚完成不久，中国农村制度变迁又进行了一次不切实际的大冒进，这就是1958年底基本实现的人民公社化。人民公社的明显特征是“一大、二公、三拉平”。“大”就是盲目的追求大规模，认为公社规模越大越有优越性。“公”就是把一切生产资料乃至生活资料收归公有，由公社统一经营、统一核算。“拉平”就是否认差别，在国家和公社之间、公社和公社之间任意搞平调；否定等价交换的商品经济原则。此外，人民公社实行准军事化管理，搞供给制，集体出工劳动，集体吃饭，对公社以内的行政事务搞行政命令和瞎指挥。

第二，对粮棉油等主要农产品实行统购统销政策，以购销制度控制农产品供求。随着工业化的快速推进和非农业人口的不断扩张，社会对农产品特别是粮食的需求迅速增长。为保证国家工业化建设所需要的粮食，稳定粮价，消灭粮食投机，从1953年起，开始对粮、棉、油等重要农产品实行统购统销政策。至20世纪70年代末期，由国家统购派购的农产品已增加到230多种。对于农产品消费，国家实行定点凭证供给的统销政策。对农产品实行统购统销政策，实质上是国家超越和替代市场职能，垄断农产品的购销经营权，既从生产来源上控制农产品的供给总量，又从最终消费上控制农产品的需求总量。

第三，实行城乡高度分割的二元户籍制度，限制农村人口和劳动力向非农产业和城市流动。虽然，将个体小农经济改造为人民公社制度，扫除了工业化的制度障碍，降低了工业化从农业汲取剩余产品和资本积累的成本。但是，在储蓄不足、资金短缺的条件下，面对农村大量富余劳动力，如果按照市场经济制度，任由城乡劳动力自由流动，必然会出现大量乡村低收入人口涌向城市和工业部门。低收入人口的大量进入，不但会加剧城市化与工业化在资源配置上的矛盾，而且还会大大降低工业部门的资本有机构成，阻碍重工业优先发展。因此，设立一个门槛，限制农村劳动力和人口向城市以及工业部门流动，就成为又一制度选择。此后，我国以户口制度为基础，又先后制定了与其相配套的一系列制度安排。例如，粮食、副食品和燃料等生活资料供给制度、住房分配制度、医疗制度、教育制度、就业制度、劳动保护制度、养老保障制度、婚姻制度、生育制度和兵役制度等。这些制度安排，把城市人和农村人分成了两个不同的二元“世界”和两种不同身份。只有城市人才能享有上学、就业、分房、公费医疗、凭票购粮等十几种福利，而农村人则被这些制度排斥在城市文明之外，挡在工业化之外，仅成为为国家工业化提供食品、原料和原始积累的劳动机器。城乡分割的户籍制度的形成与实施，不仅阻挡了农村人口向城市迁移，同时它还为政府从城市向农村排放“过剩”人口提供了制度保障。

第四，垄断和控制生产要素配置权，限定农村产业发展方向。有了完善的城乡户籍分割制度，可以有效地限制农村人口向城市和国家大工业流动。但是，如果不限制农民在农村的产业发展方向，任由他们自由支配手中的生产要素，他们完全可以利用一切机会，在农村大力发展工业以及服务业。这样就必然会造成农民与国家工业化争夺资源的矛盾。为了控制工业化资源，国家还相继垄断和控制了主要生产资料的配置权。一方面，政府对用于非农产业的生产资料和资金，实行严格的计划分配政策，只有纳入国家计划轨道的企业，才能申请获得所需要的物质和资金，而农民要想放弃农业转而发展工业以及其他非农产业，首先他们无法获取所需要的资金和生产资料。另一方面，政府还对用于农业生产的资金、化肥、农药、农业机械和塑料薄膜等，根据需求量和供给能力，进行计划管理和分配，农民只能按照农业生产计划获得上述生产资料和流动资金。于是，被限制在农村的农民，在无法转产发展非农产业的条件下，只能以经营农业为主。

至此，一整套服务于国家工业化战略，并能为重工业优先发展提供粮食、原料和资本积累的农村计划体制形成了。

由此可以看出，我国农村制度的变迁，完全是在国家行政力量的支配下，为了服从和服务于工业化战略，迫使农民进行了多次被动的选择。进行这种强制制度选择，国家付出了沉重代价，农业农村发展受到极大的抑制，农民作出了巨大的牺牲。根据匡算，1952 年至 1990 年我国工业部门从农业部门提取的剩余资金累计达到 11 594.14 亿元，其中 75.1%来自工农业产品不等价交换的“剪刀差”，13.2%来自于农业税，11.7%来自于银行储蓄净流出。而同期国家支农资金仅3 000 亿元，净流失 8 000 亿元。多年来，国家财政对占 2/3 的农村基本建设投资，仅占总额的 1/4，而对占 1/3 的城市投资则占总额的 3/4。

正是由于我国长期实行的城市优先、工业优先的非均衡发展战略，使得我国出现了“城市畸形繁荣，农村日渐衰落”的局面。从 1957 年到 1978 年，我国工业产值增长了 65 倍，而农业产值增长还不到 3 倍，农业生产率年均递增仅为 0.3%，不仅低于印度的 0.7%，更低于中等收入国家 2.6%的水平。1976 年，全国平均一个农业劳动力全年生产的粮食在 1 000 公斤左右，平均一个农业人口提供商品粮只有 70 公斤，人均占有粮食只有 307 公斤，和 1956 年一样多。1978 年，全国平均每个农业人口全年从集体得到的收入只有 70 多元，有将近 1/4 的生产队社员收入在

50元以下,平均每个生产大队集体积累还不到10 000元,有的地方甚至不能维持简单再生产。直到1978年,全国仍有2.5亿农村人口处于未得温饱的贫困状态。即使是改革开放以后这种局面仍未得到根本的改变。2008年,农村居民人均纯收入是4 761元,城镇居民人均可支配收入是15 781元,二者之比为3.33:1,这是新中国成立60年来城乡居民收入差距绝对差额第一次突破1万元以上。更值得注意的是,即使到2020年,我国城乡居民收入差距开始缩小的拐点仍不明朗。其根源在于,占我国总人口80%以上的农民,只占有20%的社会资源,城乡居民资源分配上的不平等,必然导致财富创造和财富占有上的不平等。目前,我国第一产业劳动力占社会总劳动力的比例为43%,而第一产业年增加值只占GDP的10.4%,仅相当于二、三产业的1/6。平均每6个农民一年创造的财富仅相当于城市二、三产业1人创造的财富。

受城乡二元结构的影响,在向居民提供公共服务上长期实行"先城后乡、城多乡少、城优乡差"的政策,使得农村经济发展和社会公共事业既不能适应农村经济社会发展需要,也与城市发展差距越拉越大。主要表现是:

第一,农业生产基础设施仍然薄弱。一是农田水利设施建设严重滞后。2003年全国耕地总面积19.5亿亩,其中灌溉面积只有8.38亿亩,仅占43%;机电灌溉面积不足30%。二是耕地数量逐年减少,质量下降,水土流失和荒漠化现象严重。全国高产稳产田只占耕地总面积的35%,受干旱、陡坡、瘠薄、洪涝、盐碱等各种障碍因素制约的中低产田占65%。全国水土流失面积356万平方公里,占国土面积的37%。近五十多年来,全国因水土流失毁掉的耕地达4 000多万亩,平均每年近百万亩。同时,多年来草地资源受到严重破坏,退化、沙化和碱化的草原面积达到1.35亿公顷,约占草地面积的1/3。三是农业科技支撑不足,科技装备能力差。科技进步对农业的贡献率只有40%多, 大大低于发达国家的70%～80%的平均水平。目前全国农业机耕、机播、机收水平分别为50.7%、31.2%和22.7%,其中两大主要粮食品种水稻和玉米的机收水平,分别仅为10%和5%。由于推广体制不顺、经费不足和队伍不稳,农业科技成果到户困难。四是动植物防疫体系不健全。目前,基层防疫力量相当薄弱,部分基础设施落后,分站(所)房屋破旧、设备简陋,相当部分乡镇兽医站缺乏必要的仪器设备和交通工具,防疫工作仍停留在感官检验的水平上,无法及时发现、及时处置动物疫情。

第二,农民生活条件落后。一是农村饮水问题。据有关部门资料,全国仅有14%的村庄有自来水厂或供水设施,以水质、水量、用水方便程度、供水保证率等饮水安全指标衡量,全国还有3亿多农村人口饮水未达到安全标准,其中80%分布在中西部地区。饮用水质不达标人口2.2亿,其中氟砷含量超过国家生活饮用水卫生标准的有5 000多万人,饮用苦咸水的有近4 000万人,因污染和自然原因饮用微生物含量严重超标的有1.3亿人。同时还有9 000多万人经常受季节性干旱影响,供水困难。二是农民行路难的问题仍未得到完全解决。据有关资料,全国104.3 万公里的沙石路面、土路面及无路面土路中,农村占 88.5%。在全国 3.7 万个农村乡镇机构、65 万个行政村中,有近 100 个乡镇、近 4 万个村不通公路,近 1 万个乡镇、30 多万个建制村不通沥青路和水泥路,农村公路中沙石路占 70%,缺桥少涵的问题比较普遍。此外,目前广大农村地区尤其是中西部地区的电力设施还比较落后,全国仍有 2 000 万农村人口用不上电,相当一部分农村仍未实现城乡同网同价。

第三,农村社会事业设施建设明显滞后,社会事业成为一条“短腿”。一是农村中小学设施设备条件差。目前农村中小学现有危房面积 3 670 万平方米,危房率达 6.6%,占全国中小学危房面积的 81%。二是农村卫生基础设施落后。2002 年乡镇卫生院、村卫生室和乡镇卫生院的床位数分别为 4.5 万个、69.9 万个和 67 万张,比 1995 年减少 6 805 个、10.5 万个和 6.2 万张,农村每千人拥有的病床数为 0.79 张,仅为城市的 32.9%。据调查,中西部地区农村乡镇卫生院危房率为 33%,80%的卫生院需要装备或更新 X 光机等常规设备。三是农村公共文化设施不足。截至 2004 年 7 月,在全国农村 38 240 个乡镇中,有 23 678 个乡镇文化站需要新建和改建,2.3 万多个乡镇没有文化站或设施简陋、面积狭小。许多县图书馆、文化馆和乡镇文化站面积狭小、年久失修、设施陈旧落后、活动器材和设备奇缺。

我国 13 亿人口中,农村户籍人口 9.4 亿,其中乡村劳动力 4.9 亿;农户 2.49 亿户,而耕地只有 18 亿亩,人均耕地面积 1.41 亩,这一数量不及美国农村居民人均耕地 45 亩的 1/27,也不及印度农业人口人均耕地 3.85 亩的 1/2。在美国,每百公顷耕地承载农业劳动力人数是 1.89 人;而在中国,每百公顷耕地承载的农业劳动力人数却高达 350 人,人地矛盾十分突出。如果单凭这些耕地来发展农业,要解决 9.4 亿人口的富裕问题,要解决 2.49 亿户农户的居住条件以及生态环境问题,是无法想象的。即使是在我国加速实现城市化的今天,也是如此。1996 年以来,全国城镇化水平已连续 10 年每年以超过 1 个百分点的速度上升。但必须清醒地看到,今后 15 年即使继续保持这一势头,城镇化继续大步向前推进,15 年后留在农村的仍将是一个庞大的社会群体。2005 年年底,我国城镇化比率为 43%。到 2020 年,有的预计城镇化比率为 60%,有的预计为 57%。无论按哪个预计数字,届时留在农村的仍将有 40%左右、5 亿至 6 亿人口。留在农村的这些人口,要共享改革发展的成果,共享国家现代化建设成果。也就是说,按照传统的思路是难以解决农村落后和农民贫穷等问题,必须跳出“三农”来解决“三农”问题。

二、我国的现代化进程已进入到工业反哺农业、城市扶持农村的新的历史时期

从国际上看，一般来讲，在工业化发展初期，农业在国民经济中居主导地位，为了创造更多的物质财富，提高整个国民经济发展水平和人民生活水平，需要用农业积累支持工业发展；但当工业化发展到一定阶段，工业成为国民经济的主导产业时，要实现工农业协调发展，除了发挥市场机制的作用，国家还必须加强对农业的扶持和保护，实现由农业哺育工业到工业反哺农业的政策转变。

工业反哺农业、城市支持农村首先要从国家战略和政策层面重新审视工业和农业的关系，改善农业在国民经济中的地位。其次，反哺和支持是以国家财政力量为主导，包括制度反哺、技术反哺和政策反哺等多种形式，是社会和企业共同参与的对农业、农村和农民的持续全面支持，以工业化提高农业的综合生产能力和农业的现代化程度，并在这个过程中提高农民的收入水平。反哺农业分为直接反哺和间接反哺。直接反哺是通过政府转移支付使农业、农村获得来自工业的经济剩余；间接反哺则是以“中心—外围”机制和农业产业化为中介的反哺，其目的是为了实现工农互动、城乡共荣的协调发展。从经济角度看，工业反哺农业可以理解为工业对农业的一种价值让渡。这里，工业指的是工业发展形成的绩效(税收、利润、工业化制度、工业化理念等)；农业则泛指农业生产经营者、部分涉农工商业者以及农村、农民。反哺农业的根本目标是提高农业生产力，实现“等量要素获取等量收益”，实现要素向农业的正常流入而不是净流出，保障农产品的有效供给，实现粮食安全。

在现代化的历史进程中，一个国家或地区能够进入“工业反哺农业、城市支持农村”的经济社会综合标准究竟是什么？从国际经验看，发达国家的发展历程和发展经验表明，农业部门就业人数降到30%左右，人均GDP达到1 500美元以上时，国家战略和政策取向会在工业化进程中导入对农业的反哺。就我国现实情况而言，2005年人均GDP已经超过1 700美元，部分沿海省市已经超过3 000美元，具备了工业反哺农业、城市支持农村的经济实力；财政收入已经达到3.15万亿元，农业税的比例仅占4%左右；农业在GDP中的比重只有14.6%；城镇人口比重已经达到40%以上，非农业人口已经超过50%；工业制成品出口比重已达92%，表明农业对工业化的外汇贡献已经微不足道。这些数据表明我国在总体上已经进入“工业反哺农业、城市支持农村”的历史进程。党的十六届五中全会提出的建设社会主义新农村这一重大举措就是在这样的背景下提出的。

第二节　建设社会主义新农村的目标要求

党的十六届五中全会提出的“生产发展、生活宽裕、乡风文明、村容整洁、管理民主”,既是中央对新农村建设的要求,也是其总体目标。这 20 个字包含的内容极为丰富,涉及农村政治、经济、文化、社会管理等方方面面。

一、生产发展

新农村建设的首要任务是生产发展,这是新农村建设的物质基础,是农村实现小康的基本前提。建设社会主义新农村,就必须满足农民衣食住行的需要,农村社会再生产的需要,农村扩大生产的需要。这三个层次的需要是一个递进的关系,第一个需要是低层次的,第二个需要是中层次的,第三个需要是高层次的。而就目前农村物质生产方面的现实来看,我国大多数农村处于第二层次,贫困地区农村多数还处于第一层次,即刚刚解决温饱,农民手里很少或者根本就没有现金,满足再生产和扩大再生产需要往往很难。解决农村生产发展,就目前来看,依靠传统农业的空间所剩无几。我们这里讲的生产发展,主要是指发展现代农业。

与传统农业相比较,现代农业是指广泛应用现代科学技术、现代工业提供的生产资料、设施装备和现代科学管理方法的社会化农业。现代农业是在采用大机器生产的现代工业基础上发展起来的。发达的资本主义国家大体上是从第二次工业革命开始,到二十世纪七八十年代完成的。从总体上看,现代农业主要具有以下几个基本特征:

第一,现代农业是科技支撑型农业。随着以自然科学为基础的现代农业技术体系的形成和推广,农业生产中大规模采用以现代科学技术为基础的生产工具和生产方法,使农业生产和经营的科学化程度空前提高。近年来的基因技术、生物工程技术、遥感遥测技术、精准农业技术(精准种子工程技术、精准播种技术、精准灌溉技术、精准施肥技术、精准收获技术等,解决了需要什么就给什么、需要多少就给多少、何时需要就何时投入等问题)、电子计算机技术以及激光技术等最新科学技术方法在农业生产过程中的应用,使各国的现代农业生产水平又向前迈进了一大步。

第二,现代农业是生产领域广阔的农业。现代农业将由动植物向微生物、农田向草地森林、陆地向海洋、初级农产品生产向食品、生物化工、医药、能源等多种产品生产方向拓展。单细胞蛋白、海洋农牧场、生物能源、农副产品综合和多层次开发、生物反应器等都将成为农业新的生长点,传统农业的领域和内涵在拓展,工农业将融入一体,其界限渐趋模糊。

第三,现代农业是以高素质的农民和企业家为经营主体的集约型产业。现代农业的产生和发展离不开科学技术。因此,必然要求农业劳动者掌握大量的知识和技能,需要劳动者有较高的现代文化、科技素质和经营管理知识。在大机器生产的基础上,劳动生产率普遍得到了相当幅度的提高,大量农业劳动力转移到工业以及涉农工业部门,农业人口和农业劳动力在总人口和总劳动力中所占比重一般都在10%～15%。

第四,现代农业是高生产率和高效益的农业。如在实行农业现代化的西方发达国家,农业从业人口不到5%。法、美农民人均产粮和产肉量分别为我国的50倍和100倍。人均耕地只有0.06公顷的荷兰,农产品出口总值仅次于美国,人均创汇8万多美元,大大超过美国。农业生产条件很差的以色列,1991年农业出口创汇6亿美元,占出口总额的5.6%。高生产率和高效益以及工业化社会人们对自然的趋近心理,使现代农业越来越引起社会和投资者的关注。

第五,现代农业是以生产、生态、生息为目标的可持续发展产业。即在发展农业经济以实现经济增长的同时,又切实注意保护自然资源和生态环境,做到农业可持续发展,使经济增长与环境质量改善实现协调发展。近年来,世界各国在发展现代农业中,更加注重生态环境的治理与保护,重视土地、肥料、水资源、农药和动力等生产资源投入的节约和资源利用的高效化,在应用农业科技最新成果的基础上,探索出"有机农业"、"绿色农业"和"生态农业"的发展模式。

发展现代农业,必须树立新的理念。

一是创新的理念。创新是现代农业的核心,科技创新是现代农业创新的主体,尤其是以生物技术和信息技术为主导的农业高新技术正在加速现代农业的建设进程。除农业科技创新之外,现代农业的创新还包括农业管理体制、经营机制、生产方式、营销方式的创新。

二是市场化的理念。现代农业在生产过程中,投入的生产要素大部分来自外部系统。如农业机械、化肥、农膜、饲料、生物激素等来自工业系统,而生产的产品大部分通过市场出售到其他部门。不仅大部分农产品成为上市的商品,而且进行农业生产所必需的各种生产要素也成为商品,农产品市场和农业生产要素市场空前发达。

三是集约化经营的理念。现代农业本质上是集约农业,农业发达国家在推进集约化经营的实践中,因要素禀赋的差异而采取了不同的模式,有的实施资本和技术集约,有的实行劳动和技术集约。

四是适度规模经营的理念。现代农业是适度规模经营的农业,客观上要求投入的生产要素——土地、劳动力、资金和管理技术,按一定的比例进行整合,达到最佳比例,产出效益最大。

五是标准化的理念。现代农业是一种标准化农业,农业标准化融技术、经营、管理于一体,把农业科学技术推广应用科学化、规范化、系统化、程序化,已成为商品生产和农业科技推广的一种有效的形式。农业标准化为现代农业生产的规范化、产业化提供了技术支撑,有力地推动和促进了现代农业的发展。

由上可知,所谓现代农业,实质上是指在国民经济中具有较高水平的农业生产能力和较强竞争能力的现代产业,它是不断地引进新的生产要素和先进经营管理方式,用现代科技、现代工业产品、现代组织制度和管理方法来经营的科学化、集约化、市场化、生态化的农业,是保护生态平衡和可持续发展的农业。

二、生活宽裕

生活宽裕是新农村建设的核心目标。社会主义新农村建设的基础是农村经济的发展,而发展农村经济的目的是要提高农民的生活水平,使农民达到生活宽裕。但由于东西部农村在经济发展的基础和条件上存在很大差异,所以,生活宽裕的标准也不能是简单划一的,而必须是结合实际,明确各地生活宽裕的标准,才能使之成为切实有效的目标。

"生活宽裕"具体体现在收入、消费(包括吃、住、行、用等)以及医疗、社会保障等多个方面。建设社会主义新农村对"生活宽裕"的内在要求是农民收入水平逐步提高,生活质量明显提升,农村社会事业快速发展,工农、城乡、地区之间差别明显缩小。

"生活宽裕"是新农村建设的核心目标。要达到这一目标,一要开辟各种增收渠道,增加农民收入;二要建设和改善与农民生活直接相关的基础设施;三要建立健全农村的社会保障制度;四要建立健全农村市场体系,保证农民的生活方便、商品充足。

三、乡风文明

乡风文明本质上是农村精神文明建设问题,核心是人的建设问题。内容包括文化、风俗、法制、社会治安等诸多方面。

人的建设是新农村建设最重要的内容。首先,要注重诚信建设。目前,诚信问题是中国发展中的一个严重问题,农村社会也不例外。要建设和完善市场经济体制,就必须要解决诚信问题。市场经济本质是交换经济,所以市场经济的核心是交换。而要保证和提高交换的有效性,遵守契约就是最基本的要求,所以,诚信就是市场经济的核心伦理。农村要实现规模化、合作化和企业化,核心也是需要有诚信精神。因为规模化、合作化和企业化的核心是合作,而合作产生的底蕴也是诚信,因为诚信能降低合作的成本,从而也就增大了合作的收益。一百多年前,一位叫明恩溥的美国传教士在《典型的中国人》一书中提到:中国人勤劳又刻苦,但中国人缺乏诚信,若中国人既有勤劳,又有诚信,那么中国人理所当然能够成为地球上最兴旺的民族。有勤劳只会产生个体效率,而有诚信可产生整体效率。有勤劳没有诚信,结果就是假冒伪劣和坑蒙拐骗,有个体发展而无整体发展,最终导致个体和整体都得不到长远发展。人们常说,勤劳致富,但若没有诚信,勤劳最多只能导致个人富和家庭富,但不能导致国家富,并且这种个人和家庭层面的富也是不稳定和不持久的。若既有勤劳,又有诚信,则既有家庭和个人富,也有国家富,而且这种富也是一种稳定和持久的富。诚信也是国家推进民主化和法治化进程健康发展的重要保证。无诚信的国民所构建的民主只能是伪民主和形式民主。同样,公民无诚信,法治社会也无法建立。法治社会的本质是遵守秩序,遵守秩序就是遵守众人的约定,所以,法治社会的核心也是要求公民要有诚信精神。勤劳和诚信是国家发展的两轮。其次,要加强传统美德和信仰方面的教育。例如,尊老养老是中华民族的传统美德,但在农村,目前养老敬老却是一个十分严重的问题。据调查,在农村看到的普遍情况是,吃的最差的是老人,穿的最破的是老人,小、矮、偏、旧房里住的是老人,在地里干活和照看孙辈的是老人。据有关调查统计,在农村,老人与儿女分居的比例是45.3%,三餐不保的占5%,年节饮食与平日无别的达16%,93%的老人一年添不上一件新衣,69%的老人无替换衣服。有的儿女与父母同住一个院落,但一年也说不上一句话。再如部分封建迷信活动沉渣泛起,一些邪教乘虚而入等。农村伦理信仰建设是一项长期而艰巨的任务。一方面,要加强整个社会的伦理信仰建设;另一方面,也要充分调动农村自身的整合作用。要充分发挥农村基层组织的主导作用,积极开展各种有益的农村文化娱乐活动,引导农民生活方式向理性化和健康化方向发展。要注重农村人日常习俗的改造。习俗与文化价值观念是互为表里、相互依存、相互渗透、相互作用、相互促进的。文化价值观念通过人们的习俗得以表现,习俗是文化价值观念的外在表现与形式。历史越悠久,习俗的沉淀就会越厚重,习俗对发展的阻碍就会越大,发展就越要重视对习俗的改造。中国是一个历史悠久的国家,两千多年的专制统治和儒家文化的一统天下,使与之相适应的习俗越来越深入到国人的意识深处, 新农村建设必须要重视对习俗的改造。改造习俗,是农村伦理合理化建设的一条有效途径。

四、村容整洁

新农村建设中“村容整洁”的要求,最主要的是为农村地区提供更好的生产、生活、生态条件。

长期以来,大部分农村地区的人居环境不能令人满意。村镇公共设施短缺,环境恶化状况较严重。据统计,2007年我国城市用水普及率为89.7%, 燃气普及率81%,污水处理率59%,截至2006年年底,农村乡政府驻地用水普及率仅有60%,污水处理率1.7%,生活垃圾无害化处理率5.2%,而那些远离乡政府驻地的偏远农村的污水及生活垃圾无害化处理率为零。一些东、中部偏远农村生活用水主要靠自家打的极易受污染的浅地表水井的水,而一些西部缺水地区的农民用水只能靠水窖积攒的雨水。特别是近些年,大量使用化学肥料和不适当的耕作方式、灌溉模式,造成了水土流失日益严重,土壤和水体污染日益严峻。再加上农村地区人口多、分布散、经济实力薄弱,造成供水、垃圾、污水处理设施缺乏,形成当前农村中环境卫生及环境恶化严重,甚至造成瘟疫出现。由于公共财政对农村投入的缺乏,再加上没有统一的规划,村庄公共设施及村镇建设只能因陋就简,村镇建设依路布局,居民点数量多、规模小、分布散,大多成点状或线状。农民自行随意翻建民宅,一些原有的村庄村外是新楼,村内是旧房,人畜混乱,污水横流,有新房没新村。

我们所要建设的社会主义新农村,是生态良好的农村。在以经济建设为中心,大力推动农村物质文明建设的同时,要转变经济发展方式和经营模式,大力发展循环经济,加大环境保护力度,切实保护好农村自然生态,认真解决影响经济社会发展特别是严重危害人民健康的突出的环境问题,在农村形成资源节约的发展方式和健康文明的消费模式;加大对农村道路建设、环境美化建设的投资力度,在乡风文明的前提下形成村容整洁的自律机制,建设资源节约型、环境友好型的社会主义新农村。

五、管理民主

“管理民主”是社会主义民主政治在农村的具体体现,它是由农民群众自己管理自己的重大事务,把涉及农民群众切身利益或农民群众普遍关注的村务问题,通过一定的形式告知群众,使群众在了解真实情况的基础上,参与村务决策与管理,并实施有效监督的基层民主形式。加强农村民主管理是维护农民群众根本利益的具体体现,是完善村民自治,发展农村基层民主的重要内容,更是促进农村党风廉政建设,密切党群干群关系的有效途径。

生产发展、生活宽裕、乡风文明、村容整洁、管理民主是物质文明、精神文明和政治文明三位一体的有机整体。从社会文明建设看,“生产发展”和“生活宽裕”是物质层面上的,属于物质文明建设的范畴,前者是建设新农村必要的物质基础,后者是建设新农村的物质体现;“乡风文明”、“村容整洁”是精神层面上的,属于精神文明建设的范畴,前者是建设新农村的灵魂,后者是建设新农村的具体体现;“管理民主”是政治层面上的,属于政治文明建设的范畴,这是建设社会主义新农村的政治保证。可以说,建设社会主义新农村的目标要求是从统筹物质文明、精神文明和政治文明建设的角度对社会主义新农村的高度概括。通过这些综合建设,最终把农村建设成为经济繁荣、设施完善、环境优美、文明和谐的社会主义新农村。这也是社会主义新农村“新”之所在。

第三节　建设社会主义新农村的几种模式

新农村建设是一项具有多样性和复杂性的工作，具体到不同地区、处在不同发展水平和发展阶段、不同发展类型的农村而言，则具有很大差异性，需要重点解决的问题也不一样。东部地区的新农村建设与中西部地区新农村建设不能按一个模式和思路来搞。东部大部分地区的新农村建设是在原有基础上如何在更高层次上台阶的问题，西部地区则需要从满足生存需要最基本的建设着手。同样处在同一地区或同一发展水平的农村，由于所处的地缘环境不同，需要解决的问题也不同。分析近年来我国新农村建设的实践，初步总结出建设社会主义新农村的八种可资借鉴的起步模式或发展路径，供参考。

一、工业企业带动型

是指以当地基础条件为出发点，以发展工业企业为契机，通过工业企业的发展壮大带动农村政治、经济、设施、教育、文化、卫生等事业的综合发展。同时，乡村在土地、劳动力等资源整合的基础上又进一步促进工业企业的发展，使得工业企业与乡村融为一体、和谐发展的一种新农村建设模式。这种模式需要有发展工业企业的基本要素，如土地、资源、信息、技术、资金和能力强、威望高的村庄领导人。这种新农村模式一般分布在东南沿海和内地矿产资源富足的地区。被誉为“中华第一村”的华西村就是这样的典型。华西村隶属江苏省江阴市，通过艰苦奋斗，发展工业企业，现已形成钢铁、纺织、旅游三大支柱产业。2005 年销售收入达 307 亿元，拥有固定资产超过 70 亿元。在此基础上，又通过“一分五统”(村企分开、经济统一管理、干部统一使用、劳动力在同等条件统一安排就业、福利统一发放、村建统一规划)将周边 16 个村纳入华西共同发展。现在，新的大华西村面积 30 平方公里，人口 3 万人。

推广和发展该模式必须注意几个问题：首先，不能忽视农业的发展，农业是工业发展的基础；其次，要注意环境保护和可持续发展。一些村庄片面强调工业发展，造成了严重的环境污染，教训是深刻的；第三，要不断加强精神文明建设，协调推进经济社会各项建设事业，既要生产发展，也要乡风文明、民主和谐。

二、特色产业带动型

这是指在一个乡或村的范围内，依据所在地区独特的优势，围绕一个特色产品或产业链，实行专业化生产经营，一村一业发展壮大来带动乡村综合发展的一种新农村建设模式。专业村是这种模式的代表，需要三个基本条件：一是具有生产某种特色产品的历史传统和自然条件；二是有相应的产业带动，市场需求旺盛，需要“能人”通过产业集群形成规模;被誉为“全国鲜花第一村”的斗南村就是这种模式的代表,它位于云南省昆明市呈贡县,抗日战争时期就是云南省重要的蔬菜基地,20世纪80年代开始种花,从仅供昆明市消费到积极向外集结建立全国性市场,目前已成为亚洲最大的鲜花集散地,积聚了2 000多家花卉产销企业,花卉市场份额占全国的三分之一。富裕起来的村民开始规划乡村,分为种植区、工业区、文化区和生活区,逐步形成了宁静祥和的新农村。

特色产业带动型新农村建设要注意:定位准确,大而全就没有了特色;政府不能越位、缺位和错位,要树立服务意识,避免过分干预市场;重视示范带头作用,分步实施;大力发展订单农业和产业一体化组织;重视农业技术推广和自主创新,以特色促品牌。

三、畜牧养殖带动型

这是指在畜牧龙头企业的带动下,通过规模化拆建、产业化经营、循环化利用带动农村发展、农民增收的一种新农村建设模式。该模式的必需条件是:规模化的畜牧龙头企业、特色的养殖品种和相应的市场需求。其典型是“拆旧村建新村+公司带动农户+循环经济改造”的希森模式。山东希森三和集团通过整合山东梁锥村附近的130亩废弃地,置换出350亩老村宅基地,在废弃地上建设起有花园、池塘的欧式联排别墅新村。村民迁入新居后,在老村新建了养牛场、饲料厂和屠宰基地作为工业区。养殖场养牛的牛粪进入生活新村的沼气池,沼渣养蘑菇,培养基养蚯蚓,蚯蚓粪进入种植区形成有机肥种地。村民成工人,种地成副业;白天进场,下班种地;农闲进场,农忙种田。梁锥村现在村民的年收入是10 000元,希森三和集团实现年产值1.5亿元。

畜牧养殖带动型新农村建设要把握几个关键:(1)通过农民宅基地的空间置换,改造旧村建设新村,在改善居住环境的同时,改善了农村资源特别是土地资源的配置状态,大大拓展了农村经济发展可能性边界,但要防止动用耕地,形成失地农民;(2)新村要防止盲目建设,居所要适合中国国情和环境;(3)养殖小区要大力发展循环经济,防止粪便污染;(4)发展规模化、产业化、一体化养殖,规避市场风险。

四、休闲产业带动型

这是指以农业和农村为载体,利用农业生产经营活动、农村自然环境和农村特有的乡土文化吸引游客,通过集观赏、娱乐、体验、知识教育于一体的新兴休闲产业带动新农村建设的一种模式。这种模式包括建立农业生态园、养殖场、采摘园、农产品物流配送中心、学农教育基地、农艺园、民俗村等方式把乡村的发展与休闲产业的发展融为一体。

采用这种模式应具有三个条件:(1)交通便利,距离城市较近,靠近消费市场;(2)有怡人的自然环境,有一定的农业发展基础;(3)能满足城市游客食、住、行基本要求的基础设施。投资少、收益好、见效快是这种模式的特点,也最能体现新农村的目标要求。"农家乐"作为该模式的典型是中国农村革命与新经济的代表,集中地体现了现代经济学中的新观念与先进成分。

休闲产业带动首先要以城镇社区建设的理念来改造传统的村落,建设整洁优美的农村社区;其次要大力发展基础公共服务,大力推进城乡一体化的公共交通、供水供电、垃圾和污水处理、通讯信息、连锁超市和劳动就业服务等体系的建设;第三要形成富裕舒适的田园生活,积极推进农村改路、改水、改厕、改房,继承农村和睦亲近的邻里关系和优良纯朴的传统文化,保留山水交融的田园风光和安静舒适的居住环境,使现代、文明的生活方式与农村田园牧歌式的传统生活方式得到有机的融合。只有这样才能吸引都市人群的到来,也最能体现社会主义新农村的独特魅力。

休闲产业带动新农村建设,有几个特别需要注意的问题:(1)注意整体规划,突出特色,因地制宜,避免盲目上项目;(2)在开发自然资源的同时要特别重视生态保护;(3)转变当地农民的思想观念,加强职业培训,使传统农民成长为有文化、懂技术、会生活、善经营的现代农民。

五、商贸流通带动型

这是指以发展现代农村商贸流通服务业和市场网络,进而形成以当地农村为中心的市场,以市场促产业、以产业带乡村、最终形成商贸发达、乡村繁荣的一种新农村建设模式。该模式要具备便利的交通、完善的基础设施及配套条件和相关产业发展的支持。

地处上海市西南市郊结合部的闵行区九星村,独创了"合作形式、租赁性质、独资管理"的新模式,打响了发展三产商业、建立批发市场的战役,先后建成了一、二区五金市场和三区食品干货市场。3 年后,又建成了以建材装潢商品为主体,兼营五金、干货、陶瓷、茶叶、电器、油漆、灯饰、不锈钢、防盗门、名贵木材等商品的综合性商业物流中心。现入住客商达 2 600 多户,每天客流达 3 万多人次,日成交额达 600 万元,一跃上升到上海市综合实力百强村的第 10 位,构筑了一个崭新的九星新村。

六、旅游产业带动型

这是指以农村地区为特色,以农民为经营主体,以旅游资源为依托,以旅游活动为内容,通过农村旅游促进新农村建设的一种模式。发展旅游业首先需要有可以挖掘的旅游资源,包括自然资源和人文资源。其次是要有便利的交通条件,另外也要有与旅游相配套的娱乐、住宿、餐饮等基础设施。

江南名镇周庄,不仅具有优美的自然景观,而且有悠久的历史。周庄成功地走出了一条旅游产业和高新技术产业两翼发展的新路子,卓有成效地开创了“江南水乡古镇游”和“传感器产业基地”两个著名品牌。优美的自然风光吸引着八方来客,同时也促进了当地经济的发展,具有“小桥、流水、人家”风格的江南古镇周庄已列入联合国世界文化遗产预备清单。

建设旅游产业带动型的新农村一是要大力保护环境和当地历史文化资源,形成旅游产业品牌;二是要加大基础设施建设,尤其是与旅游相配套的交通、住宿等设施;三是逐步改变村民的观念,加强精神文明建设,为旅游产业的发展创造一个良好的氛围。

七、合作组织带动型

这是指以各种的农民合作组织为依托,通过各种形式把农民组织起来,整合社会资源,促进农村各种生产要素的合理配置,突破原有一家一户分散经营的制约,提高农业资源的综合利用开发水平,通过壮大集体经济,改善公共设施,使农村的生产和生活条件不断提高,促进村容村貌不断改善进而建设新农村的模式。

山东前屯村实行的是以股份制为主要形式的合作经济组织,对集体资产进行量化后,采取个人认购风险股与集体资产产权量化到个人相结合的办法,成立“前屯商贸有限责任公司”,开始了股份制企业运作。农转非后的农民变成居民,又从居民变成了股东。如今的前屯居民基础设施完善,生活富裕,教育、卫生等社会事业发达。

在推行农村股份合作制的过程中首先面临的问题便是市场主体地位不明确。由于相关法律的缺失问题,尽管合作社承担着发展集体经济和公共管理的职能,但它既不是企业和事业法人,也不是社团法人,这些都为其进行市场竞争造成障碍。另外如管理负担沉重、管理机制缺陷、产权模糊的问题也都不容忽视,这些都是在推行农村股份合作制改革过程中需要注意的问题。

八、劳务经济带动型

这是指通过转移大批的农村剩余劳动力进城,不仅加快了工业化、城镇化的进程,而且优化了农村劳动力资源的配置,提高了农村劳动生产率;转移就业后的农村劳动力将获得收益的一部分投入到农业生产和农村建设中,反哺家乡,反哺农村,从而直接或间接地推动了我国农村经济的发展,推进新农村建设。

河南固始县郭陆滩镇太平村共有村民 3 253 人,近些年来,村党支部带领全村群众大力发展劳务经济,外出务工 1 500 多人,2004 年全村劳务收入 1 500 余万元。如今太平村的面貌发生了巨大变化,70%的农民住进了楼房,适龄儿童全部入学。

这一模式对于缺乏资源优势、区位优势的地区,无疑是一种值得考虑的方式。但同时也有一些问题需要注意:发展劳务经济要讲究规模经济,只有形成规模才能创造更大的效益;发展劳务经济需要政府的指导和培训,通过政府的力量促使初始规模的形成;政府要加强引导,把发展劳务经济与当地的村庄建设相结合,以劳务经济促进当地农村的发展。

第四节 经济欠发达地区新农村建设的对策

全面建设小康社会的重点是农村,而农村发展的瓶颈主要是欠发达地区,经济欠发达地区农村的贫穷落后面貌已引起全社会的普遍关注。因地制宜,突出重点,强本固基,致富农民,是经济欠发达地区社会主义新农村建设的战略选择。

一、拓宽农民增收渠道,促进农民持续增收

建设社会主义新农村说到底是一项治穷的工程,是一项突出发展经济的工程,新农村建设最重要的是要有产业支撑,广大农民有致富门路。持续稳定增加农民收入,提高农民生活水平,是社会主义新农村建设的基本出发点和落脚点。就欠发达地区的农村看,增加农民收入的主要途径有:

一是发展农民外出务工经济,继续加大农村剩余劳力的转移力度,政府在其中应扮演好组织者、培训者和中介者的角色。农村富余劳动力进城务工就业,是经济欠发达地区农民增收的重要渠道。要通过开展定向培训和订单培训,促使农村劳动力尽快就业;要切实保护好务工农民的合法权益,免费为外出务工农民提供政策咨询、合法权益维护和就业服务。要完善农民工劳动合同制度,严格执行最低工资制,建立农民工工资合理增长和工资支付保障制度,使外出务工农民的付出能够得到合理回报。

二是发展适度规模的农业经济,挖掘农业内部的增收潜力。要积极推进农业产业结构的调整,大力发展精品农业、生态农业和特色农业,提高科技对农业的支持力度,提升农产品的附加值和市场竞争力。大力推进农业产业化经营,积极推行"龙头企业+基地+农户"的生产模式,使农民在农业产业链的延伸中获得更多的收入。

三是积极鼓励外出务工人员回乡创业和广大农民自主创业。引导外出务工人员回乡创业和在乡农民自主创业,是解决经济欠发达地区农民增收难的客观需要。要制定出台鼓励外出务工人员回乡创业和农民自主创业的优惠政策,引导农民领办、创办、合办民营企业,就地吸收消化本地富余劳动力,在致富自己的同时实现共同富裕。

四是要发展工业经济。从东部农村地区发展的既有经验看,没有一定规模的农村工业,也就没有完全意义上的现代农业和现代农村。

二、加强农村基础设施建设,改善物质条件

尽快改变农村基础设施滞后状况,是广大农民群众的迫切要求,也是经济欠发达地区推进社会主义新农村建设的重要任务。要按照村庄总体规划,切实加大对农村基础设施的投入力度,力争通过几年的努力,使农村的生产生活条件得到明显改善。

一是大力加强基本农田水利建设。要加大农村水利重点工程的实施力度,组织实施好中低产田的改造工程建设。要鼓励社会力量参与农村基础设施建设,加大资金投入。

二是继续推进农村公路建设。要继续抓好农村公路建设,逐步把乡村公路延伸到规划的农民集中居住点。要广开资金渠道,采取向上级争取、利用"一事一议"筹集、能人大户捐助等多种形式,切实解决农村公路建设资金不足的问题。

三是加快农村饮水安全工程建设。要做好农村改水工作,优先解决经济欠发达地区农民饮水安全问题,让经济欠发达地区的农民都能饮用上清洁、安全的自来水。

四是加强农村能源建设。要积极推广沼气、太阳能等清洁能源,以民用沼气带动农村改圈、改厕、改厨,切实改善经济欠发达地区农民群众的生活和居住环境。

三、巩固硬件设施,加强软件建设投入,不断提高农民的整体素质

新农村建设涉及农村经济建设、政治建设、文化建设、社会建设和基层组织建设等多方面,既有看得见的硬指标要求,又有看不见的软指标要求。欠发达地区推进新农村建设应坚持"两手抓、两手都要硬"的原则,在继续重视硬件建设的同时,欠发达地区更应发挥后发优势,实现经济社会的同步发展。各级财政应增加对农村教育、文化、卫生事业发展的投入,培养有文化、懂技术、会经营的新型农民,将巨大的人口压力转化为人力资源优势。

一是加快发展农村教育事业。经济欠发达地区建设新农村,抓好教育是基础。要大力普及和巩固农村九年制义务教育,建立健全农村义务教育的经费保障机制,进一步改善农村办学条件;要稳定农村教师队伍,注意调动和保护长期在农村从事教育工作的教师的积极性,促进城乡教育事业均衡协调发展。

二是加强农民的技能培训。要充分发挥基层农技部门和科技人员的作用,分期分批对农民进行农业实用技术等的培训,促进科学种田;要大力发展农村成人教育,大力开展农村劳动力转移培训,增强农民就业创业的能力。

三是加强农村的思想道德建设和文化建设。要认真实施公民道德建设工程,

积极开展"文明家庭"、"和谐村组"等的创建活动,提倡移风易俗,反对封建迷信,树立先进的思想观念和良好的道德风尚;要加强农村文化基础设施建设,办好农民图书馆、文化馆、老年活动室等,满足农民群众多方面、多层次的文化需求,从而实现经济和社会的全面协调发展。

四、坚持科学规划,努力建设节约型新农村

欠发达地区建设新农村要吸取部分发达地区不搞规划或不科学规划,造成轮番拆建、浪费惊人的教训,进行科学规划,建设节约型新农村。没有科学规划,一哄而上,会造成资源浪费和重复建设,造成新的农村问题。要尊重客观规律和农民群众的意愿,科学编制新农村建设综合规划及长远发展规划。节约型新农村要从节约、集约利用资源做起,节地、节能、节水、节材。为此,中央明确规定,要坚决落实最严格的耕地保护政策,切实保护基本农田、农民的土地承包经营权。要收取土地流转的相关税费,并保证将新增部分税费用于农村新农村建设。村办企业占地要精打细算,集约使用土地。坚决落实最严格的耕地保护政策,切实保护基本农田,保护农民的土地承包经营田。

五、因地制宜,创新地方特色

新农村建设是一项复杂的系统工程,我国幅员辽阔,各地区发展情况不一样,尤其是欠发达地区,各方面条件差异更大。甚至处在同一地区、同一发展水平的农村,由于所处的地缘环境不同,需要解决的问题不同,新农村建设所选择的模式便也不同。十六届五中全会对建设社会主义新农村提出了"生产发展、生活宽裕、乡风文明、村容整洁、管理民主"的总体目标,具体到处于不同发展程度的各地农村,需要重点解决的问题却是不一样的,必须因地制宜、因时制宜进行分类指导。不可否认,新农村建设需要政府统一谋划和指导,但政府的谋划和指导又必须坚持实事求是,一切从实际出发。切忌在新农村建设模式上搞一律化,方法上搞一刀切,甚至盲目模仿城市,丧失农村特色,割断延续千百年的文化传统。各地在建设新农村实践中,应根据不同地域条件分别进行具体指导。在新农村建设的模式上,政府可提出总体要求,但不能用一个模式,应尊重各地的探索和选择符合自身特点的建设模式。

六、以政府为主导,农民为主体

我们反对政府一手包办建设新农村,因为这既不现实,也不可能。不现实是因为国家没有这么大的财力包办一切;不可能是即使国家有足够的财力,但由于农民的要求在不断提高,想包办也不可能。欠发达地区推进新农村建设,既要处理好主导与主体的关系,又要处理好外力与内力的关系。要创新思维,形成"政府主导、

市场运作、农民为主、社会参与”的新农村建设新格局。要充分发挥各级政府的主导作用,必须组织和动员广大农民参与,自己当家做主。“大主意”应由农民自己拿,这是确保新农村建设健康发展的根本前提。必须正确认识政府与农民在新农村建设中的相互关系。一方面新农村建设离不开政府,政府是新农村建设的领导者、组织者和协调者。另一方面又必须看到,新农村建设的主体是农民,建设新农村也是农民的事业,在事关新农村建设的一系列重大问题上,农民对如何建设新农村最有发言权。实际工作中必须从制度和机制上牢固确立农民在新农村建设中的知情权、参与权和决策权。要尊重他们的意愿,充分调动他们的积极性和创造性,没有农民的积极参与和强烈愿望,没有农民推动自身富裕和建设新农村的创新精神,一切都是空谈。只有把二者有机结合起来,才能形成建设新农村的强大力量。

第十一章　社会主义市场经济条件下的经济增长与经济发展

经济增长与经济发展是社会主义市场经济运行的重要内容。通过经济体制改革加快社会主义经济发展是我国面临的首要经济任务。我们追求的经济发展不是单一的物质财富的增加,而是一种科学的发展、可持续的发展。本章首先分析了经济增长和经济发展之间的内在关系,在此基础上阐述了社会主义市场经济中的经济增长和经济发展问题。

第一节　经济增长与经济发展

经济增长与经济发展是两个既有联系又有区别的概念,如果说经济增长是一个单纯的"量"的概念的话,那么经济发展就是一个比较复杂的"质"的概念。经济增长是经济发展的基础和前提,经济发展是经济持续增长的结果和必然。

一、经济增长

(一)经济增长的含义和特征

经济增长通常是指一个国家或地区在一定时期内(一般为一年)生产的产品和服务总量的增加。如果考虑到人口增加的价格变动等因素,经济增长应当包括人均福利的增加。

1971 年, 美国经济学家西蒙·库兹涅茨给经济增长下了一个完整的定义:经济增长就是给居民提供品种日益增多的经济物品的能力的长期增长,而这种生产能力的增长所依靠的是技术的进步,以及这种进步所要求的制度上的和意识形态上的调整。这个定义高度概括了各国经济增长的历史经验,反映了经济增长的本质,因此被西方经济学家广泛接受,并作为研究经济增长理论的逻辑起点。

根据库兹涅茨对英、美、法等 14 个国家近百年的统计资料研究结果,经济增长的特征可以概括为六个方面:(1)人均国民生产总值和人口呈加速增长的趋势,但人均产值的增长率要高于人口的增长率。(2)受技术进步的推动,生产率不断提高。库兹涅茨认为,发达国家人均收入的增加有 50%～70%来自技术进步而产生的生产率的提高。(3)在经济增长过程中,经济结构的变革速度不断加快。经济增长和经济结构相互作用、相互促进,经济增长促进着产业结构、产品结构、消费结构、收入分配结构、就业结构等经济结构的优化,而经济结构的合理化反过来又使资源配置效率进一步提高,从而推动了经济的更快增长。(4)社会结构和意识形态的迅速改变。经济增长使过去僵化的社会结构变得比较灵活,使传统的思想观念转变为工业化、信息化、城市化、国际化等现代观念。(5)经济增长在世界范围内迅速扩大,成为各国追求的目标。发达国家凭借其技术优势,通过各种方式向其他国家争取市场和原料,使世界卷入经济增长之内,成为一个统一的经济体。(6)经济增长在世界范围内是不平衡的,先进国家和落后国家的人均产出水平在进一步拉大。

(二)衡量经济增长的指标

衡量经济增长的指标,一般用国民生产总值即GNP的总量或人均量作为尺度,也可以采用国民收入和社会总产值来衡量一个国家一定时期内的经济增长情况。

国民生产总值反映一定时期内生产活动的最终成果。以国民生产总值作为衡量经济增长的指标具有四个明显的优点:一是对应性。国民生产总值是按市场价值测算的,凡是经过市场交换而实现的价值都包含其中。因此,在测度经济增长时使用这一指标是与市场经济相对应的。二是全面性。由于国民生产总值既包含了物质生产部门创造的实物性商品的市场价值,又包含了非物质生产部门创造的劳务价值,所以使用这一指标测度经济增长能够全面地反映一个国家经济增长的实际情况。三是准确性。国民生产总值只计算最终产品和劳务的价值,扣除了中间产品的价值,因此在一定程度上避免了重复计算的问题,从而能够比较真实、准确地反映一国经济的增长状况。四是国际性。采用国民生产总值指标,符合国际计算惯例,有利于作国际间经济增长速度的比较,从而使各国寻找差距、取长补短,加快本国的经济发展。由于国民生产总值具有以上优点,所以目前是世界各国衡量经济增长的通用指标。

当然,使用国民生产总值指标衡量经济增长也有一定的局限性:(1)由于国民生产总值是以货币价格形式统计的,其结果是一种名义价值。如果要计算实际增长率,还必须把名义的国民生产总值加上价格变动因素进行处理,即按实际国民生产总值来计算。(2)国民生产总值反映的是一国经济的总体生产结果,没有考虑人口因素,因此在进行经济增长的国际比较时,适当的办法是把名义或实际的国民生产总值除以一国人口总数得出人均名义或实际的国民生产总值。(3)国民生产总值不能说明产业中的产品和劳务种类,也不能说明由于使用这些产品或劳务而获得的福利的大小,更不能说明增长过程中由于环境污染、城市化和人口膨胀所付出的社会代价。(4)不通过市场的产品和劳务不能反映在国民生产总值中,也不能反映消费的状况,产量可能在增长,而消费却可能在减少。(5)不同国别的国民生产总值难以作真实的比较。因为各国的总值一般是以各国货币按照汇率用美元计算的,而固定汇率往往定值过高或过低,如汇率浮动,只好用一年的平均值计算。(6)国民生产总值不易反映各国真实的生活。由于各国的相对物价结构差异很大,从而以美元折算的国民生产总值在各国的实际购买力的差异也很大。

从我国的实际情况来看，应该特别强调国民收入在经济增长测度中的作用。我国的国民收入是指国家在一定时期内物质生产部门新创造的价值总和,即社会总产值减去物质消费之后的净产值，用 V+M 表示。国民来自国外的净收入不包括在内。

国民收入在衡量经济增长方面的作用是:(1) 能较为准确地反映国家的经济实力。国民收入的实物形态是一定时期内社会创造的物质财富,这是提高人民物质文化生活水平,进行扩大再生产的物质源泉。因此,国民收入的增长,人均国民收入的提高,真正意味着国家经济实力的增强和经济发展水平的提高。国民收入的增长标志着一国经济增长的规模，决定着一个时期的积累水平和消费水平,能比较全面地反映一国经济增长的动态和实力。以国民收入作为衡量经济增长的主要综合性指标,可以避免社会总产值指标的许多缺陷。而按人口平均计算的国民收入的多少,基本上反映了一个国家现有生产力的发展水平和人民生活富裕的程度。(2)能较为准确地反映社会生产的发展速度和部门结构。国民收入不包括生产资料的转移价值,避免了重复计算因素,能较准确地显示国民经济的增长状况。国民收入通过初次分配和再分配,形成国家、企业和个人的收入。国民收入按其使用方向,最终又分为消费和积累两个方面,形成国民收入进一步增长的前提。因此,国民收入的变化反映了整个国民经济的运行过程,国民收入指标是国民经济宏观变量中重要的指标。需要说明的是,对反映经济增长的指标,应该进行综合运用,任何一种指标都不能单独反映经济增长的全貌。

(三)影响经济增长的因素

一国经济增长的快慢,受到多种因素的制约和影响,但从总体上来看,可以把影响经济增长的因素划分为经济因素和非经济因素两大类,现分别加以分析。

1.经济因素

经济因素是指涉及经济活动中的投入物及决定投入物效率的技术、管理等方面的因素,包括劳动力数量的增加和质量的提高、自然资源的储量和开发利用程度、资本数量的增长和配置的改善、社会技术进步和经济管理水平等。

(1)劳动力的增加

劳动力是生产要素中能动性的要素,是经济增长的直接推动力。在其他条件不变的情况下,劳动投入量的增加会引起国民收入不同幅度的增长,进而导致劳动力数量的增加和劳动力质量的提高。劳动力数量的增加来源于人口的增加、人口中就业率的提高和纯劳动时间的增加,而劳动质量的提高则是文化技术水平和健康水平的提高。西方经济学家通常把劳动者的知识和技能称为人力资本。按照国际惯例,人力资本主要是指企业中的两种人:一种是企业家;另一种是技术创新者。他们虽然是人,但具有资本的功能,可以说,这两种人是各种生产要素的灵魂,是经济增长的决定因素。从各国的经济发展中可以看到,劳动力对经济增长的作用正逐渐从数量推动转向质量推动,特别是第二次世界大战以后,随着科学技术的进步和知识经济的兴起,技术密集型、资本密集型产业逐渐替代劳动密集型产业,经济增长对劳动力数量的需求下降,而对劳动力质量的需求上升。因此,为提高劳动力质量而进行的人力资本投资就成为经济增长的重要源泉。

(2)自然资源的开发和利用程度

自然资源是存在于自然界中,能够为人们发现经济用途并加以利用的自然要素和条件。按照自然资源的天然特点,大致可以分为生态资源、生物资源、土地资源和矿产资源四大类。一个国家的自然资源状况对经济增长具有重要的促进或制约作用,即一国的自然资源储量丰富,将为经济较快增长提供有利的条件。相反,自然资源的贫乏可能对经济活动造成限制。当然,丰富的资源得不到有效的开发利用,则较快的经济增长不可能出现,增长需要的是对自然资源的开发利用而并非自然资源的存在。开发条件已经具备后,丰富的自然资源比贫乏的自然资源更能推动经济增长。自然资源的大规模开发利用要靠国内资金的积累。在许多情况下,没有一定量的达到某种临界点的资金,就无法对自然资源进行开发利用。

(3)资本存量的增加和配置的改善

资本是经济增长的物质条件。这里的资本是指物质资本,即指在一定时间内用来生产其他产品的耐用品,它以厂房、机器设备和原材料等形式存在。当劳动力数量和技术一定时,资本的增加会带来使用价值的增加,而使用价值的增加恰恰是经济增长的核心内容。

作为一个存量概念,资本的增长速度对经济增长有着重要的影响。资本增长速度取决于计算期初的资本存量、计算期国民收入水平、积累率以及建设周期。期初存量对资本增长速度的影响是双重的。较大的存量一方面由于作为计算速度的分母而减少速度值,但另一方面它又可能形成较多的国民收入而增大积累资金,从而使资本的增长速度增加。计算期国民收入水平越高,在建设周期和积累率一定时,所形成的新增资本就越多,资本的增长速度就越快。

积累率对资本增长速度的影响是复杂的。在国民收入一定时,较高的积累率意味着较多的积累资金。而在建设资金一定时,较多的积累资金形成较多的新增资本。但积累率高过某一临界范围之后,往往会拉长建设周期,并妨碍国民收入的增长。这是因为过高的积累率往往会导致过大的投资规模,而过大的投资规模会造成资本的普遍短缺,导致不少以往持续下来的在建投资项目不能形成具有生产能力的新增资本,从而也会拉长建设周期。建设周期的拉长以及过高的积累率对劳动者的工作积极性的不利影响，将影响国民收入的增长。从最终后果来看，过高的积累率不是提高而是降低了资本存量的增长速度。

从资本方面影响经济增长的除了资本存量的增长速度以外，还有资本配置状况。资本的配置状况是指资本存量在各个部门、各个地区和各个生产单位的分配情况。资本的配置不合理，将导致短缺与停滞并存的现象，降低资本效率，给经济增长造成不利影响。而配置状况的改善，则意味着资本产出率较低的部门、地区、生产单位所拥有的资本存量相对增加，意味着固定资本和流动资本之间的比例趋于合理，逐渐提高资本效率，使既定的资本存量导致更多的产出，从而提高经济增长速度。

(4)科学技术的进步状况

技术进步在经济增长中的作用体现在生产率的提高上，即同样的生产要素投入能提供更多的产品，这说明技术进步是经济增长的最重要因素。在经济增长中，技术进步是作为一种渗透性因素作用到劳动、资本、自然资源等要素上，通过提高生产要素的质量，系统地改善生产要素的组合过程，从而提高生产要素的使用效率，促进经济增长。在技术进步中，包含着生产设备的更新、生产工艺和方法的完善、劳动者素质的提高和对稀缺资源的节约等。首先，技术进步促进了生产设备技术水平的提高和生产工艺水平的改善，从而提高了投入产出率。其次，技术进步促进了劳动者素质的提高，这不仅利于资源配置的改善，而且有利于要素生产率的提高。再次，技术进步促进了全社会对稀缺资源的节约。最后，技术进步促进了经济结构的巨大变革，从而使宏观结构效益得到提高。

(5)经济管理水平

经济管理水平主要从微观和宏观两个层次上影响经济增长。从微观角度看，管理可以通过各类资源的有效组合方式，促进经济增长；从宏观角度看，单个企业管理状况的好坏对国民经济增长并无多大影响，但企业管理的普遍状况却是经济增长的决定性因素之一。如果企业管理水平有了普遍的改善，则社会生产劳动率和资本生产率都将得到提高，这样，就可以实现在要素投入量既定的条件下宏观经济的较快增长。

从国民经济的角度看，合理地配置和利用资源，包括合理的生产布局、正确地确定积累水平、资产投向和规模，正确确定消费政策、工资政策、价格政策、信贷政策和税收政策等，都会促进经济增长。

(6)国际经济技术合作水平

国际间的合作与交流，对国民经济的增长和发展也会产生很大的影响。首先，繁荣的国际贸易可以促进国家经济增长，尤其是我国加入世界贸易组织后，对我国参与经济一体化进程，分享国际经济合作的好处起着不可估量的作用。其次，积极地引进国外先进技术、充分利用外资，可以弥补国内资金不足，提高国内生产技术水平,有利于国内经济增长。此外,世界经济的繁荣和国际经济关系的正常化,都有利于推动国内经济增长。

2.非经济因素

(1)国内政治环境

政治与经济从来就是密不可分的,上层建筑对经济增长有不可忽视的影响。一个国家如果社会制度优越,政局稳定,吏治廉洁,政府办事效率高、能一心一意搞建设,就能为企业生产经营创造良好的外部条件,能推动经济快速增长;反之,如果社会黑暗,制度腐败,政局动荡,社会秩序恶化,就丧失经济社会发展的基本条件,经济增长就无从谈起。

(2)社会文化心理状况

社会文化心理具有丰富的内涵,它和经济增长有着比较密切的关系。如公众对消费和储蓄的价值取向,对继承和创新的态度,对经理和官员的社会评价等等。

消费和储蓄的价值取向主要通过影响资本形成而影响经济增长。当经济处于起飞状态,需要大量资本时,较低的消费水平无疑有助于经济增长。而当经济进入成熟、发达的状态,耐用消费品部门成为经济的主导部门后,适当提高消费水平则有助于经济增长。如果消费——储蓄的价值取向不能适应今后国家增长的特定阶段的需要,而出现消费早熟或消费不足的现象,经济都会受到影响。

公众对继承和创新的态度,主要通过影响技术和体制的创新活动影响经济增长。由于体制结构的特征,传统体制容易形成有利于继承而不利于创新的局面,尤其是对体制创新的传统社会心理,往往不利于通过体制改革来推进经济增长。

对经理和官员的价值取向实际上在很大程度上决定了社会上有才华、有组织能力的那部分人的择业偏好。如果这些人普遍希望能够在政府机关中谋得一官半职,而不是成为敢于承担风险和接受挑战的企业家,就会对经济增长产生不利影响。

(3)国际政治环境

国际政治环境是紧张还是缓和,影响国际间正常的贸易秩序、国际资本利用效率甚至国家间的政治经济关系,也影响国内经济增长。

上述各个因素相互联系、相互制约,共同对经济增长发挥作用。因此,应当通过实现各个因素的相互协调、彼此配合来促进经济增长。

二、经济发展

(一)经济发展的含义

经济发展一般是指一个国家或地区随着经济增长而出现的经济、社会和政治的整体演进和改善。具体地说,经济发展的内涵包括三个方面:一是经济增长。即一个国家或地区的产品和劳务总量的增加,这是构成经济发展的物质基础。二是经济结构的优化。即一个国家或地区的投入结构、产出结构、分配结构、消费结构以及人口结构等各种结构的协调和优化,这是经济发展的必然环节。三是经济质量的提高。即一个国家或地区的经济效益水平、社会和个人福利水平、居民实际生活质量、经济稳定程度、自然生态环境改善程度的提高以及政治、文化和人的现代化,这是经济发展的最终标志。

经济发展与经济增长有着密切联系。经济增长不仅包含在经济发展之中,而且还是促成经济发展的基本动力和物质保障。一般而言,经济增长是手段,经济发展是目的;经济增长是经济发展的基础,经济发展是经济增长的结果。虽然在个别条件下有时也会出现无增长而有发展的情况,但从长期看,没有经济增长就不会有持续的经济发展。

经济发展与经济增长是有区别的。经济增长只是指一国经济更多的产出,其增长程度仅仅以国民生产总值(GNP)与国民收入以及它们的人均值的增长率等单一指标来表示。而经济发展除了包括经济增长的内容外,还包括随着经济增长而出现的经济、社会和政治等方面的进展,其发展程度需要用能反映这种变化的综合性指标来衡量。经济增长的内涵较狭窄,是一个偏重于数量的概念,而经济发展的内涵则较宽,是一个既包含数量又包含质量的概念,在质和量的统一中更注重经济结构的升级和优化。虽然经济增长是经济发展的必要前提,但并不是一切经济增长都必然能带来经济发展。如果只是传统经济在原有结构、类型、体制基础上单纯依赖增加资源消耗去实现数量增长,而没有经济质态的升级和优化,就不可能带来经济、社会和政治的整体演进和改善。这种情况就是只有经济增长而无经济发展。

综上所述,经济发展不仅意味着一个国家(地区)产品、劳务产出量的持续增加(经济增长)和经济结构的变化,而且还意味着整个社会面貌的变化;经济发展的本质意义就是社会全体成员物质、文化生活质量的不断提高。

(二)衡量经济发展的主要指标

衡量经济发展是一个极其复杂的问题,从理论上说,对经济发展的衡量必须符合经济发展的含义及其基本目标,这就要求既要反映发展量的扩张,也要体现其质的改善;既要反映经济方面的增长,也要体现社会方面的进步。因此,很难用某一种指标来衡量经济发展。从 20 世纪 70 年代开始,世界各国一直在探索用什么样的指标来衡量一国的经济发展水平,许多学者提出了各种指标体系。

许多西方经济学家从经济发展的核心在于社会和个人的福利增进的观点出发,认为反映经济发展程度至少应包括以下五个方面的指标:(1)基本必需品的消费量;(2)收入和分配的均等程度;(3)识字率;(4)健康水平;(5)就业状况。还有的西方经济学家提出用实际生活质量指数作为衡量一国人民经济福利和生活水平的综合指标,它由识字率、预期寿命、婴儿死亡率三项具体指标构成,认为识字率反映一个国家的人民生活水平和教育发展程度;预期寿命指数反映一国的营养状况、公共卫生、收入等一般的环境状况;婴儿死亡率则可反映环境净化程度、居住条件、母亲的健康状况等。

联合国社会发展研究所提出的综合指标体系包括16项具体指标:(1)期望寿命;(2) 两万人以上地区人口占总人口的比重;(3) 人均每天消费的动物蛋白质;(4)中、小学生入学比例;(5)职业教育入学比例;(6)人均住房面积;(7)每千人读报人数;(8)煤气、电、自来水普及率;(9)农业劳动生产率;(10)农业劳动力比重;(11)人均年耗电量;(12)人均年耗钢量;(13)人均年能源消费;(14)制造业占国内生产总值的比重;(15)人均对外贸易额;(16)工薪收入者占社会就业人数的比重。

可见,目前还没有一个统一衡量经济发展水平的指标体系。但从上述各种观点和意见中可以看出,要真正反映各个国家的经济发展状况和水平,必须从不同的角度,运用不同的指标,其中最重要的是经济素质的提高、经济结构的优化和个人福利的增进及生活质量的提高。

(三)影响经济发展的主要因素

影响经济增长的因素也是影响经济发展的因素。但由于经济发展的内涵要比经济增长宽得多, 因而影响经济发展的因素也要比影响经济增长的因素多而复杂。其中,自然资源、人口数量、科学技术、文化教育四大因素对一国经济发展具有重要影响。

1.自然因素

自然资源的特点和在人类生产与生活中的地位和作用,决定了一个国家所拥有的自然资源的数量、质量和构成及其分布状况,它们与经济发展关系极大。自然资源对经济发展的作用或影响,主要表现在:(1)自然资源是影响劳动生产率高低的重要因素。在一定的生产技术水平下,自然资源数量的多少、质量的优劣不同,劳动生产率也就不同。(2)自然资源是形成产品实体的物质源泉,其质量决定着社会产出品的效用,数量决定着社会产出品的规模。(3)自然资源是制约产业结构的重要因素。一般说来,一国自然资源的构成不同,会由此形成与之相适应的不同的产业部门。(4)自然资源制约着生产力布局。

2.人口数量

人是生产者与消费者的统一,人口发展必须与物质资料生产发展相适应。一方面,人作为生产者,是社会生产力的主体,一定的人口数量是经济发展所不可缺少的,适当的人口增长也是推动经济发展的一个因素。另一方面,人作为生产者又是有条件的,不仅要同生产资料相结合,还要受年龄、体质和技能的限制。而人作为消费者又是无条件的,从出生到死亡整个周期都需要消费。人口的过快增长对世界尤其是发展中国家造成了巨大的压力,同时还引发了各种社会问题,有的甚至直接威胁到社会的安定。

3.科学技术

科学技术作为第一生产力,不仅是经济增长的决定性因素,而且在经济发展的其他方面也起着巨大的推动作用。这些作用主要表现在:(1) 它是人类认识自然、利用自然和保护自然的强大武器。(2)能够促进产业结构的不断优化和高度化。(3)能改变劳动者的就业结构和劳动力的构成,提高人类的生活质量。(4)它是促进生产关系变革和制度创新的有力杠杆。(5)它是促进文化教育知识的不断更新,提高人们的文化素质,培养人才,开发人力资源的强有力的手段。(6)为领导决策科学化、民主化、程序化奠定了基础。(7)能促进人们生活方式的现代化。(8)能引起世界格局的深刻变化,使世界经济发展和科技进步日趋国际化。(9)它还是一国国防现代化的基础,是维护国家安全和世界和平的强大力量。

4.文化教育

教育是对人的智力投资,是提高人力资源质量的最重要途径。教育虽然不能直接提供产品,但能提高生产产品的劳动者的智力素质和思想素质,是推动经济发展的重要因素和源泉。尤其在当代,如果说科学技术是带动经济发展的火车头,那么,教育则是推动这个火车头的动力源。据联合国教科文组织 1985 年的统计,文盲数与人均国民生产总值按相反方向变化。经济发达国家平均文盲率为 2.1%,人均国民生产总值为 8 324 美元;发展中国家平均文盲率为 38.2%,人均国民生产总值则下降为 656 美元;最不发达国家平均文盲率为 67.6%,人均国民生产总值仅为 195 美元。

教育对经济发展的促进作用主要表现在:(1) 教育能够提高普通劳动者的知识和技术素质。经过教育,劳动者掌握一定的知识和技术,这可提高劳动力的质量,使劳动力实际承担的工作数量和质量大为提高,从而提高劳动生产率。据测算,小学、中学、大学毕业的劳动者其劳动生产率分别为 43%、108%、300%。(2)教育是培养科技人才的唯一途径。为加强综合国力,世界各国在高新技术领域展开了激烈的角逐。高新技术的竞争实质上是知识和人才的竞争,是人们掌握和运用最新技术能力的竞争。在这场世界空前的、全球规模的经济和科技激烈竞争中,竞争的焦点是科技竞争,而科技竞争的核心则是人才竞争。为在国际竞争中保持领先地位,发达国家都在大幅度地增加教育投资,大力培养年轻科技人才。

在包括我国在内的许多发展中国家的经济发展中,不只缺乏物质资本(机器设备),更缺乏人力资本。人力资本不能与物质资本保持齐头并进,已成为经济发展的极大限制因素。造成这种后果的根源是教育投资不足和投资效率低下。因此,必须增加教育投资,并通过制定正确的教育发展战略提高教育投资效率,使人力资源发展与经济发展协调一致。

第二节 社会主义市场经济条件下经济发展方式的转变

党的十七大报告中强调,实现未来经济发展目标,“关键要在加快转变经济发展方式、完善社会主义市场经济体制方面取得重大进展。”“加快转变经济发展方式,推动产业结构优化升级。这是关系国民经济全局紧迫而重大的战略任务。”从“增长方式”到“发展方式”的转变,彰显出21世纪我国经济发展理念的更加理性和成熟。

一、社会主义市场经济条件下转变经济发展方式的紧迫性

(一)经济发展方式的概念

经济发展方式是实现经济发展的方法、手段和模式,其中不仅包含经济增长,而且包括结构(经济结构、产业结构、城乡结构、地区结构等)优化、运行质量、经济效益、收入分配、环境保护、城市化程度、工业化水平以及现代化进程等诸多方面的内容。

转变经济发展方式除了要求经济增长方式从粗放型转向集约型外,还要求从盲目地单纯追求GDP量的扩张转变到更加注重优化经济结构、提高经济效益和经济增长质量上来;从一次性和单一性利用资源转向循环利用和综合利用资源;从牺牲环境发展经济转向力争经济与环保双赢;从见物不见人的陈旧理念转变到以人为本,更加注重提高人民群众的物质文化生活水平,让广大人民群众分享到改革发展的成果。

(二)转变经济发展方式的紧迫性

1.新发展阶段改善生存环境和加速建设的矛盾日益尖锐。21世纪以来,在初步实现小康的基础上,我国已经进入全面建设小康社会、工业化和城市化双加速的新发展阶段。在这个阶段,既要加速建设,又要满足老百姓消费结构升级和改善生活质量的要求。但是,加快建设和老百姓消费热点转向买房、买车,客观上必然消耗更多资源,加大污染排放,对资源、环境和社会带来新的压力。这就迫切要求转变经济发展方式,使建设规模、经济增长与资源环境承载能力相适应,与群众改善生活质量和生存环境的要求相适应。

2.我国经济高速增长的资源环境代价过高,已经难以为继。改革开放30年来,我国经济保持了年均9.7%的高速增长,但是,在粗放的增长方式下,土地、淡水、矿产资源和生态环境的承载能力受到严峻挑战。目前,我国人均资源紧缺,绝大多数资源的人均占有量低于世界平均水平,但是资源消耗量或自然资产损失量

却排在世界前列。环境质量处于“局部有改善、整体在恶化”的局面。如果转变经济发展方式没有大的起色，这种局面只会延续，不会发生根本性好转。

3.区域发展格局不合理，加大资源环境压力。一个突出表现是区域产业特色不突出。在钢铁、电解铝、水泥、电石、炼焦等高耗能、高污染产业领域，存在严重的低水平重复建设，不仅造成资源配置效率低下，而且恶化了一些地区的生态环境。另外，经济活动在一些地区过度集中。在京津冀、长三角、珠三角等经济密度较大地区的个别地方，出现了过度发展的迹象。人口和经济活动向这些地方集中带来一系列环境和生态问题。再如，地区之间竞争秩序混乱。经济发达地区资源和环境压力逐步增大，有些地区成为资源高消耗地区和生态脆弱区。经济欠发达地区产业升级缓慢，高投入、高消耗和高排放的增长方式削弱了本来就脆弱的资源环境承载能力。

4.劳动力、土地等要素成本快速上升。总体来说，我国劳动力总量还比较大，供给相对比较充裕，低成本优势还可以维持一段时间。但也要看到，在劳动力供给总量过剩并未根本改变的情况下，结构性短缺矛盾日益突出。城市熟练技术工人供不应求，局部地区开始出现普通劳动力短缺现象，劳动力价格快速上涨。并且，随着劳动年龄人口供给增长率下降，中国的“人口红利”正逐步消失。与此同时，工业化、城市化和农村发展的土地供给都趋于紧张，土地成本不断上涨的趋势将长期维持。只有提高劳动者素质，加大人力资本对经济增长的贡献，提升高端产业的附加值和技术含量，才能应对要素成本上升带来的挑战。

5.人口老龄化超常加快。一方面，中国在人均GDP水平较低时，就迈入了老龄化的门槛。发达国家进入老龄化社会时，人均GDP大致为5 000～10 000美元；发展中国家进入老龄化社会时，人均GDP大约在2 000美元；而中国进入老龄化社会时，人均GDP只有1 000美元左右。另一方面，人口老龄化的发展速度超常。根据国外有关机构资料，65岁以上老年人比重从7%升到14%所经历的时间，法国为115年，瑞典为85年，美国为68年，而中国估计只要27年。人口老龄化既会降低国民储蓄总水平，也会提高人口赡养负担，影响社会财富的增长。中国这种“未富先老”的人口结构变动态势，对加快转变经济发展方式提出了紧迫要求。只有努力提高劳动生产率和高附加值产业的比重，才有助于解决人口老龄化带来的诸多问题。

6.世界性产业转移带来新的机遇和挑战。最近10多年，全球生产分工体系出现新的特点和变化，以价值链分工为特点的新型产业分工势头越来越强劲。跨国公司跨境投资、公司内贸易和服务外包明显增加，国际产业转移的速度加快，规模扩大，层次提高，方式更加灵活。产业全球转移是发达国家产业升级、优化增长方式的重要途径，并推动工业化重心向东半球转移。我国特有的低成本优势使我国成为世界制造业转移的主要承接国，这对我国加快产业结构升级和增长方式转变,既带来一系列新的机遇,又带来严峻挑战,我们必须妥善应对,趋利避害。

二、社会主义市场经济条件下转变经济发展方式的基本路径

党的十七大报告把转变经济发展方式的路径概括为"两个坚持,三个转变",即"要坚持走中国特色新型工业化道路,坚持扩大国内需求特别是消费需求的方针,促进经济增长由主要依靠投资、出口拉动向依靠消费、投资、出口协调拉动转变,由主要依靠第二产业带动向依靠第一、第二、第三产业协同带动转变,由主要依靠增加物质资源消耗向主要依靠科技进步、劳动者素质提高、管理创新转变。"

(一)坚持走中国特色新型工业化道路

我国在21世纪要完成工业化。从世界范围来看,20世纪60年代以前的工业化过程是用分工协作和使用机器设备的工厂生产取代手工的个体生产的过程,是以制造业为主的第二产业在国民经济中的比重不断上升的过程,是劳动力不断从第一产业或农村转移到第二产业或城市的过程。由于世界科学技术革命,尤其是信息通讯技术在20世纪70年代以来的飞速发展,信息通讯技术已经成为现代工业化的核心技术,信息化已经与工业化融为一体。显然,我们要在21世纪实现工业化,就不能再走传统工业化的道路,而是要用信息化带动工业化,走新型工业化的道路。走新型工业化的道路,就要大力推进国民经济和社会信息化,在国民经济各个领域广泛应用信息通讯技术,用信息通讯技术和其他高新技术、先进适用技术改造和武装传统产业,推动产业结构的优化升级。形成以高新技术产业为先导、基础产业和制造业为支撑、服务业全面发展的产业结构。走中国特色新型工业化道路,需要处理好工业发展与农业发展、城市发展与农村发展的关系,不能走20世纪五六十年代一些发展中国家牺牲农业、丢弃农村、去掉农民来发展工业的工业化道路;要处理好独立自主发展与对外开放的关系,我国作为一个发展中大国,不能单纯走出口替代或进口替代的工业化发展道路;处理好资本密集型产业和劳动密集型产业的关系,使技术进步、资本增长和就业增加相互协调,在技术进步和经济增长过程中促进就业增加。

(二)坚持扩大国内需求特别是消费需求

长期以来,我国投资增长速度明显高于GDP增长速度,明显高于消费增长速度,资本形成对经济增长的贡献率不断增加,而最终消费对经济增长的贡献率则有较大幅度下降。一方面我们要努力保持投资对经济增长的拉动作用;另一方面我们又必须密切注意投资增长与消费增长的不协调状况, 防止投资的过快增长,努力调整消费与投资的比例结构关系。

1.调整消费与投资结构,努力扩大消费需求。目前制约我国经济增长的主要因素已经由总供给一方转向总需求一方,总需求管理成为我国宏观经济政策的重点。长期以来,资本尤其是大规模的固定资产投资是推动我国经济增长的主要力

量。但是,在投资和经济高速增长的同时,我国的消费需求特别是居民消费需求却增长缓慢。结果,在我国的 GDP 构成中,资本形成所占的比重(投资率)越来越大,最终消费所占的比重(消费率)越来越小。消费需求不足尤其是居民消费需求不足成为制约我国经济持续稳定增长的主要因素。没有现在的消费,就不会有未来的投资和生产。投资具有二重效应,本期投资既会增加本期的有效需求,又会通过资本形成扩大经济的总供给能力,这种扩大了的总供给能力将在今后若干时期都会存在。因此,从长期来看,没有足够的消费需求来支撑的生产不可避免会出现生产过剩。扩大国内消费需求的关键,是努力提高居民收入水平。要通过深化收入分配制度改革,逐步提高居民收入在国民收入分配中的比重,更加重视收入分配制度中促进社会公平的举措,努力提高国内消费需求,协调消费与投资对经济增长的拉动关系。

2.协调国内需求与国外需求对经济增长的拉动关系。20 世纪 90 年代中期以来,我国对外贸易一直保持顺差,使得外需对经济增长的贡献率明显上升。保持贸易顺差总体上是有利的,但是,对中国这样一个大国来说,经济增长主要还是要依靠内需拉动。因此,我们在注意协调消费与投资对经济增长的拉动关系的同时,也必须注意协调好内需与外需对经济增长的拉动关系。

(三)坚持以产业协调发展带动经济增长

农业基础薄弱、工业大而不强、服务业发展滞后以及三大产业之间比例不合理是影响经济可持续发展的一个主要的结构问题。由此,必须要促进经济增长由主要依靠第二产业带动向依靠第一、第二、第三产业协同带动转变。

目前,我国产业结构存在的主要问题是:农业基础薄弱,“靠天吃饭”的局面没有根本改变;工业大而不强,制造业规模虽已位居世界第三,但缺乏自主知识产权、核心技术和世界知名品牌。消耗高、污染多的行业和企业所占比重过高;服务业发展滞后,其增加值占国内生产总值的比重比中低收入国家平均水平低十几个百分点,特别是现代服务业的数量和质量远不能满足需求。与此同时,第二产业、第三产业占国内生产总值比重的变化方向出现偏差。近年来,经济增长主要依靠第二产业带动的格局不仅没有改变,反而呈现进一步强化之势。

产业结构不合理的状况,不仅加大了资源环境的压力,影响了经济整体素质和效益的提高,也不利于缓解就业压力,影响了社会的和谐和稳定。因此,必须立足优化产业结构推动发展,把调整产业结构作为推动发展的主线,加强农业基础地位,逐步实现农业由弱变强;提高工业技术水平,实现工业由大变强;加速发展服务业,实现服务业由慢变快,使经济增长由主要依靠第二产业带动向依靠第一、第二、第三产业协同带动转变。

(四)依靠科技进步、劳动者素质提高和管理创新推动经济增长

长期以来,我国经济增长过多地依靠物质要素投入增加和简单的扩大再生

产,而技术进步、劳动者素质提高、管理创新等对经济增长的贡献不足。

现代经济增长已经由主要依靠资本积累推动转变为主要依靠技术进步推动。新增长理论进一步发现,技术进步是知识和人力资本积累的结果,知识和人力资本的积累会带来人均GDP的增长。教育和知识能提高单个企业的技术水平(私人技术),更重要的是,它们会提高社会技术水平,向上移动社会生产函数,从而克服边际报酬递减。一个国家要在经济增长和经济发展上赶上现有的领先国家,就必须首先在科学发现、技术发明和技术创新上占领制高点。而科学发现、技术发明和技术创新的加速发展是以教育的发达与普及、知识和人力资本积累到一定程度为基础和前提条件的。对于发展中国家的经济增长来说,引进外国资本设备、技术和管理经验固然重要,但是,发展中国家的企业和产业必须有相应的人力资本积累,引进的先进技术设备才能充分发挥其效率。一些企业和产业由于人力资本达不到应有的门槛,先进的技术设备不能发挥作用,先进的技术设备变成了一般的技术设备。更重要的是,人力资本达不到一定的门槛,劳动者和管理者无法通过"干中学"来实现技术进步,追赶就无法实现。所以,十七大报告强调,转变经济发展方式,要"由主要依靠增加物质资源消耗向主要依靠科技进步、劳动者素质提高、管理创新转变"。

实现我国经济发展方式转变的一个关键环节是增强自主创新能力,尽快扭转目前我国自主创新能力不强,缺乏核心技术,缺少自主知识产权的现状。提高自主创新能力,建设创新型国家,是国家发展战略的核心,是提高综合国力的关键。经过多年努力,我国科技创新取得了明显成效,但自主创新不足,转化水平不高,劳动生产率和经济效益与国际先进水平相比还有较大差距的问题依然存在。不论是从国际科技竞争加剧的趋势看,还是从国内低成本竞争优势减弱的现实看,我们必须全面提高自主创新能力,逐步形成以科技进步和创新为基础的新竞争优势。要坚持走原始创新、集成创新、引进消化吸收再创新的中国特色自主创新道路,把增强自主创新能力作为科学技术发展的战略基点和调整产业结构、转变经济发展方式的中心环节,并贯彻到现代化建设的各个方面。

第三节 可持续发展与科学发展观

可持续发展是人类发展观的一次深刻变革,一经提出便很快在全球形成共识。科学发展观为实践可持续发展提供了科学的世界观和方法论,为促进人与自然的和谐发展指明了前进方向。探究科学发展观对可持续发展观的理论创新,对于全面贯彻落实科学发展观、促进我国社会全面协调可持续发展具有重要意义。

一、可持续发展理论的渊源与内涵

(一)可持续发展理论的渊源

可持续发展作为一个较为完整的思想体系和科学理论，其形成过程始于20世纪60年代。“可持续发展”一词在国际文件中最早出现在1980年由国际自然保护同盟制定的《世界自然保护大纲》之中。1987年,联合国环境与发展委员会在挪威前首相布伦特兰夫人的领导下,提出了一份题为《我们共同的未来》的报告。报告对可持续发展的内涵做了明确界定,即“既满足当代人的需求,又不对后代人满足其需要的能力构成危害的发展”，这标志着可持续发展思想的成熟。1992年6月,联合国在里约热内卢召开的环境与发展大会,通过了以可持续发展为核心的《里约热内卢环境与发展宣言》、《21世纪行动议程》等文件,第一次把可持续发展由理论和概念推向行动。随后,中国政府编制了《中国21世纪人口、资源、环境与发展白皮书》,首次把可持续发展战略纳入我国经济和社会发展的长远规划。1997年党的十五大把可持续发展战略确定为我国“现代化建设中必须实施”的战略。2002年党的十六大把“可持续发展能力不断增强”作为全面建设小康社会的目标之一。

(二)可持续发展的内涵

可持续发展是以保护自然资源环境为基础,以激励经济发展为条件,以改善和提高人类生活质量为目标的发展理论和战略。它是一种新的发展观、道德观和文明观。可持续发展要求“既要考虑当前发展的需要,又要考虑未来发展的需要,不要以牺牲后代人的利益为代价来满足当代人的利益”,其概念内涵极其丰富。

1.在经济可持续发展方面,可持续发展要求改变传统的以“高投入、高消耗、高污染”为特征的生产模式和消费模式,实施清洁生产和文明消费,以提高经济活动中的效益,节约资源和减少废物,建设资源节约型社会。

2.在生态可持续发展方面,可持续发展要求经济建设和社会发展要与自然承载能力相协调。生态可持续发展同样强调环境保护,但不同于以往将环境保护与社会发展对立的做法,可持续发展要求通过转变发展模式,从人类发展的源头、从根本上解决环境问题。

3.在社会可持续发展方面,可持续发展的本质应包括改善人类生活质量,提高人类健康水平,创造一个保障人们平等、自由、教育、人权和免受暴力的社会环境。

在人类可持续发展系统中,经济可持续是基础,生态可持续是条件,社会可持续是目的。人类共同追求的应该是以人为本位的自然—经济—社会复合系统的持续、稳定和健康发展。

二、科学发展观的科学内涵与精神实质

科学发展观是对党的三代中央领导集体关于发展的重要思想的继承和发展，是马克思主义关于发展的世界观和方法论的集中体现，是同马克思列宁主义、毛泽东思想、邓小平理论和“三个代表”重要思想一脉相承又与时俱进的科学理论，是我国经济社会发展的重要指导方针，是发展中国特色社会主义必须坚持和贯彻的重大战略思想。

(一)第一要义是发展

科学发展观坚持把发展作为党执政兴国的第一要务，强调发展是解决中国一切问题的关键，进一步回答了“为什么要发展”的问题。

发展是关系社会主义前途和命运的重大理论和实践问题。中国特色社会主义是靠发展来不断巩固和前进的。邓小平同志总结社会主义正反两方面的经验，提出了“发展才是硬道理”的著名论断，指出“中国解决一切问题的关键是要靠自己的发展”。江泽民同志强调，发展是硬道理，这是我们必须始终坚持的一个战略思想。胡锦涛同志指出，发展对于全面建设小康社会、加快推进社会主义现代化，具有决定性意义。贯彻和落实科学发展观，必须始终把发展放在中心位置，聚精会神搞建设，一心一意谋发展。

把握发展，必须始终坚持以经济建设为中心，不断解放和发展社会生产力。马克思主义认为，生产力的发展是人类社会发展的最终决定力量。社会主义现代化必须建立在发达的生产力基础上。我国正处于并将长期处于社会主义初级阶段，社会主义初级阶段的主要矛盾，始终是人民日益增长的物质文化需要同落后的社会生产之间的矛盾，解放和发展生产力始终是我们的中心任务。我国经济能不能加快发展，不仅是重大的经济问题，而且是重大的政治问题，是关系中国特色社会主义前途命运的问题。把握发展，要尊重规律，讲究效益。科学发展观所追求的发展，不是片面的发展、不计代价的发展、只追求 GDP 的发展，而是以人为本、全面协调可持续的科学发展，是又好又快的发展。

(二)核心是以人为本

科学发展观坚持以人为本，坚持发展为了人民，发展依靠人民，发展成果由人民共享，促进人的全面发展，进一步回答了“为谁发展”的问题。

以人为本是马克思主义的一项基本原则，是我们党的根本宗旨和执政理念的集中体现。科学发展观把以人为本作为理论内核，坚持了马克思主义关于人民群众是历史的主体的唯物史观，丰富深化了我们党全心全意为人民服务的宗旨和立党为公、执政为民的本质要求，反映了时代进步潮流和历史前进方向，是我们党执政理念的重大创新。科学发展观的一切内容都贯穿以人为本的要求，都把以人为本作为逻辑起点。科学发展实质上就是坚持以人为本的发展。这是科学发展观与

其他发展观最根本的区别。紧紧抓住以人为本这个核心,才能深刻把握科学发展观的本质和灵魂,深入贯彻落实科学发展观。

坚持以人为本,就要始终把实现好、维护好、发展好最广大人民群众的根本利益作为党和国家一切工作的出发点和落脚点,尊重人民主体地位,发挥人民首创精神,保障人民各项权益,走共同富裕道路,促进人的全面发展,实现发展为了人民、发展依靠人民、发展成果由人民共享。

(三)基本要求是全面协调可持续

科学发展观强调必须全面推进经济建设、政治建设、文化建设、社会建设,努力实现以人为本、全面协调可持续的科学发展,实现各方面事业有机统一、社会成员团结和睦的和谐发展,实现既通过维护世界和平发展自己、又通过自身发展维护世界和平的和平发展,进一步回答了"怎样发展"的问题。

全面发展就是指各个方面都要发展,而不是片面的、局部的、不平衡的发展。要按照中国特色社会主义事业总体布局,坚持以经济建设为中心,全面推进经济建设、政治建设、文化建设、社会建设共同进步。

协调发展就是指各个方面的发展要相互适应,各个环节的发展要有机衔接,各个阶段各个步骤的发展要良性运行。坚持协调发展,就要统筹城乡发展、统筹区域发展、统筹经济社会协调发展、统筹人与自然和谐发展、统筹国内发展与对外开放,推进生产力和生产关系、经济基础和上层建筑相协调,推进经济、政治、文化建设的各个环节、各个方面相协调。在经济发展的基础上,更加注重社会建设,着力保障和改善民生。

可持续发展就是指发展进程要有持久性、连续性、可再生性。中国特色社会主义建设是一个长期的历史进程,必须坚持生产发展、生活富裕、生态良好的文明发展道路,建设资源节约型、环境友好型社会,实现速度和结构质量效益相统一、经济发展与人口资源环境相协调,使人民在良好生态环境中生产生活,实现经济社会永续发展。

(四)根本方法是统筹兼顾

统筹兼顾,就要总揽全局,照顾各方,充分调动一切积极因素,妥善处理各种利益关系,注重实现良性互动,着力加强经济社会发展的薄弱环节。统筹兼顾是科学发展观的根本方法,是我们党进行现代化建设的一项基本方针。

坚持统筹兼顾,就是要正确认识和妥善处理中国特色社会主义事业中的重大关系,统筹国内国际两个大局。要统筹城乡发展、区域发展、经济社会发展、人与自然和谐发展、国内发展和对外开放,统筹中央和地方关系,统筹个人利益和集体利益、局部利益和整体利益、当前利益和长远利益,充分调动各方面积极性。统筹国内国际两个大局,树立世界眼光,加强战略思维,善于从国际形势发展变化中把握发展机遇、应对风险挑战,营造良好国际环境。既要总揽全局、统筹规划,又要抓住牵动全局的主要工作、事关群众利益的突出问题,着力推进、重点突破。

三、树立和落实科学发展观,必须坚定不移地实施可持续发展战略

科学发展观的基本要求是全面协调可持续,走可持续发展的路子就是落实科学发展观的重要组成部分。我国人口众多,资源相对不足,生态环境承载能力弱,这是我国的基本国情。随着我国经济的快速增长和人口增加,特别是由于近些年粗放增长的问题比较突出,能源、水资源、土地资源、矿产资源、林草资源不足的矛盾越来越尖锐,生态环境形势十分严峻。因此,我们必须坚定不移地实施可持续发展战略,努力增强我国经济、社会和自然生态环境的可持续发展能力。

(一)促进资源节约型、环境友好型社会建设

促进资源节约型、环境友好型社会建设是以胡锦涛同志为总书记的党中央提出的战略任务,同时也是继续推进可持续发展事业的重大部署。为此,要大力发展循环经济,加大环境保护力度,切实保护好自然生态。大力发展循环经济就是要坚持开发节约并重、节约优先,按照减量化、再利用、资源化的原则,大力推进节能、节水、节地、节材,加强资源综合利用,完善再生资源回收利用体系,全面推行清洁生产,形成低投入、低消耗、低排放和高效率的节约型生产方式。加大环境保护力度,就是要坚持预防为主、综合治理、强化从源头防治污染和保护生态,坚决改变先污染后治理、边污染边治理的状况。切实保护好自然生态,就是要坚持保护优先、开发有序,以控制不合理的资源开发活动为重点,强化对水源、土地、森林、草原、海洋等自然资源的生态保护。

(二)依靠科技进步促进可持续发展

科学技术是第一生产力,也是推动可持续发展的强大力量。科技进步不仅是经济增长的决定性因素,而且也是可持续发展的决定性因素。在实施可持续发展战略过程中所面临的人口、资源、环境以及其他重大问题,都必须依靠科技进步才能从根本上得到解决。同样,科技的不断进步又促进可持续发展战略的顺利实施,从而促进经济、社会、环境协调发展。从一般意义上说,几乎所有的科学技术都与可持续发展有关,尤其是高新技术与可持续发展的关系更加密切。然而具体地说来,与可持续发展直接相关的技术是节约能源和材料、有利于生态环境保护、经济效益好的技术。从我国实施可持续发展战略的要求来看,迫切需要大力发展环保技术,资源综合利用技术和能源技术。从实际情况看,重点应发展控制大气污染和水污染的技术。根据中国的可持续发展战略,今后一个时期资源综合利用技术的发展方向和主要领域是:大批量、低成本工业废弃物的综合利用技术;普遍推广的废弃物能源化技术。开发新能源技术对中国可持续发展具有战略意义。中国能源缺乏,除了节约能源和综合利用能源之外,还应积极开发新能源。

(三)把人口资源环境工作切实纳入依法治理的轨道

实施可持续发展战略涉及面广，为了顺利地推进这些工作必须有法律作保证。这是依法治国的重要内容,又是可持续发展的必然要求。近十多年来,我国逐步加强了与可持续发展有关的立法,并且取得了重要进展,初步形成了保障可持续发展的法律框架。比如,我国制定了人口与计划生育、资源开发利用、环境保护等方面的法律法规;又如,我国修订了许多资源管理、环境管理方面的法律法规。但是中国可持续发展领域的立法体系还存在一些问题,需要进一步完善。为了保障可持续发展战略的顺利实施,一方面要制定和完善与人口、资源、环境有关的法律法规;另一方面要严格执法,建立健全与可持续发展有关法律法规实施执行的监督体制。有关职能部门要秉公执法,绝不能徇私枉法。还要加强可持续发展方面的法制宣传教育,使企事业单位和广大群众自觉守法,全社会都严格依法办事。

第十二章　社会主义市场经济的国际化

市场经济是开放的经济,是与国际市场紧密联系的经济。对外开放不仅仅是引进,更重要的是要与国际市场连接,按国际市场经济的规范,进入国际市场,更多更好地利用国际资源和世界市场。促进国际间的经济合作是我们的长期方针,它将有利于促进社会主义市场经济的发展。本章我们首先分析市场经济国际化的成因及表现,然后透视国际化背景下我国对外开放的意义、对外开放的进程与格局。

第一节　市场经济的全球化

经济全球化已经成为当今世界发展不可逆转的趋势。经济全球化实质上就是市场经济的全球化,是市场经济运行机制的跨国界的延伸,是市场经济体制在全球的不断扩展。伴随着市场经济在世界各国的不断发展,经济全球化的趋势不断加深;随着经济全球化的不断发展,市场经济在世界各国也不断得到推广和发展。

一、市场经济全球化的发展

所谓经济全球化,是指在当代科学技术迅猛发展的前提下,世界各国经济不断地相互交织、相互融合,逐渐组成相对统一的世界市场体系,并按照市场经济的要求,实现资本、货物、技术、劳务等生产要素自由流动和合理配置的过程。

市场经济全球化是一个长期的渐进过程。资本在全球的扩张,特别是社会生产力的发展和科学技术的进步,促进了世界贸易和分工的发展、统一市场的形成,世界上不同国家、不同地域的经济正通过国际分工、国际贸易、国际投资、国际金融、跨国公司、国际和地区性的经济组织以及现代化的交通、信息、媒体等途径,相互联系,相互影响,联结成充满矛盾的整体。早在一百多年前,马克思和恩格斯在《共产党宣言》中就已指出,随着世界市场的形成,生产和交换日益越出国界,"使一切国家的生产和消费都成为世界性的了","过去那种地方的和民族的自给自足和闭关自守状态,被各民族的各方面的互相往来和各方面的互相依赖所代替了"。人类社会的历史正从地域的和民族的历史更加迅速地走向世界历史。但在当时,市场经济的全球化还只是一种预言。在世界经济经历了三次经济全球化发展较为迅速的高潮时期后,如今市场经济的全球化已成为明显的事实。

(一)经济全球化的第一次浪潮

可以说,从15世纪开始到18世纪中叶,世界贸易和世界市场初步建立,已有经济全球化的萌芽了。从18世纪到19世纪70年代左右,世界经济进入了新的发展阶段,世界市场和全球经济体系基本建立,经济全球化形成了第一次浪潮。那么,经济全球化形成第一次浪潮的标志是什么呢?应是工业革命。具体地说,西方发达国家相继完成了工业革命,大工业在世界经济中开始占有支配地位,工业革命是加速世界经济全球化发展的一个重要里程碑,它直接导致了世界性分工的产生,促进了国家直接投资的发生和发展,使得15世纪开始的潜在的世界市场成为现实的世界市场。同时,由于工业革命使得蒸汽机代替了畜力和水力,生产力出现了质的飞跃,使得质量高、数量多、价格低的机器工业产品迅速占领了当时的世界市场。为了满足大量机器产品输出的需要,同时也产生了相应的大工业运输手段,交通、通信工具又有了惊人的发展。在世界市场的形成过程中,交通、通信工具的革命起着极为重要的作用。这一时期,由于蒸汽机应用于海陆交通运输,国际贸易和经济迅猛发展,促进西欧国家首先是英国完成了工业革命,为经济全球化注入了新的强大的动力。

(二)经济全球化的第二次浪潮

在19世纪80年代到1914年的第一次世界大战前,经济全球化受周期性的经济危机的影响,发展势头有所减缓,但仍然保持了较快的发展速度。由于资本主义矛盾激化而导致的第二次世界大战,打断了经济全球化的进程,1929年至1933年爆发了震撼整个资本主义世界的经济大危机。在此危机期间,世界资本主义工业生产下降了37.2%,贸易总量减少了2/3,货币信用危机不断。此后不久,又一次灾难深重的世界大战接踵而至。所有这些都严重影响了经济全球化的发展势头。直到第二次世界大战结束以后,经济全球化才迎来了它的第二个高潮。这一轮的经济全球化是在美国和苏联两个超级大国相互对峙的冷战格局中发展起来的,它反映了社会化大生产发展的必然趋势,也反映了两个超级大国争夺世界霸权的客观需要。在19世纪末,美国的经济实力就已经超过英国,处于发达国家的首位。从第二次世界大战结束到20世纪60年代末,美国式资本主义逐渐走向成熟。这期间,大公司通过横向联合、纵向兼并等方式不断扩大生产规模,生产的垄断和集中有了快速发展,特别是跨国公司有了新的发展。美国跨国公司的发展经历了由低层次扩张到高层次兼并扩张的过程,其结果是,生产国际化的部分已占世界国民生产总值相当大的比重,国际公司的产品在世界市场中占所有产品的1/4;此外,跨国公司的国际投资也在迅速发展,再加上其他因素的综合作用,终于在西方资本主义国家的范围内形成了新一轮的全球化浪潮,并为这一浪潮向原社会主义阵营渗透和扩展奠定了基础。

这次高潮在宏观上的特征是以美国实力支撑的国际金融和国际贸易体制,在微观上则是跨国公司,尤其是活跃于世界经济舞台的美国跨国公司。第二次世界大战之后建立的国际金融体制是以美元为基础货币的、实行汇率固定但可调整的布雷顿森林体系,关税及贸易总协定(GATT)则勾勒了多边贸易体制的框架。这套国际经济体制促进了西方国家在战后的经济复兴,也带动了进出口贸易尤其是制成品贸易的增长,以及外国直接投资(FDI)的涌流。如果说市场经济全球化第一次高潮的主要特征是商品资本的流动的话,那么市场经济全球化的第二次高潮则是以借贷资本和直接投资的流动为特征的。

应该说明的一点是,第二次市场经济全球化严格地说,应该叫做"半球化",因为世界上还有许多社会主义国家搞的是计划经济。

(三)世界经济全球化的第三次浪潮

从20世纪70年代开始持续到现在,新一轮的技术革命、制度创新、世界各国经济政策的调整等因素,组成了经济全球化的第三次浪潮。第三次经济全球化浪潮的根本动因,是从20世纪60年代后期开始加速的技术创新。科技革命日新月异,据统计,近30年来,科学技术的发明和发现比过去2000年的总和还多。这不仅极大地提高了社会生产力,而且有力地推动了经济全球化的发展。与科技创新相联系的生产组织方式的革命,例如,以研究工业方式为主要内容的泰勒主义,不仅提高了企业的竞争力,而且促进了企业的国际化经营,这无疑是推动经济全球化第三次浪潮的又一重要因素。在经济政策方面,无论是西方发达国家还是发展中国家,在20世纪70年代后都进行了一系列的重大调整。到80年代后期,西方国家广泛实行了国有企业的私有化,取消了政府对某些行业特别是服务业的管制,以增强竞争机制,促进资源合理配置,提高经济效益,减少财政负担。在宏观经济调控方面,"七国集团"对国际货币、金融、服务等进行国际的监视、协商和干预。这一期间,发展中国家大多数都实行了对外开放和经济体制的改革,这些政策措施极大地增强了世界各国的经济联系。自70年代特别是90年代以来,作为全球化的重要表现形式的经济全球化、生产跨国化和金融一体化都有了迅速发展。据联合国统计,90年代以来,世界实物贸易总额于1996年首次突破5万亿美元,服务贸易总额也创下了1.2万亿美元的新纪录。2000年4月世界贸易组织发表的年度报告统计显示,1999年全球贸易总额达到了6.95万亿美元。从70年代以来逐步形成的经济全球化的第三次浪潮,无论是深度还是广度,都超过历史上的任何一次。在这一次全球化浪潮中,虽然社会主义遭受了暂时性的挫折,资本主义达到阶段性的高潮,但是,经济全球化为包括社会主义国家在内的广大发展中国家同样提供了发展的新机遇。全球化可以使发展中国家得到高新技术和资金,学习先进管理经验,接触新的思想和发展模式,从而加速技术进步和经济发展。

二、市场经济全球化的原因

经济全球化既是一种社会现象，又是一种历史发展的必然，它的产生有其一定的动因：

1.生产力的发展是经济全球化的根本原因。生产力的不断发展推动市场经济的容量扩大和程度加深，使生产要素在世界范围内得以自由流动和合理配置，进而要求生产关系及上层建筑在越来越大的范围内进行相应调整，并提供制度性的保证，最终形成经济全球化。

2.市场经济的空前发展是经济全球化的前提条件。冷战结束以后，国际关系已从以军事、政治斗争为主，转为以经济、科技为核心的综合国力的竞争为主。苏联和东欧国家纷纷实行经济转轨，转向市场经济，市场的封闭状况被打破，加速了世界统一大市场的形成，对经济全球化起到了推动作用。

3.信息技术革命为经济全球化创造了技术条件。20世纪90年代以来，以信息技术革命为中心的高新技术迅猛发展。现代信息技术的应用使科技知识作为一种要素具有极强的渗透力，对所有经济部门和产业都有影响。信息技术革命的突破，成为经济全球化的直接推动力。

4.跨国公司的蓬勃发展是经济全球化的助推器。作为经济全球化的主要行为主体和载体的跨国公司，其活动越来越呈现生产国际化、经营多元化、交易内部化和决策全球化的特点，它将资本、技术和管理合成一体的组合资源推广到世界各地，形成全球性生产、交换、分配和消费。

5. 世界多边贸易体制的形成是经济全球化的重要保证。第二次世界大战以后，支撑世界贸易扩大的多边贸易制度框架是关贸总协定(GATT)。关贸总协定的宗旨是推进自由贸易、取消差别待遇。2001年成立的世界贸易组织(WTO)，继承和深化了这一原则，并将之扩大到农产品、服装、服务业以及相关的投资和知识产权。关贸总协定和世贸组织推动的自由化，有利于各国经济活动的全球扩张，为经济全球化提供了制度保证。

6.各国政府、区域性和国际性组织是经济全球化的协调者。由于经济全球化是世界经济逐渐融合的一个过程，它必然要求各国政府、区域性和国际性组织在生产关系方面对这一过程做出相应的调整，为这一过程提供制度性的保证。在世界经贸联系不断加深的条件下，正是由于各国政府、区域性与国际性组织运用其法律约束力和行政管理能力，才促使了经济全球化的发展。

三、市场经济全球化的基本特征

(一)贸易自由化

经济全球化首先表现为贸易的自由化。贸易的自由化可以实现资源在世界范围内的有效配置,将有利于世界分工和合作,提高劳动生产率。贸易自由化包含两层含义:一是降低贸易保护水平和分散程度。经过有关国际组织和各贸易国几十年的努力,世界贸易障碍逐步消除,贸易自由化程度得到提高,国际贸易额迅速增长。与此同时,国际贸易手段、商品标准和合同样式逐步统一和规范。二是改变并统一贸易保护形式,即从多种数量控制体制转变为单一关税控制体制。1995 年成立的世界贸易组织,标志着一个以贸易自由化为中心的多边贸易体制框架已经建立起来,世界贸易将进一步规范化。贸易自由化和国际贸易的快速发展,使各国外贸依存度均有不同程度的上升,世界经济的融合加速进行。

(二)生产国际化

生产国际化是经济全球化的深刻表现。由于科学技术飞速进步,国际市场更加开放,企业竞争成为真正意义上的全球竞争。为此,企业把自己生存发展的空间放入全球经济总体发展中去考虑,制定全球化经营战略,到世界各地投资办厂,销售商品,进行全方位的经济技术合作。另外,产品结构更趋复杂。生产的专业化、系列化、标准化程度更高,使不同部门之间、地区之间经济上的分工协作更加精细,不同经济主体之间的相互依赖、相互制约也更为加强,从而形成了世界范围内的生产协作。

生产国际化最直接的表现就是跨国直接投资迅猛发展。随着国际资本流动速度的加快,跨国直接投资成为各国经济及世界经济发展和增长的新支点。随着以跨国公司为主体的跨国直接投资的发展,传统的、以自然资源及其产品为基础的分工格局被打破,开始向以现代工艺技术和生产要素为基础的分工方向发展。正在形成的世界性大生产网络中,国界开始模糊,各国都是商品生产链条中的一个环节,生产活动之间的相关程度大大提高。

(三)金融全球化

金融全球化是经济全球化的重要组成部分,是世界经济和国际金融发展的必然趋势。经济全球化必然要求、也必然带来金融全球化。金融全球化主要包括以下几个方面:

1.资本流动全球化

随着投资行为和融资行为的全球化,即投资者和融资者都可以在全球范围内选择最符合自己要求的金融机构和金融工具,资本流动也全球化了。20 世纪 80 年代以来,国际资本流动呈现出不断加速和扩大的趋势。特别是 90 年代以来,国际资本以前所未有的数量、惊人的速度和日新月异的形式使全球资本急剧膨胀。目前,每天在国际金融市场上流动的短期资金和其他银行证券至少 7.5 万亿美元,在全球外汇市场上,目前每天的交易量平均约为 2 万亿美元,比 10 年前增加了 10 倍。

2.金融机构全球化

金融机构是金融活动的组织者和服务者。金融机构全球化就是指金融机构在国外广设分支机构,形成国际化或全球化的经营。80年代以来,为了应对日益加剧的金融服务业全球竞争,各国大银行和其他金融机构竞相以扩大规模、扩展业务范围和推进国际化经营作为自己的战略选择。进入90年代后,世界一些国家先后不同程度放松了对别国金融机构在本国从事金融业务或设立分支机构的限制,从而促进了各国银行向海外的拓展,金融机构的网络遍及世界。银行之间、银行与非银行金融机构之间的大规模兼并收购活动方兴未艾,超巨型跨国商业银行和投资银行不断涌现。

3.金融市场全球化

金融市场是金融活动的载体,金融市场全球化就是金融交易的市场超越时空和地域的限制而趋向于一体。目前全球主要国际金融中心已连成一片,全球各地以及不同类型的金融市场趋于一体,金融市场的依赖性和相关性日益密切。金融市场全球化有两个重要的因素:一是放松或取消对资金流动及金融机构跨地区、跨国经营的限制,即金融自由化;二是金融创新,包括新的金融工具、融资方式与服务方式的创造,新技术的应用,新的金融市场的开拓,新的金融管理或组织形式的推行。

四、经济全球化的影响

(一)经济全球化的积极影响

1.经济全球化促使各国市场更加开放,有利于生产要素在全球范围内优化组合

一国经济运行的效率无论多么高,总要受到本国资源和市场的限制。只有全球资源和市场的一体化,才能使一国经济发展在目前条件下最大限度地摆脱资源和市场的束缚。经济全球化使各国普遍认识到贸易、投资的自由化是一种选择。20世纪90年代以来,各国更是加快了自主的、区域的及世界贸易组织内的贸易与投资自由化步伐,并且这种势头将进一步持续下去,从而产生两方面的作用:一是加快各国间商品、服务、技术及其他生产要素的跨国界流动,使各国能充分发挥其生产某种商品或提供某种服务的绝对优势及比较优势,减少资源配置和价格扭曲所造成的资源不合理使用和浪费。二是加快技术扩散、转移,使技术能为各国的经济发展、企业竞争力的提高服务,也为各国产业结构、产品结构的调整作出积极的贡献。

2.经济全球化推动了区域经济一体化的发展

区域经济一体化和经济全球化是当今世界经济发展的两大趋势。经济全球化促进区域经济一体化向更高形式发展，又不断地冲破区域经济一体化的框架限

制。全球化给区域经济一体化的进一步发展带来新的驱动力,经济全球化通过推动区域经济一体化不断增进区域经济组织间的合作,以便得到更多的合作利益。同时,每个区域经济组织都在集团内实行贸易投资自由化的一体化政策,从而推动了经济全球化。

3.经济全球化使国际范围内的经济政策趋向合作与协调

全球化导致各国间的经贸依存、依赖加深。一国经济的兴衰对另一些国家或地区经贸发展的影响加强。一国经济的繁荣可能带动另一国经济的发展,但其衰退也会使一些国家经济陷入严重困境之中,并且金融自由化也可能引起一些国家或地区金融市场动荡,如果处理不好也可能会产生地区性的经济波动。所以经济全球化时代各国间更需要经贸政策的协调,不能为了自身的经济利益,实行一些以邻为壑的政策。如果说在两次世界大战期间,一国采取的政策能做到既损人又利己的话,在当前全球化的时代,任何一项经贸政策的结果都具有两面性,任何经贸政策都是双刃剑,不可能是一本万利的,也不可能是不付出任何代价的。在国际经济危机中各国间的合作与协调更是世界经济走出衰退、共同繁荣和发展的基础。全球化不仅需要处于危机中的国家或地区间要协调经贸政策,也需要各国及国际性、地区性及全球化的国际经贸组织加强合作与政策的协调管理。

4.经济全球化为一些经济基础较好,政策得当的发展中国家带来更多的发展机遇

一是有利于发展中国家利用外资和对外投资。经济全球化不仅意味着资本更容易在国际间流动,而且由于遵循共同的规范,投资者的寻找项目成本和管理成本也将降低,因此发展中国家将比较容易得到外资并且比较容易开展对外投资活动。二是增加国际交往,使发展中国家比较容易获取新技术、新知识、新观念和加快信息传递。三是由于资本的流入和跨国公司的直接投资活动,发展中国家的产业结构优化将较为快捷。四是可以通过推进国际贸易提高发展中国家资源利用的有效性。五是有助于促进国内竞争,提高国内企业和金融机构的生产经营效率,也有利于发展中国家的整体改革。

(二)经济全球化的消极影响

经济全球化是由发达国家引导和推动的,由于发达国家具有较高的生产率和强大的竞争能力,在世界范围内资源重新配置的过程中占据支配地位,因此发达国家能够比发展中国家获得更多好处。进而言之,由于在经济全球化进程中并没有一个统一的道德标准和公正的裁判法庭,发达国家很容易运用其在资本、技术、管理等方面的控制力对发展中国家实施资源的不公平分配。因此,经济全球化的消极影响主要是对发展中国家带来了挑战。具体来看,经济全球化给发展中国家带来的消极影响主要有:

1.资本流动冲击

在经济全球化的背景下,资本的过度流入也会造成发展中国家经济对外国资本的过度依赖,一旦因某种因素出现恐慌性撤资,便会给投资对象国的经济带来灾难性的打击。此外,在经济自由化和全球化过程中形成的巨额国际游资往往构成潜在危机。总之,由于资本流动性加大而发展中国家对资本流动的控制能力又较低,由此形成的资本流动冲击往往会威胁到整个国家经济的安全。

2.削弱国家经济主权

经济全球化是在以发达国家为中心的经贸制度上开展的,在加入这一进程时,发展中国家的经济主权很容易受到削弱。首先,跨国公司是经济全球化的动力,但作为国际政治经济的行为体,跨国公司很容易对国家主权构成侵害。由于跨国公司已经形成了自己的内部体系,在经济活动中往往打破其投资国国民经济的体系和规则自行其是,从而破坏了投资国的原有秩序。其次,现有的国际条约、惯例往往与发展中国家的管理制度存在差异,按照国际惯例行事在某种程度上就意味着发展中国家受制于发达国家。最后,遭受危机的国家在接受国际组织或发达国家援助时,往往被迫接受其提出的苛刻条件,包括对宏观经济政策的干预、放开市场等等,这些条件在相当程度上侵犯了被援助国家的经济主权。

3.加大发展的不平衡性

从本质上看,经济全球化过程也是一个全球范围内市场化的过程,而市场经济是实力经济,市场的竞争是实力的竞争,竞争在创造效率的同时,也残酷地进行着优胜劣汰。显然,在这场全球性的实力较量中,发达国家和发展中国家的经济发展水平、实力相差过于悬殊,当许多发展中国家还在把实现工业化、现代化作为自己奋斗目标的时候,发达国家已步入了知识经济时代;当发展中国家将建立和完善市场经济体制作为主要任务的时候,世界已进入经济全球化的时代。发展中国家明显处于十分被动的地位,缺乏与发达国家竞争的雄厚实力,难免要在这场全球化的较量中付出很高的代价。

此外,发展中国家内部的发展不平衡也在加剧。一些经济基础较好,经济发展速度较快的新兴工业国家和地区,将充分利用经济全球化带来的机遇,经济得以迅速发展,与发达国家的经济差距进一步缩小。而一些最不发达国家则有可能被真正排除在参与全球性经济合作与竞争之外,与新兴工业国家和地区的经济差距进一步拉大,对南南合作的发展提出了新的挑战。总之,对发展中国家而言,应采取理智的态度面对经济全球化,任何夸大或否认经济全球化作用的态度都是不客观的、不实事求是的。如果将经济全球化看做是发展中国家的"福音",显然是不切实际的幻想;但如果将经济全球化看做是发展中国家的陷阱,显然又过于悲观。经济全球化既为广大发展中国家带来机遇,同时也带来挑战和风险。作为一种不可逆转的世界性潮流,我们别无选择。关键是如何在经济全球化的过程中扬长避短、趋利避害,这才是发展中国家首先要考虑的问题。

第二节 社会主义市场经济的对外开放

当今世界经济正朝着全球化和一体化的方向发展,对外开放已成为世界的大趋势,无论是发达国家,还是发展中国家,无论是资本主义国家,还是社会主义国家,都投入到开放的洪流中,你中有我,我中有你。开放的世界需要中国,中国经济的发展更需要开放。

一、我国经济对外开放的必要性

我国经济上的对外开放适应了经济全球化发展的大趋势,也有利于建立和发展社会主义市场经济。

(一)实行对外开放才能获得国际分工带来的经济利益

18世纪中叶,随着资本主义生产方式的确立,商品经济摧毁了自然经济并打破了阻碍开放的闭关锁国壁垒,商品生产迅速地发展,推进了国际间的分工与贸易的展开,从而形成了资本和生产国际化的雏形。20世纪五六十年代以来,在新技术革命的作用下,国际分工和协作关系日益加强,生产国际化越来越突出。国际分工使生产趋于专业化,与此同时,企业间、部门间、国家间的协作关系也发展起来。这在不同程度上加强了国与国之间的相互联系,将各个不同生产力发展水平的国家和地区都纳入了国际分工中。面对经济全球化的趋势,任何一个国家,即使地域十分辽阔,资源比较丰富,都难以具备经济增长所需要的全部资源,而总是需要或多或少地从其他国家取得这样或那样的原料以弥补本国资源的不足。任何一个国家,除了需要他国的资源外还需要他国的市场。只引进不输出或只输出不引进,都不利于社会经济的平衡发展。经济全球化的趋势,要求一国的社会再生产不仅要以国际交流和合作为条件,而且要融入世界经济发展中,在全球范围内,实现资源的合理配置,享受经济国际化的好处。

(二)实行对外开放才能分享世界科技革命的成果

在人类社会发展过程中,每次科技革命的出现都推动了世界在更大范围的开放,使越来越多的国家分享科技革命带来的益处。18世纪中叶以后,兴起了以机器大生产取代手工劳动为主要内容的第一次科技革命, 伴随着机器的广泛使用,运输工具、通信工具的飞跃进步,以英国为先驱的一些国家率先开辟了世界市场,迅速使本国经济发展起来。19世纪末20世纪初,第二次科技革命发生,海上航线的开辟,新的炼钢法,发电机、内燃机、电动机的广泛使用,以及电报通信的发展和美、亚、非三大洲的铁路建设,使国际分工和国际贸易又有了新的发展,从而使更多国家的经济有了长足发展。第二次世界大战后蓬勃兴起的第三次科技革命,导致了一系列新兴部门如高分子合成工业、原子能工业、电子工业、宇航工业等的产生和迅速发展,各国之间的经济联系和技术交流更加密切。任何一个国家,无论它的科学技术力量多么雄厚,都不可能拥有经济发展所需要的全部技术,也不可能在所有科技领域都居领先地位。完全靠自身力量去解决本国经济发展中的一切科学技术问题已经不够现实。只有将本国经济投入到世界经济中去,才能取长补短,分享世界科技革命的成果。

(三)实行对外开放有利于摆脱贫穷落后

纵观中国的历史和现实,在对外开放问题上,我们吃过长期闭关自守的苦头。中国是世界上文明发达最早的国家之一,开放的历史比较早。载入史册的丝绸之路和郑和三下西洋,就是我国对外友好往来和开展商品和技术交流的成功范例。但是,自明成祖死后,中国开始走上了闭关锁国的道路。特别是到了清政府时期,实行海上禁运,不许任何人到海外去经商,也不许外国商船到中国境内,把中国孤立于世界之外。长期闭关自守,使得中国贫穷落后。而恰恰是在中国自我封闭的300年时间内,西欧封建制度迅速瓦解,资本主义生产方式有了很大的发展。而由于我国长期的闭关政策,一方面我国对西方的政治、经济、军事、文化情况缺乏了解,尤其对资本主义生产发展状况缺乏了解;另一方面,由于根深蒂固的、落后的、闭塞的封建意识和统治阶级的百般阻挠,商品经济在中国的发展被扼杀了,再加上帝国主义列强的入侵,致使中国社会经济渐趋落后。新中国成立以后,第一个五年计划时期是对外开放的,不过那时只能对苏联东欧开放。当时,我国从苏联获得约14亿美元的贷款,用于引进156项成套设备。20世纪60年代中期,我国通过延期贷款方式,引进了一批急需的石油、化工、冶金、电子精密机械技术设备。这些措施对于建设社会主义经济起了重要的促进作用。可是,由于20世纪60年代初中苏关系的恶化,加之我们指导思想上出现"左"的错误,曾一度开放的大门又关了起来。特别是到了"文化大革命"期间,我国的经济建设同飞速发展的世界经济完全隔绝开来。正是在对历史和现实的反思中,邓小平指出:"一个国家要取得真正的政治独立,必须努力摆脱贫困。而要摆脱贫困,在经济政策和对外政策上都要立足于自己的实际,不要给自己设置障碍,不要孤立于世界之外。根据中国的经验,把自己孤立于世界之外是不利的。"①中国的发展离不开世界。

(四)实现我国经济跨越式发展必须实行对外开放

在世界科技革命蓬勃发展的今天,一个后进国家要在较短的时间内,在经济和技术上赶超先进国家,实现跨越式发展,必须大力推行对外开放政策,积极地、广泛地利用和吸收世界上一切文明成果。

第二次世界大战后,日本经济高速增长,在不太长的时间内一跃成为资本主义世界第二经济大国,正是大力推行对外开放政策的结果。日本对外开放的政策

①邓小平.邓小平文选:第3卷[M].北京:人民出版社,1993:202.

主要是:(1)大量引进外国先进技术;(2)积极利用外资;(3)充分利用国外资源和市场。此外,日本还通过吸收别国有益的管理经验,结合本国的特点加以改造,形成具有自身特色的先进的企业管理体制,从而促进了日本经济腾飞。在发展中国家和地区,实行对外开放使经济迅速发展起来的也不乏其例。最引人注目的是20世纪60年代后崛起的新兴工业化国家或地区,主要以被人们称为"亚洲四小龙"的韩国、新加坡、中国香港和中国台湾为代表。它们除了大量吸收外资之外,还利用发达国家传统工业向海外转移的机会,积极发展出口加工业,参与国际分工与交换,促使国民经济迅速发展。此外,拉丁美洲的智利和巴西、东南亚的泰国等国家,也都在发展外向型经济、推进国内经济建设中取得了明显成效。事实表明,拓展国际交流,实行对外开放,是实现国民经济跨越式发展的必由之路。

二、我国对外开放的战略格局

从1980年设立经济特区开始,我国对外开放已经形成了"经济特区—沿海开放城市—沿海经济开放区—沿江沿边和以省会城市为中心的内陆开放地区的全方位、多层次、广泛领域"的对外开放格局。

(一)经济特区

经济特区,是指一个主权国家(或地区)内划出的在经济运行和对外经济活动中实行特殊政策和灵活措施的特别经济区。经济特区的主要形式有自由港、自由贸易区、出口加工区、过境自由区等。

第二次世界大战后,以经济特区形式作为加强国际合作的手段,日益成为世界经济中的普遍现象。尤其是一些发展中国家,在政治上摆脱了殖民主义的控制之后,为了发展民族经济,实现经济起飞,纷纷制定种种优惠政策,竞相兴办经济特区。在我国,党的十一届三中全会后,在邓小平的倡导下,开始了创办经济特区的伟大实践。自1980年以来,先后开放了深圳、珠海、汕头、厦门和海南五大经济特区。1990年开辟的上海浦东新区,实际上是非特区的特区。在这些特区里,国务院批准率先实行市场经济体制。经济特区实行特殊的经济政策和特殊的经济管理体制。具体表现在:发展特区的资金,主要靠利用外资;生产资料所有制结构体系中,以中外合资、合作经营和外商独资经营为主;特区经济的运行机制,在国家宏观调控下,实行市场调节;特区生产的产品,以外销为主;对外来投资企业,在税收、土地使用费、人员出入境和物资进出口方面,给予特殊优惠和方便;国家给予特区较多的自主权。特区在经济上允许大胆地按市场经济的原则搞生产经营,按国际惯例搞经济建设。它在我国对外开放的格局中,是对外开放的最高层次,是我国对外开放的"排头兵"。

正是上述的"特",使特区成为我国利用外资、开设"三资"企业最集中的地区,是引进科技和先进管理经验最集中的地区。这种优势,加上特区历史地理位置的优势,使它们处于对外开放的前沿阵地,处于国内市场与国际市场接轨的交叉点上,是我国进出口贸易的桥梁,是我国开展对外交流的重要渠道。对于经济特区的重要作用,邓小平1984年视察深圳时指出,特区是个窗口,是技术的窗口、管理的窗口、知识的窗口、对外政策的窗口。特区的"窗口"功能,发挥着对内、对外两个扇面辐射的枢纽作用。对外开放以来,特区经济取得了举世瞩目的成就。在创办特区的过程中,对特区的性质,人们意见不一。邓小平亲赴特区视察,从实践中获得了正确答案。他说:"对办特区,从一开始就有不同意见,担心是不是搞资本主义。深圳的建设成就,明确回答了那些有这样那样担心的人。特区姓'社'不姓'资'"①。

目前,随着我国经济市场化的发展,特区经济在政策上的优势逐渐消失,特区人民正在开始第二次创业。特区经济正在向多功能、开放型、效益型转变。

(二)沿海开放城市

1984年初,邓小平视察经济特区时明确指出,我们建立经济特区,实行开放政策,有个指导思想要明确,不是收而是放,并要求在办好深圳、珠海、汕头、厦门四个特区的同时,进一步扩大对外开放区域。1984年5月,在总结对外开放经验的基础上,国务院进一步开放了大连、秦皇岛、天津、青岛、烟台、连云港、南通、上海、宁波、温州、福州、广州、湛江、北海等14个沿海港口城市,这些城市是我国对外开放的第二个层次,其开放和市场化程度低于经济特区。国家给它们的优惠政策是:(1)扩大自主权。凡利用外资建设新厂和改造老企业的,天津、上海每个项目的审批权限放宽到3 000万美元以下;大连放宽到500万美元以下;非生产性项目不论其投资额多少,由各市自行审批。(2)对前来投资的外商,实施优惠政策。例如,外商作为投资进口的机器设备,用于出口产品生产的原材料及企业自用的交通工具、办公用品免征关税;凡属技术、知识密集型项目或交通、能源等建设项目,只征收15%的企业所得税;一般性工农业生产项目按24%征收所得税;在经济技术开发区内,大体执行经济特区规定的外商投资所享受的优惠待遇。

(三)沿海经济开发区

为了扩大上述优惠政策的实施范围,1986年1月,国务院又决定将长江三角洲、珠江三角洲、闽南厦漳泉三角地区开辟为沿海经济开发区。1987年以来,又陆续将胶东半岛、辽东半岛、济南市和广东的韶关、河源、梅州等市以及福建、浙江、江苏、河北、广西壮族自治区的许多沿海城市、县列入沿海经济开发区。目前,沿海经济开发区共包括4个省辖市、218个县(市),由珠江三角洲、长江三角洲、闽南厦漳泉三角地区、胶东半岛、辽东半岛、河北、广西7个沿海经济开发区组成。至此,我国东部由北而南连接成近万里的一大片狭长的对外开放前沿地带。这是我国对外开放的又一重大步骤。在沿海经济开发区,除实施沿海港口城市通行的优

①邓小平.邓小平文选:第3卷[M].北京:人民出版社,1993:372.

惠政策外，还使外商投资经营加工工业和为促进农业发展而投资经营的农、林、牧、副和养殖业等给予优惠。

沿海经济开发区的开放,使我国广大以农业为主的地区在市场经济的道路上迈出了突破性的一步。我国东部沿海开放带,外向型经济发展迅速,长江三角洲年创社会总产值和出口创汇额均占全国二成以上。进入20世纪90年代以来,我国又在沿海开放地区逐步兴办了各种保税区。第一个是1990年兴办的上海外高桥保税区(全国最大的保税区)。此后,又在天津、深圳沙头角(全国最小的保税区)和福田开辟了保税区;1993年又在山东、浙江、江苏、福建、海南、大连、广州、厦门、汕头和珠海等省市兴建了保税区。

保税区是我国对外开放进一步发展的产物,是按"同国际市场接轨,按国际惯例经营"的总体思路设立的,因此,在保税区内实行比特区更优惠的政策。这表现在:(1)吸收了世界自由贸易区或出口加工区中保税优惠的做法,即出入保税区的商品,不缴纳进出口税,只有从保税区进入关境的商品,才缴纳进口税。这对于引进外资和活跃进出口贸易比现有特区内的一般地区更具有吸引力。(2)在保税区内比区外有更多的自主权、更多的优惠政策和更大的灵活性,如区内免许可证,各国货币自由流通,企业外汇全额留成。总之,在保税区内真正做到了"四个自由":货物进出自由、人员进出自由、外汇兑换自由、贸易自由。保税区是开放区内最大的特区,其内完全实现了自由市场原则,它是接通我国经济与世界市场这两条电缆的"插座",是我国经济市场化程度最高的区域。保税区建立以来,取得了巨大的成绩。

(四)沿江和内陆城市开放区

进入20世纪90年代,国家决心进一步推进广阔内地的对外开放。1990年6月，国务院批准建设上海浦东新区，特别是在1992年初邓小平南巡谈话的鼓舞下,我国掀起了对外开放的又一个高潮,除继续推动三个经济特区、14个沿海港口城市和众多沿海经济开放区进一步扩大开放外,1992年6月,又沿长江进一步开放了芜湖、九江、武汉、岳阳、重庆五个城市。至此,长江沿岸10个主要中心城市已全部开放。同年又开放了太原、哈尔滨、合肥、南昌、长沙、成都等11个内陆省会城市,形成了以省会城市为中心的内陆开放区和以上海浦东开发区为龙头的长江流域开发带。这是我国对外开放的第四个层次。国务院允许内陆开放区的省会城市和其他城市在吸收外资项目上实行沿海开放城市的有关政策。在这些城市内,凡经国家批准建立的高新技术开发区，符合产业政策的重大项目和高新技术项目,均可享受类似经济技术开发区的优惠,实行产业倾斜政策,允许拓宽利用外资的形式,采取更灵活的方式吸引外资。内陆地区的开放,在打开各省、市封闭的门户,调动各省、市吸引外资,引进先进科技和先进管理经验,促使我国经济从计划经济向市场经济转轨,加快全国市场经济体制的形成方面,均起到了不可估量的作用。

(五)沿边对外开放

1992年初,邓小平视察南方后,继开放内陆地区之后,国务院又先后决定开放珲春、绥芬河、黑河、满洲里、二连浩特、伊宁、塔城、博乐、河口、畹町、瑞丽、凭祥、东兴等13个边境市、县、镇。国务院允许这些边境城市实行沿海开放城市的优惠政策,为其创造了良好的投资环境,并赋予这些城市发展边贸以更大的自主权。目前,已开放的边贸口岸216个,边民互市市场292个,开放势头正在由点到线到面纵深推进,一个以沿边开放城市为窗口,边境市县为前沿,省会等中心城市为依托,面向东北亚、中亚和东南亚市场的多层次的沿边开放格局正在逐步形成。这是我国对外开放的第五个层次。沿边城市的开放,对进一步完善我国的对外开放格局,对市场经济体制在我国的全面推行以及缩小东西部经济发展的差距,意义重大。纵观我国30年来多层次的对外开放,总的形式是,东部地区形成了对外开放的黄金海岸,边疆地区形成了沿边开放带,中部地区形成了沿长江开放带,从而形成了全方位的面向世界包括发达国家、发展中国家和所有周边国家的对外开放新格局。

三、我国对外开放的基本形式

对外开放的形式有多种,在经济全球化日益发展的背景下,对外经济关系的范围更为广泛,形式更为多样。资本在国际流动,商品在国际交易,劳动力在国际组合,技术在国际转让,信息在国际传播,极大地提高了社会生产力,增加了各国的比较利益。

(一)对外贸易

对外贸易是指一国或地区同别国或地区进行商品和劳务交换的经济活动,是一个国家国内贸易向国际的延伸。从一个国家看这种交换活动,是对外贸易;从国际范围来看这种商品和劳务的交换活动,称为国际贸易。对外贸易包括出口和进口两个方面。对外贸易的形式多种多样,主要有:

1.易货贸易

这是一种把进口和出口直接联系起来,要求交易双方有进有出,货物品种相当、对等交换,进口和出口平衡的对外贸易方式。在易货贸易中,双方协商以某一国的货币单位计价和结算,以货换货,诸笔平衡,不用外汇支付。这种形式有利于克服由于外汇不足而造成的贸易障碍。但这种形式仅限于不同使用价值的商品交换,难以使商品种类适合同一交换对象的需要,进出口金额也难以完全对等,因而交换过程复杂,并影响出口商品的正常销路和价格等。

2.补偿贸易

这是在信贷基础上买进外国机器、设备和生产技术等,用投产后的其他产品清偿贷款的一种贸易形式。补偿贸易按清偿贷款的方法可分为直接产品补偿和间接产品补偿两种方式。前者是用进口设备直接制造出来的产品补偿;后者是用与进口设备没有直接联系的其他商品补偿。

3.转手贸易

这是利用双边清算外汇进行多边关系的贸易。例如,波兰对哥伦比亚双边贸易中有顺差,前者不愿意接受后者提供的咖啡作为平衡账户的物资,于是前者到欧洲金融中心找到一家转手贸易商,让这家商号以较低价格把咖啡卖掉,正好有一家进口商愿意付现汇购进咖啡。这样的交易使四方均有好处:解决了哥伦比亚对波兰的逆差,波兰得现汇,咖啡商得廉价咖啡,中间转手贸易商得佣金。此外,对外贸易还有单进单出、逐笔售定的方式和来料加工、来件装配、来样加工出口等贸易方式。在对外贸易中,我们要根据需要和可能,采取灵活多样的方式。

对外贸易在社会主义国家的对外关系中居于主导地位,是其他对外开放形式的基础,是开展对外经济交流的中心环节。对外贸易在国民经济中的地位和作用表现为:第一,弥补国内某些资源短缺的缺陷,优化资源配置。第二,利用国际分工取得比较利益。第三,提高技术水平和管理水平,增强国家经济实力。第四,增加外汇收入,扩大国内就业机会。

改革开放以来,我国对外贸易进入一个新的发展阶段。进出口贸易的规模和总额迅速发展,对外贸易的增长速度大大高于世界贸易增长的平均速度,在世界贸易中的地位明显提高。要进一步扩大我国的对外贸易,必须以提高经济效益为中心,采取以下措施:一是要研究国际市场,并根据国际市场的需要来调整和改善出口商品结构。二是要提高产品质量,改进包装,以增进产品的竞争力。三是要通过建立出口商品基地和开办特区来扩大对外贸易。四是采取补偿贸易的方式来扩大出口,并带动企业的技术改造。五是改革外贸管理体制,在统一的政策下给各省、市、自治区更多的外贸自主权。

(二)对外资金往来

对外资金往来是指国与国、地区与地区之间的信贷活动和生产经营的投资活动,包括资金的输出和输入。我国是发展中国家,对外资金交流方面,主要是吸收和利用外资。利用外资主要是利用外国政府资金、国际金融组织资金、国外私人银行和企业的资金、本国侨民的资金、本国银行吸收的国外银行存款和证券市场吸引的外资等。我国吸收和利用外资的主要形式:一是吸收国外直接投资;二是利用国外贷款。具体的有:

1.国家信贷

国家信贷是指某国政府对另一国政府提供的双边信贷。一些国际金融组织的贷款也属于此类。这种贷款利息低(或无息)、期限长(20~30 年),但数额不大,并限制使用方向。

2.私人信贷

私人信贷分为商业贷款和银行贷款。商业贷款是指出口商对进口商提供的商业信用,即延期支付。其利息包括在商品的价格中,所以该商品价格高于国际市场现行价格。银行贷款是指由外国银行提供的贷款,它可以用买方信贷和卖方信贷的形式表现。私人信贷数额要大于国家信贷,但贷款期限短,利率高。

3.国外存款

国外存款是本国银行的国外分支机构在国外吸收的外汇存款,其中一部分呆滞存款可调回本国利用。利用这一部分存款较之借用外国银行贷款更为优越。利用这种存款只需支付存款利息和手续费,而不受采购方向的限制。

4.国际债券

国际债券是指某国政府、企事业单位和金融机构,在国际债券市场上用外国货币发行的债券。如日本以外的国家,在日本债券市场上发行日元债券,发行前要经日本政府批准,要受发行国政府的管理和法律约束,所以国际债券的发行有一定难度。但它的发行期长,与中长期银行贷款差不多,利率低于银行贷款利率,使用自由,又因购券对象分散、潜力大从而容易获得大量现汇。所以,发行国际债券也是利用外资的一种较好形式。

5.直接投资

以上四种属于间接投资,与其相应的是直接投资。它是指国外投资者参与经营活动,直接投入另一国的资金。我国吸收国外直接投资的方式主要有:中外合资经营、合作经营和外资独营。直接投资与国家信贷比较,对利用外资国家来说,其优点是:一般不会形成外债负担,更有利于引进技术和管理方法。因为,企业经营好坏,关系到投资者的切身利益,他们必然设法采用先进技术和科学的管理方法。所以,直接投资是我们利用外资的较好形式。今后,我们还应积极探索通过收购、兼并、投资基金和证券投资等方式利用外资的新形式。

吸收和利用外资,对于加快我国现代化建设具有重要作用和意义:可以弥补国内建设资金的不足,加强能源工业、原材料工业、城市基础设施和交通运输等薄弱环节的建设;可以综合利用外资引进先进技术和先进管理经验,加快生产技术水平和经营管理水平的提高;可以促进出口商品结构的优化,扩大商品出口规模,增强出口商品的竞争能力;有利于提高经济效益,扩大劳动就业,增加国家和劳动者个人的收入。

利用外资对加速技术进步和推动经济发展有重要的作用,但也要看到,利用外资也要付出代价。因此,利用外资必须适度、适效,审时度势,兼顾眼前和长远利益、局部和整体利益,合理科学地引进外资。第一,必须维护国家主权和民族利益,拒绝一切不平等和奴役性的条件,不接受有任何侵害本国权益的条款。第二,从实际出发,量力而行。一个国家在一定时期内所借外资的总量,要受到各种经济条件的制约,要承担还本付息和支付利润的义务,还必须考虑到偿还能力,严格控制举债,以避免债务危机。第三,保证重点,提高利用外资的经济效益。利用外资要根据偿还能力和国内资本、物资配套能力,协调好各方面的关系,加强管理,统筹规划,综合平衡,保持适当的规模和结构,保证正确的使用方向和重点,大力提高外资使用的综合经济效益。第四,改进投资环境,确保双方的经济权益。为引进外资,必须努力改善投资环境,依法保护外商投资企业的权益,实行国民待遇。投资环境是一个包括众多因素的大系统,除了政治环境和经济环境外,还有财务环境、市场环境、技术设施、技术环境以及高效率的运行机制等。对国外投资,我们应采取保护政策和必要的优惠政策,通过制定和实施完善的对外经济贸易的法律法规,使外商能够按照国际惯例在我国经营企业; 同时也要防止一些地区或单位不顾代价,竞相享受“优惠”而损害国家整体利益。

(三)对外技术交流

对外技术交流,是指国家或地区间的科学技术的引进和输出。各个国家在科技方面都有其优势,但总的来看,发达国家在科技方面居领先地位,因此,发展中国家在科技贸易中是以引进为主。

引进技术是指通过国际技术贸易和技术交流活动, 从国外引进先进科学技术,迅速提高本国科学技术水平,以促进国内劳动生产率的提高。引进技术的方式有技术贸易方式和非技术贸易方式两大类。

技术贸易方式是指商业性的技术转让,即各国政府和私人企业间通过买卖方式实现的技术转让。其内容有购买专有技术,如产品设计方案、图纸表格、制造工艺、产品配方等,还包括培训技术人员,引进管理知识和委托外国公司、企业提供技术服务等。在技术贸易方式上,购买许可证是一种重要形式。所谓许可证贸易,是指向技术输出方购买制造某种产品的权利,并取得相应的专有技术,但它转让的只是使用权而非所有权。非贸易性形式有:国际学术会议,科技人员互访,聘请外国专家讲学,派遣留学生,各国研究机构交流文献、情报以及举办外国设备展览会等。科技引进的形式是多种多样的,我国应根据具体国情,选择最佳引进方式,取得最佳经济效益。

在科技迅猛发展的时代,科学技术已经成为第一生产力,高新科学技术在经济发展中起着决定性的作用。世界各国都把发展高新科技摆在重要的战略地位,部署了大量的人力、物力和财力去进行技术开发和技术引进。引进外国先进技术对我国具有特殊重要的作用。(1)引进国外先进技术成果可以节省研制和开发费用,弥补我国科研力量的不足。(2)通过技术引进,再加上吸收、消化和创新,可以加速我国科技的发展,促进我国经济结构的改造与优化。(3)引进国外先进技术可以带动我国设备投资的扩大,有利于提高劳动生产率,降低生产成本,改进产品质量,增加产品的花色品种,增强出口产品的竞争能力,扩大出口。(4)引进先进技术的过程,是学习外国先进科学技术和现代化管理方法的过程,可以促进科学技术研究和管理水平的提高。总之,引进技术是一条花钱少、见效快、加速我国技术发展的有效途径。

引进国外先进技术,应从我国国情出发,力求取得最好的经济效益。为此,引进技术重点应放在引进软件、先进技术、关键设备上,放在通过国外的智力引进,学习先进的管理方法上。引进技术要坚持正确的原则:一是要将引进的最新技术、尖端技术与适用技术相结合,硬件与软件相结合,重点是引进先进技术和关键设备,并以引进软件为主。二是引进技术必须量力而行,讲求经济效益,避免不必要的重复引进。在确定引进项目时,要做好各方面的综合平衡,考虑到国内的配套能力、利用能力和偿还能力。三是技术引进与消化吸收、改进创新相结合。引进技术要与独创结合起来,在引进的基础上加以改造、创新,不能盲目照抄照搬,真正做到"洋为中用"。四是搞好综合平衡,防止盲目引进和重复引进。

在引进技术的同时,也要努力扩大技术出口。我国的技术出口,目前主要是力所能及地向发展中国家提供技术援助,也向发达国家提供少量的先进技术。我国出口技术的范围涉及电子、化工、冶金、计算机、杂交水稻、卫星发射服务等行业。尽管目前还很微弱,但将是我国经济不断成长的标志。

(四)对外承包工程与劳务合作

对外承包工程与劳务合作,在国际劳务市场上同属劳务输出的范畴。对外承包工程,又称"国际承包",是指一个国家的对外承包公司承揽的外国政府、国际组织和私人企业主的建设项目、物资采购和其他承包项目的一种国际经济合作形式。对外承包公司必须具有法人地位、并有银行担保。

开展对外承包工程,可以扩大劳动就业,有利于充分发挥我国劳动力资源丰富的优势,为国家创造更多的外汇收入;可以带动国内产品出口,促进相关行业发展;可以学习外国的先进技术和管理经验,开阔视野。

我国对外承包工程的主要形式有:(1)独立承包,即通过国际投标获得工程项目,并负责提供建设项目所需的全部设备、材料和人力,按期完成;(2)承包一个项目的部分工程;(3)同外国公司合作承包工程;(4)只承包工程的劳务部分。

在国际承包市场上,承包工程项目普遍采取招标、议标或其他协调途径签订合同。在招标投标过程中,进行激烈的国际竞争。为了充分发挥我国劳动力资源和某些工程技术上的优势,我们要在可能的条件下,采取多种办法,提高对外承包工程的竞争力。

劳务合作,是指直接向国外提供劳务人员来获取利润的一种经济合作形式。我国在劳务合作方面,主要是向国外业主或承包商提供所需的工程技术人员、管理人员、技术工人及其他劳务合作人员。劳务合作的特点是:投资少、创汇快、风险小。我国对外劳务合作起步较晚,近年来发展较快,但总水平仍然较低。为了发挥我国劳动力资源优势,我们应努力扩大劳务出口,在劳务输出方面进一步放宽政策,简化手续,制定必要的鼓励劳务出口的政策措施,并培训和提高输出人员的文化素质,以适应国际劳务市场的需要。

(五)发展国际旅游业

国际旅游业是一种服务性的商品贸易事业,它是通过为旅游者提供服务劳动而创造收入的行业。旅游业主要包括旅馆业、饮食业、交通客运业、旅行社与游览娱乐业等。旅游业是新兴行业,具有投资少、见效快、利润大的特点。旅游业是第三产业中最具发展潜力的行业。在我国已经成为继能源、原材料、钢铁、纺织之后的又一个主要创汇行业,成为国民经济的重要组成部分。

我国是一个世界文明古国,旅游资源十分丰富。应该充分利用这一优势,大力加强旅游设施建设,不断提高旅游服务质量,发展中国特色的国际旅游业。

第十三章　社会主义市场经济的法制建设

社会主义市场经济体制的建立和完善,必须有完备的法制来规范和保障。没有健全的法律制度就没有发达的市场经济,也不可能有社会经济的健康发展。因此,必须高度重视法制建设,学会运用法律手段管理经济。本章通过对法制建设与市场经济的关系及其在市场经济中的重要作用的分析,通过对社会主义市场经济的立法原则和法律体系的基本结构的阐述,说明只有全面完善我国法制,才能保证社会主义市场经济的健康运行。

第一节　市场经济是法制经济

市场经济的法制化是市场经济运行的基本特征。从整个市场经济体制的建立、完善,到市场经济的宏观调控,到各种商品生产经营的微观操作运营等等,都要靠各种相关的法律制度来规范约束。从这个意义上说,市场经济就是法制经济,离开了健全完善的法律制度的保障,市场经济就寸步难行。

一、法制是市场经济有效运行的内在要求

计划经济的运行是建立在指令性计划基础上的,而市场经济则是靠自主的市场主体间的契约联结在一起的。为了保证这些契约的公正和得到遵守,就需要有完备的法律规范作保证,从这个意义上说,市场经济是法制经济。法制经济最根本的要求是,无论个人和企业组织的行为,还是市场的运行和政府的管理都要有严格的法律规范,都必须依法行事,以保证市场经济的健康发展和有效运行。

法制是市场经济有效运行的内在要求,其原因在于:

1.市场主体需要法制。企业法人是现代市场经济的首要主体,法人制度是法制赋予市场经济的基本条件。法人具有高度的自主性:一是财产的自主性。企业财产产权明晰,企业拥有法人财产权,可以自主行使占有、使用和依法处分法人财产的权利,并能自负盈亏。二是经营管理的自主性。即要求自主经营、自主管理、自主进行生产经营决策。三是进出市场的自主性。这种明确的产权关系和市场主体的基本权利,必须由相应的法律法规予以界定和维护。

2.市场契约需要法制。市场经济主体间的各种经济往来和商品交换,主要是通过合同、信用等契约的形式来实现的。契约具有平等、自愿、互利、互相制约等特点,能够刺激市场交易、维护交易信用、保障交易安全、降低交易成本。契约制度在市场经济条件下得到了空前发展,成为市场经济不可缺少的东西。从交易到契约,到健全的具有法律文书形式的契约,反映了市场经济发展的内在要求,是市场经济制度不断完善的结果。而契约只有建立在法律基础上,成为一种受法律保护的对象时,才能有效地发挥作用。

3.市场竞争需要法制。市场经济建立在充分竞争的基础之上,只有通过竞争才能够实现社会资源的合理配置。但是,竞争要有一定的规则,要用法律的形式来规范和调整。一方面,应当制定和实行竞争主体平等的规则,市场经济主体应享有平等的地位和机会;另一方面,还应当健全和完善竞争手段,制定公平正当竞争的规则,禁止不正当竞争行为,运用法律手段,保障竞争的公平、公正和公开。

4.解决经济纠纷需要法制。在市场经济运作的过程中,必然会产生一系列经济纠纷。必须有相应的法律为依据,以相应的制度作为保障,才能裁决这些纠纷。公正合理地解决经济纠纷,可以规范不合理的经济行为,惩戒非法的经济行为,营造良好的经济运行环境。

5.宏观调控和微观规制需要法制。恰当而有效的宏观调控和微观规制是现代市场经济健康运行的基本保证。无论是宏观调控还是微观规制,都需要依法进行,需要依法明确界定政府相关职能部门的职责和权力范围,需要依法保障调控、规制政策的实施,把财政、金融、投资、计划、行政等手段的运用纳入法制轨道。只有实现了宏观调控和微观规制的法制化,才能避免其随意性。

6.参与国际经济活动需要法制。市场经济是全面开放的经济,国际化、全球化是市场经济发展的必然趋势。适应这种趋势,大量通行的国际经贸条约、惯例和规则已经形成。随着我国更深入、更广泛地参与国际经济活动,有关政府机构、企业和个人都必须遵守国际通行的规则,并积极利用国际经贸条约维护自己的合法权益。同时,也要高度重视对外经济贸易法规建设,在法律法规方面积极与国际接轨,为我国市场经济国际化创造良好的法律环境。

二、市场经济条件下法制的功能

法制作为上层建筑,并不是消极地反映社会的经济基础,而可以能动地反作用于经济基础,促进其赖以产生的经济基础的巩固和发展。社会主义法制对社会主义市场经济体制的建立和完善至少有以下五个方面的重要功能:

1.规范功能

社会生活中虽然有各种规范,但由于法产生程序的特定性,它是最具缜密性、科学性的规范体系。它的使命就是调整和规范人们的行为,为人们建立相互之间行为的准则。在市场经济运行中，经济法规规范了政府和市场主体的行为。它告诫人们在市场经济中，哪些行为是合法的、被鼓励的，哪些行为是非法的、必须被禁止的并且要受到法律制裁的等等。例如，为了保证市场公平竞争，制定了反不正当竞争法；为了保证消费者权益，制定了消费者权益保护法；为了保证商品的质量，制定了产品质量法；为了充分发挥货币政策和财政政策的宏观调控职能，制定了银行法、物价法、税法等；为了解决职工的劳动就业问题，制定了劳动法、社会保险法。这些法律规定，保证了市场经济的健康发展。

2.引导功能

通过法律规定社会主义市场经济的发展方向、价值目标和基本政策，从而对市场经济体制的建立和发展起导航作用。如宪法中关于公有制为主体、多种经济成分共同发展的所有制结构；国有经济是国民经济中的主导力量；国家实行社会主义市场经济等规定，以根本大法的形式确认了我国经济体制改革中的一些基本原则，从而引导我国的经济体制改革沿着正确的方向发展。又如全民所有制工业企业法关于国有企业是依法自主经营、自负盈亏、独立核算的社会主义生产和经营单位；对国有财产，国家依照所有权和经营权相分离的原则授予企业经营管理权，企业对国家授予其经营管理的财产享有占有、使用和依法处置的权利等规定，对转换国有企业经营机制，建立现代企业制度都具有重要的引导作用。

3.调控功能

国家从社会整体利益出发，运用法律手段协调社会各部门、各种经济主体、各个社会群体之间的利益，以减少或消除市场机制在社会资源配置中的局限性和盲目性，使每一社会群体，每一经济主体基本上能各尽其责，以实现社会经济生活的公正、公平、合理以及平衡，从而发挥社会资源的最大效益。法制的宏观调控作用的发挥，是通过建立宏观调控法律制度来实现的。政府干预市场的方式和程度必须在法律的范围内，运用法律规定的手段进行，以有利于经济秩序的稳定为原则。

4.保障功能

通过法律为社会主义市场经济的发展创造和提供良好的社会外部环境，为市场经济体制的建立和完善创造稳定、民主的政治局面和安定的社会秩序，并建立起切实有效的社会保障体系。市场经济法律的保障作用主要体现在：保障市场主体的地位平等、意志自由和正当权益；保障企业职工的合法权益、消费者的合法权益；保障待业人员的正当权益等等。发挥法律在这些方面的保障作用，不仅有利于促进市场经济的健康发展，而且有利于维护社会的稳定，而社会的稳定正是市场经济运行必不可少的条件。

5.服务功能

市场经济活动本身意味着激烈的竞争，整个市场是一个追求经济效益的赛场，因此，在市场经济条件下，司法裁判和民间仲裁就成了解决纠纷的主要形式，并被广泛应用。同时,日益增加的国际交流和经济合作,对法律服务的需求和依赖也越来越大。因此,司法机关和仲裁机构在机构设置、活动方式、审理程序等方面的改革和加强,实现裁判、仲裁活动的法制化,各类中介组织的建立及相关法律的制定,就能为市场经济的正常运行提供良好的外部环境。

第二节　社会主义市场经济法律体系的结构和内容

法律体系是指国家颁布和实施的各层次、各类别的法律规范所构成的有机整体。建立健全市场经济法律体系,是我国社会主义市场经济体制的一项根本任务。

一、社会主义市场经济法律体系的层次结构

(一)宪法是我国市场经济法律体系的基础

宪法是国家的根本大法。我国的社会主义市场经济法律体系是在宪法的基础上建立起来的。我国宪法明文规定,国家实行社会主义市场经济;国家加强经济立法,完善宏观调控;国家依法禁止任何组织或者个人扰乱社会经济秩序;国有企业在法律规定的范围内有权自主经营; 集体经济组织在遵守有关法律的前提下,有独立进行经济活动的自主权;农村中以家庭联产承包为主的责任制和生产、供销、信用、消费等各种形式的合作经济,是社会主义劳动群众集体所有制经济,等等。这些规定都是调整我国社会经济关系的基本原则,也是制定其他法律规范的基本依据。

(二)民法、商法和经济法是我国市场经济法律体系的基本法

1. 民法。民法是调整平等主体之间的财产关系和人身关系的法律规范的总称。我国现行民法包括:民法通则、婚姻法、收养法、继承法、经济合同法、涉外经济合同法、技术合同法、著作权法、专利法、商标法、海商法等。此外,国务院发布的民事法规,如各种合同条例、行政法规中的有关民事规范,以及最高人民法院有关民事的解释和批复,亦属于现行民法范畴。民法规定了市场经济活动的法律规则,使市场参加者能够据此从事经济活动。民法的另一功能是保障公民的人身权和人格权。我国的民法通则规定公民享有生命健康权、姓名权、肖像权、名誉权、荣誉权、婚姻自主权等人身权。

2.商法。商法是调整商事活动即市场经济活动的法律规范的总称。在我国市场经济法律体系中, 民法通则的大部分规范和属于民事特别法的知识产权法、公司法、票据法、证券法、海商法、保险法等共同构成实质意义上的商法。商法是以市场为环境,以企业为主体,以效益为中心,调整现代商品经济关系的基本法,是关

于商人和经商行为的法律。商法规定了独资企业、合伙企业,特别是各种公司的法律制度,如商业登记、商号、商业账簿等,以及公司、票据、破产制度等。这些制度关系到商人主体资格的取得、交易中的支付、债权人的利益,是确保交易安全和提高经济效益的法律制度。

3.经济法。经济法是调整经济管理关系的法律规范的总称。这种经济管理关系主要包括因市场管理和因宏观调控而产生的各种经济管理关系。现代市场经济国家有两种不同的经济调节机制,一种是市场主体自我调节机制,另一种是社会整体调节机制,它们都需要借助经济法来调节。具体来说,前者主要借助民法、商法来调节,后者主要借助经济组织法、市场管理法、宏观调控法来调节。

(三)行政法规、刑法和诉讼法等是我国市场经济法律体系的配套法

1.行政法规。行政法规是国务院根据宪法和法律的规定制定的,是我国政府依法进行经济管理的法律和政策依据。在社会主义市场经济中,行政法规对实施宪法、民商法和经济法,转换国有企业的经营机制和转变政府职能起着积极的作用。例如,国务院颁布实施的《全民所有制工业企业转换经营机制条例》,对于实施企业法,推进国有企业改革发挥了重要作用。

2.刑法、诉讼法等。在市场经济条件下,规范经济主体的权利和行为方式,除了依靠民商法律、经济法律、行政法律外,还必须切实加强和完善刑法、诉讼法等各项法律制度,以便处理经济活动中的各种纠纷、争端,并惩治各种违法犯罪行为。因此,刑法、诉讼法是我国市场经济法律体系的重要组成部分。

二、社会主义市场经济法律体系的基本内容

我国市场经济法律体系的基本内容,主要由市场主体法、市场行为法、市场秩序法、宏观调控法、社会保障法、涉外经济法这六大部分构成。

(一)市场主体法

市场主体法是确立市场主体组织形式及其法律地位的法律规范,其作用在于规范具有合法资格的市场经济活动的参与者,使其成为自主经营、自负盈亏的生产经营者,主要包括公司法、企业法等。

1.公司法。公司法是规定公司的种类、设立、组织机构、经营活动和解散以及对内对外关系的法律制度。公司法的调整对象是公司的内外关系,其对内关系包括:公司、股东、董事、经理和职工之间的权利义务关系,以及股东大会、董事会、监事会、经理办公室、工会等公司内部机构之间的职责分工关系。其对外关系包括:公司与债权人的利益关系,公司与国家政府之间的协调、监督和服务关系。公司法是现代市场经济中最有代表性的市场主体法,集中反映了现代企业制度的特点。

2.企业法。企业法是调整国家管理企业以及企业在生产经营或服务性活动中所发生的经济关系的法律规范的总称。这种经济关系既包括企业内部关系,也包

括企业外部关系。企业法是国家企业政策的集中体现,它突出地反映了经济社会发展规律的客观要求,适用于各种企业关系。企业法调整企业关系的原则,除了运用经济法的共同原则外,还有增强企业活力,发展社会生产力原则;坚持企业生产经营的社会主义方向和正确处理物质利益关系的原则;加速经济流转,发展经济联合,开展企业竞争,提高企业经济效益的原则等。

我国的企业法主要包括全民所有制企业法、集体所有制企业法和私营企业法。全民所有制企业法是设定国有企业组织形态,调整国有企业生产经营关系的法律。全民所有制企业法调整对象的核心是国有企业的管理关系,即国家与企业的管理关系和企业内部的管理关系。城镇集体所有制企业和农村乡镇集体所有制企业是中国集体所有制企业的主要形式。集体所有制企业法确定了集体所有制企业财产权利的专有性、法律身份的独立性、企业内部领导体制的特殊性和实行共同劳动、以劳付酬为主的分配制度。私营企业法是规定私营企业设立、终止和其他内部、外部关系的法律规范的总称。公司法颁布后,私营企业法主要规范私营独资企业和私营合伙企业。私营企业法通过调整私营企业内部和对外的经济关系,规范私营企业的经营行为,保证私人投资者的合法权益。

(二)市场行为法

市场行为法是规范市场主体行为规则的法律规范,其作用在于规范市场主体行为,维护公平竞争的市场秩序。主要包括经济合同法、知识产权法和破产法等。

1.经济合同法。所谓经济合同是平等民事主体的法人、其他经济组织、个体工商户、农村承包经营户相互之间,为实现一定的经济目的,明确相互权利义务关系而订立的协议。在市场经济条件下,经济合同的运用是普遍而广泛的,为了切实发挥经济合同的作用,使各种经济关系建立在有秩序的基础上,就需要对各种经济合同的签订、履行、变更、解除以及违反经济合同应承担的责任等方面的问题作出严格的管理和规范,这就需要有经济合同法。经济合同法是调整经济合同关系的法律规范的总和,即是调整合同当事人之间为实现一定经济目的而发生的商品货币关系的法律规范的总称。

2.知识产权法。知识产权法是调整专利权、商标权、发现权、发明权、著作权和其他科学技术成果权关系的法律规范的总称。我国的知识产权法主要包括专利法、商标法等。

(1)专利法。所谓专利法是指在确认和保护发明创造的专有权以及在利用专有的发明创造过程中产生的社会关系的法律规范的总称。专利法的主体是有权提出专利申请和获得专利权,并承担与此相适应义务的单位和个人,又称为专利权人。依照我国专利法的规定,专利权人包括:发明人、设计人,及其合法受让人,职务发明创造的单位和外国人。专利法的客体也就是专利法的保护对象,指依法可以取得专利权的发明创造,包括发明、实用新型和外观设计。

(2)商标法。所谓商标法是指调整在确认和保护商标使用权和商标使用过程中发生的社会经济关系的法律规范的总称。商标是指商品和商业服务的标记,它是商品的生产者、经营者或服务提供者,在自己的商品或服务上所使用的与他人的商品或服务相区别的标记。

3.破产法。破产法是以保证破产财产完整地得到公平、平等的清偿,避免社会经济秩序混乱的一种特殊的权利保护制度。破产法所调整的特定的法律关系,是国家对社会商品生产进行宏观控制及管理活动的一种工具。世界范围内的破产法基本原则主要有两项:一是国家干预原则;二是公平原则。在我国,破产法除了适用这两个原则外,还适用民主原则,妥善安排破产企业职工就业原则,以及拯救、整顿企业的原则。

(三)市场秩序法

市场秩序法,即规范市场平等竞争条件、维护公平竞争秩序的法律规范,它包括反不正当竞争法和消费者权益保护法等。

1.反不正当竞争法。反不正当竞争法是调整制止不正当竞争行为过程中所发生的经济关系的法律规范的总称。《反不正当竞争法》立法的目的是为保障市场经济健康发展,鼓励和保护公平竞争,制止不正当竞争行为,保护经营者和消费者的合法权益。所谓不正当竞争,是指经营者违反本法规定,损害其他经营者的合法权益,扰乱社会经济秩序的行为。

2.消费者权益保护法。消费者的合法权益是指消费者依法应当享有的权利和应得到的利益。消费者权益保护法是以保护消费者权益为立法宗旨的法律规范的总称。我国《消费者权益保护法》的调整范围仅限于为生活消费而生产、销售、购买、使用商品或提供、接受服务。生产消费不包括在内,但农民购买、使用直接用于农业生产的生产资料可以参照该法执行。我国《消费者权益保护法》规定,消费者依法享有安全权、知情权、自主选择权、公平交易权、索偿权、结社权、获得知识权、人格权、监督权等与消费有关的权利。

(四)宏观调控法

宏观调控法是界定、保证和约束政府职能部门行使经济管理权的法律规范的总称,其目的是使市场经济在国家调控下健康、有序地发展。宏观调控法主要包括预算法、银行法、税法等具体的法律法规。

1.预算法。预算法是调整国家机关、社会组织和公民在筹集和分配预算资金过程中所发生的经济关系的法律规范的总称。国家预算是指经一定程序核定的国家机关、社会组织对未来一定时期内收入和支出的计划方案。国家预算一经批准,即具有法的稳定性和约束力,对国民经济的宏观运行起着决定性影响,是国家对经济发展进行宏观规划和调控的重要手段。

2.银行法。银行法是以调整银行信用和货币流通关系及有关银行组织的法律规范的总称。银行法的主要内容规定了银行的性质、地位、职能、作用、业务范围、机构设置及银行的设立、变更、中止及法律责任。按照《中国人民银行法》规定，我国现行的银行组织体系是以中国人民银行为领导，国家商业银行为主体，多种组织机构并存和分工协作的结构。中国人民银行是中华人民共和国的中央银行，在国务院的领导下，制定和实施货币政策，对金融实施监督管理。

3.税法。税法是调整税收关系的法律规范的总称。税收关系是指税务机关与一切有纳税义务的单位和个人之间因征税、纳税而发生的各种关系。

(五)社会保障法

社会保障法是对劳动者合法权益以及失业、养老、医疗等方面保障的法律规范，主要包括劳动法和保险法等。

1.劳动法。劳动法是调整劳动关系以及与劳动关系有密切联系的其他关系的法律规范的总称。我国《劳动法》主要是调整劳动者与劳动使用者之间的关系，除此之外还调整与劳动关系有密切联系的其他关系。《劳动法》的适用范围包括中华人民共和国境内的所有企业、个体经济组织和与之形成劳动关系的劳动者以及国家机关、事业单位、社会团体和与之建立劳动合同关系的劳动者。《劳动法》规定，劳动者依法享有平等就业和职业选择权、劳动报酬权、劳动安全卫生保护权、职业技能培训权、社会保险和社会福利权等项权利。当然，劳动者还要依法履行完成劳动任务、提高劳动技能、执行劳动安全卫生规程、遵守劳动纪律和职业道德等项义务。《劳动法》还对工作时间和休息时间、劳动者的工资、劳动安全卫生、女职工与未成年工的特殊保护、社会保险和福利等都作出了具体的规定。

2.保险法。保险法是以保险关系为调整对象的一切法律规范的总称。凡调整保险的权利义务关系和保险企业组织的法律均属保险法，一般包括以下几个方面的内容：

(1)保险业法，它是对保险业进行监督与管理的法规。

(2)保险合同法，狭义的保险法就是指保险合同法，保险合同法的内容是关于保险关系双方当事人的权利义务关系，包括财产保险合同和人身保险合同。

(3)保险特别法，它是规范某一险种的保险关系的法规。

(六)涉外经济法

涉外经济法是调整涉外经济关系的法律规范的总称，它主要包括涉外投资法、涉外贸易法和涉外税收法三大类。

1.涉外投资法。涉外投资法又叫外国投资法，指调整外国私人直接投资者将其资金或技术投入国内，而与国内的政府或企业以及个人所发生的经济关系的法律规范。涉外投资法调整的经济关系是涉外私人直接投资关系，不包括由国际公法调整的官方投资和由涉外金融法调整的证券投资。

2.涉外贸易法。它是指调整对外贸易关系的法律规范的总称。对外贸易的调整一般包括进出口管制和涉外经济合同管理，因此涉外贸易法主要包括涉外贸易管理法和涉外经济合同法。

3.涉外税收法。它是具有涉外因素的税法，是调整涉外分配关系的法律规范的总称。目前，我国的涉外税收主要包括工商税、关税、企业所得税、个人所得税、房地产税和车船税，这些涉外税收都是涉外税收法调整的对象。

第三节 加强法制建设，保证市场经济健康发展

法制是管理国家事务的制度化、法律化，它的含义包括立法、司法、执法、用法和守法、法律监督和服务的综合活动过程。在建立社会主义市场经济体制的过程中，必须依靠法制，不仅要积极立法，而且要抓好司法、执法、用法和守法、法律监督和服务各个环节，只有这几个环节都抓好了，法制才能趋于完善，市场经济的健康发展才有保证。

一、市场经济中的立法和司法

(一)立法

立法是由国家权力机关对法律的制定，是法制建设的重要组成部分和起点，是一项十分严肃的工作。党的十一届三中全会以来，我国的立法工作已有了很大的进展，初步形成了以宪法为核心的有中国特色社会主义法律体系的框架。但也应看到，经济立法的速度与加快改革开放、建立社会主义市场经济体制的要求相比，还有一定的差距。有不少急需的经济法律、法规尚未制定出来，相当一部分现行的经济法律、法规需要抓紧修改和完善，有些已经制定的调整经济关系的规范性文件，虽然内容重要，但层次较低、权威性较差。为了改变这种状况，需要有步骤地加强立法。

(二)司法

有了经济立法，使组织和管理经济的工作能够有法可依，有章可循。但是，这还只是问题的一个方面。要使经济法规在建立社会主义市场经济体制中发挥应有的作用，必须健全经济司法制度，积极开展经济司法活动，由司法部门以国家强制力保证经济法规的贯彻执行。所以，立法是司法的基础，司法是立法的实施。若立法不以司法活动来保证，法律就成为一纸空文。

司法是指国家司法机关按照法律规范解决经济纠纷，审理经济案件的过程或活动。它包括审理经济案件、司法机构的组织和任务、受理案件的范围、经济案件的诉讼程序、审判程序等。司法主要的职能：一是依法打击惩处刑事犯罪，维护社会稳定，为建立市场经济体制创造良好的社会环境。二是依法打击和惩处经济犯罪，反对腐败，保证社会主义市场经济的健康发展，尤其是针对当前存在的腐败现

象,如:以权谋私、贪污受贿、敲诈勒索、徇私枉法、弄权渎职、腐化堕落及偷税、骗取国家出口退税、假冒商标,生产、销售伪劣商品的犯罪活动等问题,必须依法处理。三是及时处理经济和民事纠纷,维护市场经济法律秩序。市场经济中存在着激烈的竞争,市场经济主体间每天都在发生着成千上万的经济往来,因此发生纠纷必不可免,这就需要有裁判制度。而在市场经济体制下,司法裁判形式得到了广泛应用。在司法最终解决的原则下,裁判市场经济中平等主体间的经济争议,已成为市场经济国家司法机关最重要的任务之一。随着市场经济体制的建立和发展,应当把调节市场经济关系的职能摆到突出重要的位置。应当通过经济司法活动,引导和规范市场行为,调处经济纠纷,保障合同履行,保证国家宏观调控活动的有效性,最终保障市场经济在法制的轨道上有秩序地运行。司法的总体要求是“迅速,公正、准确”。为了达到这一总体要求,在司法过程中必须:第一,保证司法机关依法独立行使职权,任何单位和个人都不能进行干预。法官审理案件只服从法律,法律至上,不受任何个人意志的干扰。如果司法受行政、个人的干预将导致司法偏离乃至违反法律,其结果便是司法不公正。第二,处理经济纠纷、经济案件必须以事实为根据,以法律为准绳。第三,坚持在法律面前人人平等。对法律当事人的合法利益一律加以保护,对其法定义务必须要求履行。不能因社会属性、地位、身份不同而有所区别,更不能执法犯法。

市场经济对司法工作提出了很高的要求,客观上为司法工作队伍规定了严格的条件。虽然改革开放以来,司法队伍的素质不断提高,但是和改革开放的客观要求还不适应。解决这个问题需要一个较长时间的努力,克服制度上和思想观念上的障碍。这主要应从两方面着手:一是尽快立法,实现司法队伍建设法制化,严格而具体地规定司法工作人员条件,确立司法工作人员选拔、晋升、奖惩、待遇等一整套制度,这是壮大社会主义法官队伍的必由之路。二是在观念上摒弃把司法工作人员等同于党政人员,认为什么人都可以当法官的不正确认识,唯其如此,才能解决好司法工作人员的来源问题,吸引学有专长的人来从事司法工作,提高司法队伍的水平,更有效地为建立社会主义市场经济体制服务。

二、市场经济中的执法、用法和守法

(一)执法

执法是加强法制建设的关键环节。在这里,执法主要是指国家机关依法定职权,履行管理权利和义务。对法定职权的行使,既是一种权利,又是一种不可懈怠的责任义务。从这个意义上讲,它与公民或市场主体用法守法是不同的。执法主体包括两类:一类是各级人民代表大会及常务委员会,它们既是立法机关又是权力机构;另一类是各级政府,它们是国家行政机关。在市场经济中,执法包括两方面的内容:一是政府职能部门对市场经济秩序的日常行政管理;二是国家宏观调控主体包括全国人大及常委会和国务院，对国民经济总量的宏观调节。

事实上，我国长期以来对行政机关行使行政权力很少从执法的角度提出要求，而是把执法看成仅仅是司法机关的事。我们一直把“公、检、法”称为执法机关，好像只执行刑事法律才是执法，必须以事实为根据，以法律为准绳，而并不把行政机关也看成是执法机关。把行政机关列为执法机关，称为行政执法，是改革开放以后，特别是行政诉讼法颁布以后的事。随着我国民主与法制建设的不断完善，人们逐步认识到，行政机关是权力机关的执行机关。权力机关的意志主要通过其所制定的法律表现出来，因此，执行机关也是执法机关，行政机关必须依法行政。

行政执法在实行依法治国，建设社会主义法制国家中具有十分重要的地位和作用。在整个国家机关序列中，行政机关所占比重最大，行政管理的范围涉及社会生活的各个层面，在整个执法活动中，行政执法处于举足轻重的地位。此外，随着政府职能的转变，行政执法将成为政府机关的主要工作任务。针对目前行政执法不严的状况，当前及今后一个时期，要突出加强和改善行政执法：一是要明确执法机关的责任，提高执法效率，切实解决执法不力，放弃法定职责或超越法定权力的问题。二是在自身建设上，要率先学法、懂法和正确地运用法律，具有高度的法制观念，具有遵纪守法的自觉性。三是在执法工作上，要严格依法办事，牢固树立执法的出发点和归宿都是为了维护人民的利益和法律的尊严。要坚决制止执法机关以任何方式进入市场以权谋私，搞权钱交易，坚决刹住以罚代刑的现象。要严格按照法定程序执法，增加执法的公开性和透明度。四是为了确保执法人员严格执法，需要对执法人员的执法情况进行监督。要加强考核任用、奖惩等制度建设，建立健全对行政执法部门及其工作人员执法违法的追究制度和赔偿制度，促进依法行政，严格依法办事。

(二)用法和守法

用法和守法是不可分割的，两者的统一是权利和义务的统一。

用法主要是指公民、法人依照法律的规定，充分行使法律所赋予的各种权利和享受的利益。对于市场主体来讲，这点尤为重要。过去一般我们只强调公民、法人的守法，这是片面的。权利与义务不可分，但两者中权利又是第一位的，只有对拥有权利的人才能要求其对行使权利的后果承担责任。用法是一种权利，市场主体如果没有充分权利，如果不能依法行使自己的权利，如何实现其自身的利益，去调动其内在的积极性呢？自党的十四大提出建立社会主义市场经济体制目标以来，在民法学界首先提出了市场经济应以其主体权利为本位的论断，这是根据市场经济是自主经济，具有平等、自由和经营自主权不可侵犯等特性而加以强调的。我们应变过去的“义务本位”为“权利本位”。

守法主要是从遵从法律要求，不违反法律角度向公民、法人提出的要求。在市场经济中，所有的市场主体都积极活跃，但不允许各行其是，只有大家都各行其道,市场运转才能迅速顺利。自由与法律是统一的。在任何制度完善的国家,个人自由都是由法律做了规定和限制的。历史和现实反复表明,法律既有制约自由的一面,限制超越正当范围和限度的自由;又有保障自由的一面,任何人只有在法律的保护下,才能真正充分地享受自由。因此,为了实现自由,必须自觉遵守法律,维护法律尊严,把守法作为自己的义务和内在要求,在法律允许的范围内行使自己的权利,当自身正当的自由权利受到侵害时,又可以诉诸法律,用法律保障自己正当的自由权利。

守法的主体包括多种。在市场经济中,首先是指市场主体,其次是指政府经济秩序管理机关和国家宏观调控机构也必须守法,不应当违背法律要求做出违法行为。整个社会的守法主体包括:公民、法人。法人中也包括各类国家机关,公民中也包括各类国家公务员。总之,人人都有守法的平等义务,这是现代法制的基本要求。

三、市场经济中的法律监督和服务

(一)法律监督

法律监督有狭义和广义两种解释:狭义上的法律监督是指由有关国家机关依照法定权限和法定程序对法律实施进行监督。在我国,有权实行法律监督的机关是国家权力机关和人民检察机关。广义上的法律监督是指由所有的国家机关、社会组织或公民依法对法律的实施所进行的监督,它包括国家机关的监督和社会力量的监督,这两方面的结合,构成法律实施的监督体系。它是现代市场经济的产物,也是现代市场经济发展的重要条件。法律监督是国家对整个社会经济的管理职能之一,是调节经济关系,稳定经济秩序,充分发挥市场配置资源功能的重要手段。实施法律监督,不仅能使市场活动行为规范化,避免和减少各类经济矛盾、摩擦造成的损失,而且能够提高社会经济运行的速度、效率和效益。

法律监督是一个体系,包括立法监督、行政监督、司法监督、党纪监督和人民群众监督。要使监督机制真正发挥作用,就要树立起立法监督、行政监督、司法监督和党纪监督的权威,给予他们查纠违宪、违法和各种腐败现象的权力,保证他们相对的独立性,使国家监督与制约机制形成有机整体。全国人大及其常委会要切实承担起监督宪法实施的职责,加强对法律、法规是否违宪的审查。要加强各级人大对执法机关的法律监督,一经发现执法犯法、徇私舞弊、贪赃枉法的问题要一查到底。人民检察院是国家的法律监督机关,要全面履行法律监督职责,依法独立进行检察,对公安机关的侦查活动和人民法院的刑事、民事审判及行政诉讼活动认真进行监督,发现违法情况要依法提出纠正意见。各执法机关也要根据变化了的形势制定和完善本部门的监督机制,通过立法的形式建立错案追究制度、赔偿制度,坚决纠正有法不依、执法不严、违法不究、滥用职权等现象。对市场经济行为的法律监督尤其重要，把违法行为尽量排除，切实保障国家法律的统一正确实施。

（二）法律服务

完善和发展法律服务，也是我国法制建设的重要内容。随着市场经济的发展，经济立法会越来越多，法律调控会更具体、更规范。人们不可能对所有的法律条文都熟悉并很好地掌握，而在经济生活中又必须遵守法律，这在客观上要求发展法律服务事业，以便及时、准确、方便地为人们的经济生活服务。为此，企业设常年法律顾问，社会成立律师事务所、公证委员会、会计师事务所、审计事务所、仲裁调解委员会等法律服务机构。近几年来，随着社会需要的增多，法律服务的范围不断扩大，已由传统的刑事辩护、民事代理，发展到金融、房地产、证券、股份制改组、经济谈判、投资项目预测等非诉讼领域，还涉及外资企业组建、资金和技术引进、补偿贸易、国际租赁、对外承包等涉外法律事务。但是，我国法律服务业与市场经济法制建设的要求相比，还存在很大差距，突出的问题是数量不足，质量亟待提高。要解决这些问题，必须立足当前，面向未来。认真借鉴和吸收国外、港台地区有益的经验，下大力气深化律师、公证和基层法律服务工作的改革。在发展律师、公证队伍方面，要从我国的国情出发，采取既大胆放手，又积极慎重的方针，加快建立以专职律师、公证员为主体，多种人员构成的律师、公证队伍。在法律服务机构的管理方面，要从行政权力型的管理模式，转变为服务型的管理模式，切实下放权力，使法律服务机构真正成为独立的法人，享有充分的自主权。